200년 내림 손맛이 담긴 종가음식 이야기

김치명인 강순의의 계절 김치

중앙books

여는글

200년 종가의 내림 손맛을 잇다

세월이 빚어낸

'한 손에 가시 들고 또 한 손에 막대 들고' 늙는 길 가시로 막고 오는 백발 막대로 치려했더니 백발이 제 먼저 알고 지름길로 오더라라는 시조가 있습니다. 사람이 늙는 것은 인간의 힘으로 어찌할 수 없는 것이죠.

스물넷 꽃다운 나이에 시집을 왔는데, 어느새 황혼의 길을 건너고 있습니다. 손끝에 고춧물 들이며 40여 년 세월 김치를 담그다 보니 귀밑머리 희어지고 기력도 예전 같지 않으니 '이제 나도 늙는구나' 싶습니다. 지금도 한 해 몇 천 포기 배추를 절이고 담그는데, 평생 하도 많은 김치를 담그다보니 절인 배추를 손으로 만져보는 것만으로도 간을 맞출 수 있을 정도가 되었지요. 스물넷 어깨에 얹혀진 종부의 소임이 얼마나 고되었던지 갓 시집와서 눈물도 많이 흘렸고 살아온 날만큼이나 풍파도 많았던 세월이었지만 지나온 삶에 대한 후회는 없지요. 마음 씀씀이 넉넉하시고 솜씨 좋기로 소문난 시어머니께서는 효부상에 장한 어머니상까지 받으신 훌륭한 분이셨지만 지금 생각해도 혹독하게 음식시집살이 시키셨던 호랑이보다 더 무섭고 그만큼 미워도 했던 시어머니. 당신도 나주 나씨 종가의 24대 종부로 시집와 얼마나 고생 많으셨던지 며느리를 맞이하자마자 "손끝 야무진 우리 며느리 잘한다" 칭찬해가시며 김치며 장아찌, 떡, 한과 등 선대부터 내려오던 나주 나씨 가문의 음식 조리법을 전수시켜주셨습니다. 종가의 큰살림을 얼른 물려주고 싶었던 것이지요. 시어머니 못지않게 솜씨 좋으신 친정어머니께 떡이며 한과, 이바지 등을 비롯한 기본 음식들을 배우고 시집을 왔지만 종가 살림은 그리 녹록지 않았습니다.

일 년에 몇 천 명이 넘는 손님을 일일이 정성껏 대접해야 하는 종가의 살림은 물론 김장 때가 되면 배추만 1천 포기 이상을 담가야 했고, 이듬해까지 두고 먹을 갓김치에 무청김치, 섞박지김치, 깍두기, 알타리, 청각김치, 파김치에 대여섯 가지의 동치미까지 앞마당 가득했던 장독대의 장독들을 채워야 했지요. 뿐만 아니라 김치에 들어가는 멸치젓을 기본으로 30여 가지의 젓갈에, 양송이장아찌, 엄나무장아찌, 곰취장아찌, 가지장아찌, 호박장아찌, 호박잎장아찌, 단풍깻잎장아찌, 단풍콩잎장아찌 등 130여 가지 이상의 장아찌도 빠뜨릴 수 없죠. 그렇게 일 년이면 200여 가지가 넘는 김치를 40여 년이 넘도록 담그다 보니 손에는 지문이 없어지고, 관절은 제멋대로 휘었습니다.

그토록 호되게 야단도 맞고, 잘한다 칭찬도 받아가며 배운 음식들로 인해 이제는 '김치여왕'이니 '김치명인' 소리도 듣고 있고, 한 발 더 나아가 나씨 종가의 200년 내림 손맛이 담겨있는 김치와 종가음식에 대한 요리 책을 만들게 되고 보니 좋은 솜씨 물려주신 것에 얼마나 감사한지요. 이 모든 것이 시어머님의 덕이다 싶습니다.

해마다 수백 명 아니 수천 명의 학생들에게 김치를 가르치고 있습니다. 그저 살림만 하던 부족함 많은 할머니의 투박하고 거친 강의를 듣기 위해 먼 길 마다않고 찾아와 주는 많은 분들께 늘 고마운 마음입니다. 그간 김치를 배우고 싶어도 시간이 안 되고 길이 멀어 못 오셨던 분들, 수업은 받았지만 그래도 뭔가 부족한 것이 많았던 분들, 또 우리의 자랑스러운 김치를 배우고 싶어하는 모든 분들께 조금이나마 도움이 되었으면 하는 마음으로 그간 가르쳤던 강의 내용을 꼼꼼하게 적었습니다. 평생 머릿속에만 있었던 비법과 노하우들을 이 책에 싣느라 꼬박 2년이 걸렸습니다. 40여 년의 세월 아니 200년 종가의 내림 손맛까지 더해진 이 책에 실린 김치와 음식들로 인해 많은 가정의 밥상이 건강하고 행복했으면 합니다. 350년 전의 한글요리서 『음식 디미방』이 지금 우리나라의 음식문화에 중요한 자료가 되었듯 이 책이 300년 아니 500년 후에 중요한 자료가 된다면 얼마나 좋을까 하는 개인적인 욕심도 감히 부려봅니다. 부디 맛있는 김치로 가족이 행복해 하는 밥상 차리시길 바랍니다.

막 담근 김장김치 땅속 항아리에
묻고 난 2011년 끝자락에서
강순의

002 **여는 글**

세월이 빚어낸 200년 종가의 내림 손맛을 잇다

008 **나씨 종가 종부 이야기**

40년 세월 손끝은 고춧물로 붉게 물들고…

이야기 하나 강순의 종부의 사계절 김치

020 김치의 기본 배우기 ① 자연에서 얻은 기본양념 이야기 **026 김치의 기본 배우기** ② 깐깐하게 고르는 김칫거리들

032 김치의 기본 배우기 ③ 김치명인의 김치 맛 비결 **040 김치의 기본 배우기** ④ 핵심 양념 만들기

042 김치의 기본 배우기 ⑤ 김치명인의 맛내기 원칙

첫째, 파릇파릇 봄김치 이야기

048 봄동겉절이 050 봄동무겉절이 052 국물깍두기 054 콜라비깍두기

056 돌나물김치 058 돌나물물김치 060 달래김치 062 두릅김치

064 깻잎김치 066 시금치김치 068 풋마늘김치 070 파래김치

072 톳김치 074 미나리물김치 076 미나리콩나물김치 078 배추겉절이

080 쑥갓김치 082 풋고추소박이김치 084 오이송송이김치 086 무말랭이보쌈김치

둘째, 시원한 여름김치 이야기

092 오이소박이물김치 094 오이소박이 096 열무김치 098 열무물김치
100 양파김치 102 양배추백김치 104 양배추겉절이 106 가지김치
108 얼갈이알배추김치 110 얼갈이겉절이 112 막김치 114 부추김치
116 배추백김치 118 쌈배추김치 122 장물김치 124 백물김치 126 나박김치

셋째, 깊어가는 가을김치 이야기

132 배추동치미김치 134 배추고춧물동치미김치 136 더덕김치 138 우엉김치
140 연근김치 142 무생채 144 석류김치 146 해물보김치 148 홍어김치
150 게국지김치 152 가자미젓김치 154 고추씨짠지 156 배추보쌈김치
158 전복김치 160 골파김치 162 굴김치 164 조기김치
166 해물김치 168 무오가리김치 170 비늘김치 172 섞박지
176 굴깍두기김치 178 숙깍두기김치 180 정깍두기김치

넷째, 한겨울의 김장김치 이야기

186 김치의 기본 배우기 ⑥ 배추 절이기　**188 김치의 기본 배우기 ⑦** 학독에 양념 만들기
190 고추씨배추김치　192 고추씨백김치　194 동치미김치　196 홍갓동치미김치
198 초록무김치　200 쪽파김치　202 알타리무김치　204 뼈개지김치　206 호박게국지

강순의 종부의 종가음식

첫째, 소박하고 정겨운 토속음식 이야기

212 된장찌개　214 김치찌개　216 우거지찌개　218 달걀찜
220 멸치된장무침 | 멸치고추장무침　222 고추장아찌무침　224 봄동전
226 잡채　228 무새우조림　230 애호박들깨탕　232 시금치국

둘째, 정월대보름 나물 14가지

236 곰취나물 | 숙주나물　237 죽순나물　238 곤드레나물 | 고사리나물
239 표고버섯나물　240 청태볶음 | 무나물　241 시금치나물 | 호박고지나물
242 토란대나물 | 고구마줄기나물　243 무청시래기나물 | 다래순나물
244 채소갈무리

셋째, 자연을 담은 종가의 장아찌

3·4월에 담그는 장아찌
250 죽순장아찌 | 엄나무순장아찌 251 원추리장아찌 | 옥잠화장아찌

소박한 맛의 기본 장아찌
254 머윗잎장아찌 | 고추양념장아찌 255 미니양파장아찌

은은한 향의 잎 장아찌
258 명이장아찌 | 방풍나물장아찌 259 돌미나리장아찌

늦가을에 담가 먹는 장아찌
262 두릅장아찌 | 단풍깻잎장아찌 263 단풍콩잎장아찌 | 깻잎된장장아찌

일 년 내내 두고 먹는 장아찌
266 가지장아찌 | 곰취장아찌 267 통마늘장아찌 | 매실고추장장아찌 | 애호박장아찌

향으로 즐기는 버섯장아찌
270 능이버섯장아찌 | 표고버섯장아찌 271 새송이버섯장아찌

기다림 끝에 맛보는 장아찌
274 마늘종장아찌 | 풋마늘장아찌 275 연근장아찌 | 오디장아찌 | 우엉장아찌

276 그릇 이야기
280 찾아보기

나씨 종가 종부 이야기

고춧물로 붉게 물들고… 40년 세월 손끝은

꽃다운 나이 스물넷에 종가의 문턱을 넘다

"고르고 고르더니 애기를 데려왔고마!" "그렇게 애기를 데려왔당께." 연지곤지에 족두리 쓰고 나주에서 치러진 한겨울의 혼례 잔치는 엄청났습니다. 나주 고을의 큰 부잣집 외아들이 혼례식을 치른다고 하니 새색시가 궁금했던지 마을 사람 누구 하나 빠지지 않고 구경을 왔었죠. 정작 친척들은 많지 않았건만 추위에도 아랑곳하지 않고 몰려든 마을 사람들로 혼례식은 나주 고을의 잔치가 되었고, 자그마한 어린 새색시를 본 동네 사람들이 한마디씩 했습니다. "고르고 고르더니 애기를 데려왔고마!"

1969년 겨울, 서울에서 순백의 웨딩드레스를 입고 신식으로 한 번, 마을 사람들이 지켜보는 가운데 시끌벅적하게 치른 전통혼례식으로 또 한 번. 그렇게 두 번의 결혼식을 올리고 꽃다운 나이 스물네 살의 어린 신부는 종가의 문턱을 넘었습니다. 마을 사람들이 지켜보는 가운데 성대한 혼례식을 치러가며 새색시를 맞이한 시댁은 나주 나씨 반계공파의 종가. 스물네 살에 25대 종부가 된 어린 새색시는 남달랐던 결혼식만큼이나 앞으로 펼쳐질 삶이 남다르리라고는 감히 상상도 하지 못했지요. 사방 80리 드넓은 문중 땅에서 어린 종부의 삶은 시작되었는데요. 고대광실 종택에는 시할머니와 시부모님 그리고 남편과 9살 차이 나는 손아래 시누이가 있었고, 집안일을 돌보는 사람들과 일꾼들까지 30여 명이 넘는 사람들이 살고 있었습니다.

어린 종부, 새벽 4시면 어김없이 눈을 뜨다

시집살이의 처음은 집안 익히는 것부터 시작되었는데, 시어머니께서는 집안 구석구석까지 어린 며느리를 데리고 다니며 설명해주셨고 앞으로 해야 할 일에 대해서도 빠짐없이 일러주셨죠. 꼬박 이틀이 걸렸습니다. 사흘째 되던 날 비로소 시어머니를 따라 부엌에 들어갈 수 있었는데요. 천년의 법도를 잇는 그곳에는 고추보다 맵다는 시집살이, 그보다 더 혹독한 음식 시집살이가 기다리고 있었습니다.

남편은 혼례를 올리고 직장 있는 서울로 떠났고, 어린 종부는 시댁에서의 첫날부터 새벽 4시면 눈을 떠 하루를 시작해

야 했습니다. 시계라도 맞춰 놓은 듯 시할머니께서는 매일을 하루같이 새벽 4시만 되면 화로에 곰방대를 '톡톡' 두드리셨는데요, 손주며느리 어서 일어나라는 신호였지요. 온종일 종종거리며 집안일 하느라 너무 피곤해 행여 그 소리를 놓치고 늦잠이라도 자는 날에는 가뜩이나 무서우신 분이 어찌나 화를 내며 야단을 치셨던지…. 수십 년이 흐른 지금도 그때 생각만 하면 머리카락이 쭈뼛 서는 것 같습니다. 역정이 심할 때는 아침을 거르기도 하셨는데 어린 마음에 얼마나 무서웠는지 그 소리 놓치지 않으려고 추운 겨울에도 황소바람 들어오는 문지방 아래 쪼그리고 누워 선잠을 잤었습니다. 그때의 습관 때문에 지금도 새벽 4시만 되면 눈이 절로 떠지는데 그때가 생각나 '에고' 하며 큰 숨 내쉬는 걸로 하루를 시작합니다.

매일 어둠 속 물행주질로 들끓던 마음을 다잡다
모두가 자고 있는 새벽에 눈을 떠 가장 먼저 살림의 근간이 되는 장독 닦는 일로 하루를 시작했습니다. 집안 대대로 대물림되어온 씨간장을 비롯해 된장, 고추장, 온갖 종류의 김치와 장아찌, 젓갈 등이 담겨 있는 수많은 항아리들은 종가의 밥상을 책임지는 보물 같은 것이었지요. 행여나 소홀하여 장맛이 변하지는 않을까 신주단지 모시듯 물행주질을 해가며 남편 없는 시댁에서 혼자 견뎌야 하는 서글픈 시집살이의 설움도 함께 닦아냈죠. 큰 항아리부터 올망졸망한 것들까지 반질반질하니 윤나게 닦고 나면 어느덧 마음의 들끓음도 차분히 가라앉아 있었는데요, 시끄러운 마음을 빨듯 잿물에 더러워진 행주를 깨끗이 삶아 널고서야 서서히 동이 터 주변의 윤곽이 드러나고 어린 종부는 정갈한 마음으로 아침 준비를 시작합니다.

매일이 잔치 같은 종가의 음식시집살이 시작되다

식구가 많다 보니 밥 짓는 일도 보통 일이 아니었습니다. 한 끼에 쌀 두 말은 지어야 했지요. 게다가 아침상에 올리는 김치에는 고춧가루가 들어가면 안 되었는데요, 이처럼 아침, 점심, 저녁상에 올리는 김치와 나물이 다 달라야 했고, 생선도 불 위에서 노릇하면서도 기름지지 않게 구워야 하는 등 종가의 법도는 매끼 차리는 밥상에도 까다로워 갖은 정성을 들여야 했습니다.

동이 트기 전부터 준비한 아침 찬이 혹시나 시어른들 입에 맞지 않으면 어쩌나 차림새가 얌전치 않다 하시지는 않을까 싶어 늘 가슴을 졸였습니다. 일꾼의 아내들과 부엌밥을 먹으면서도 마음이 불안하여 상을 물릴 때까지 노심초사 했었습니다. 간혹 복받치는 서러움에 펑펑 울고도 싶었지만 청승맞다 야단하시는 시어머니에게 들킬까봐 볼이 미어져라 맨밥 먹어가며 목구멍으로 눈물을 삼키던 세월이었습니다.

식사 외에도 하루 세 끼 사이사이 시어른들께 차려드리는 새참도 빠뜨려서는 안되는 일이었습니다. 식간에 차리는 세 차례의 새참은 두 번 이상 같은 것이 올라가지 않도록 해야 했지요. 쑥떡이나 인절미, 식혜 등은 너무나 흔한 먹을거리였고, 육포며 정과, 편강, 주악 등도 수시로 만들어 올렸습니다. 철따라 숭어며 민어, 동태알, 청어알 등을 손질하여 어란을 만들어 올리기도 했는데요, 손도 많이 가고 맛내기가 쉽지 않아 일 많은 종부에게는 무척 수고스러운 일이었지요. 하지만 입맛 까다롭기 이를 데 없는 시어른들께서 별말씀 없이 드시는 것만으로도 감사하며 틈만 나면 열심히 만들다보니 이제 어란 쯤은 일도 아니게 되었지요. 호랑이 같은 시할머니에 그보다 더 무서운 시어머니 눈치 보며 지내는 하루하루가 어찌나 힘들고 버겁던지 도망가고도 싶었습니다. 나주에서 친정인 당진이 그리 먼 길도 아닌데 차마 못 가고 서울 가 코빼기도 안 비치는 남편만 죽도록 밉고 원망스러웠습니다.

규모 큰 종가의 안살림이 어린 종부의 몫이 되다

24대 종부로 큰살림 꾸려 오신 시어머니께서는 동네에서도 솜씨 좋기로 소문이 자자하신 분이셨습니다. 시할머니 솜씨도 만만치 않으셨다고 들었고요. 그런 두 분을 모시고 지내야 하는 어린 종부의 마음을 누가 알아줄까요. 시어머니 역시 혹독한 시집살이를 하셨겠지요. 시할머니께서도 마찬가지셨겠고요. 솜씨 좋으신 두 분께서 어린 종부에게 어찌나 무섭고 혹독하게 음식 훈육을 하시던지요. 시집살이가 고추보다 맵다고들 했던가요? 거기에 솜씨 좋은 두 분의 음식시집살이까지 얹어보세요. 참으로 혹독하고 매웠습니다. 아마도 두 분께서는 어린 종부가 좀 더 빨리 집안의 내림 손맛을 이어받고 많은 식솔 거느리며 야무지게 종가 안살림을 꾸려갔으면 하는 바람이 크셨던 것이었겠죠.

아무리 잘한다 한들 수십 년 종가살림을 꾸려오시던 솜씨 좋은 시어머니의 눈에 찰 리도 입에 맞으실 리도 없을진대 시어머니께서는 어린 며느리에게 "잘한다 잘한다" 하시며 살림을 맡기셨습니다. 새벽 4시에 일어나 밤 12시가 넘어서야 겨우 잠자리에 들 수 있었던 시집살이. 시어머니의 가르침 받아가며 매일 많은 시간을 하나하나 배우고 익히다보니 그 크나큰 종가살림이 어린 종부의 몫이 되었는데요, 그게 결혼한 이듬해부터였으니 스물다섯 되던 해였습니다.

엉터리 소리 듣기 싫어 더욱 악착같이 이겨내다

매일매일 잔칫날 같은 밥상을 차리는 일도 버거운데 정성껏 모셔야 하는 제사는 한 달에 2~3번씩 어김없이 찾아왔고, 종택을 찾는 손님들의 발길 또한 끊이지 않았습니다. 잔치가 있거나 명절이라도 다가오면 규모 큰 종가답게 한 달 전부터 한과며 여러 가지 음식들을 준비해야 했고요, 어른들을 찾아뵈러 오신 손님들 음식은 갖은 모양 내어가며 얌전하게 따로 준비를 해야 했습니다. 떡쌀은 몇 가마씩 담가 불려야 했고, 소나 돼지 몇 마리쯤은 기본으로 잡았지요. 해물이나 생선은 가까운 영산포구에서 펄쩍펄쩍 뛰는 싱싱한 것을 짝으로 들여왔고, 다양한 종류의 김치며 나물 준비도 게을리할 수 없었죠. 엄한 가풍 지켜가며 대소사 관장하는 일이 오롯이 어린 종부의 몫이 되다 보니 '종부의 길이 이토록 힘든 줄 알았다면 그 종가의 문턱을 넘지 말 것을' 하는 후회도 많이 했었죠. 그래도 힘들다는 내색하지 않고 모든 일을 척척 해결해 나갔습니다. 화로에 곰방대 두드리는 소리에 눈을 떠 하루 종일 종종걸음 치며 윗분 모시랴 아랫사람 돌보랴 하루가 48시간이라도 모자랄 만큼 늘 분주했습니다.

큰일을 한 번씩 치르고 나면 몸이 부서질 듯 아파와도 시어른들 무섭고 어려워 내색 한 번 못했습니다. 해도 해도 끝이 없는 집안 살림이었지만 일 못한다는 소리, 엉터리 며느리라는 소리 듣기 싫어 이를 앙다물었습니다. 키 작다고 늘 구박하시던 시어머니께 키는 작아도 손끝이 얼마나 야무지고 잰지 보여드리고 인정받고 싶어 하루 종일 이리 뛰고 저리 뛰며 손 한 번 댈 거 두 번 대고, 낮에 미처 못 끝낸 일은 꾸벅꾸벅 졸아가면서까지 마치는 억척을 떨었습니다.

음식 만들기를 좋아하던 '순의' 결국 종부가 되다

흙먼지 일으키며 내달리는 트럭에 몸을 싣고 당진에서 시댁 나주로 가는 길. 가도 가도 끝이 나타나지 않을 것만 같이 길게 느껴졌던 그 길이 험난한 종부의 삶을 이야기하는 줄 그

땐 몰랐습니다. 붉은 황톳길 내달리는 트럭 가득 자개장에 원앙금침, 철철이 덮을 이부자리, 미싱에 학독까지 바리바리 신접살림을 챙겨주시던 친정어머니도 그 험한 길을 짐작이나 하셨다면 귀한 딸 쉽게 보내지는 못하셨겠지요.

시댁만큼은 아니지만 그럭저럭 남부럽지 않은 집의 5남1녀의 외동딸로 태어나 할머니 무릎에 누워 먹여주는 밥 먹어가며 사랑 받으며 귀하게 자랐지요. 비록 여자가 공부하면 연애질이나 한다고 학교를 보내지 않으신 아버지셨지만 외동딸을 참으로 끔찍이 생각하셨습니다. 요즘 세상에서는 상상할 수도 없는 일이지만 그때는 그랬답니다. 너무나 공부가 하고 싶어 수녀원과 절로 두 번의 가출을 시도하기도 했었죠. 결국 아버지 손에 이끌려 집으로 돌아와야 했지만요. 그렇게 홍역 치르듯 불끈불끈 솟아오르는 공부에 대한 열망을 접고 어머니를 도와가며 집안일을 배웠습니다.

친정어머니 역시 당진에서 솜씨 좋기로 소문 자자한 분이셨지요. 한과나 떡, 이바지 음식 등에 능하셨는데, 낮에는 집안일을 도와가며 친정어머니의 솜씨를 익혔고, 밤에는 몰래 야간학교에 나가 글을 배웠지요. 그리고 학교는 안 되지만 여자가 배울 것은 다 배워야 한다던 아버지의 성화에 미용학원과 양재학원 등도 다녔는데, 역시 음식 만드는 일만큼 재미나는 일은 없었습니다. 아마도 종부가 되려고 사전 준비를 하고 있었던 것처럼….

막상 종부가 되어 하도 혹독한 시집살이를 하다 보니 '내가 왜 종부가 되었을꼬' 싶은 생각이 들었지만, 처음 혼담이 오갔을 때만 해도 종부가 된다는 것은 '영광스러운 일 아닐까' 하고 생각도 했었습니다. 아마도 손끝이 야물다 보니 음식 만들기를 좋아했던 탓이 컸겠지요. 아무쪼록 친정엄마 밑에서 차분차분하게 배운 음식 솜씨는 종가살림을 이끌어 가는 데 많은 도움이 되었죠. 채 일 년도 되지 않아 종가의 안살림을 떠맡을 수 있었던 것도 친정어머니께 배운 기본기가 있어서 가능한 일이었겠지요.

무뚝뚝한 남편, 시집살이를 더욱 힘들게 하다

아무리 시집살이가 고되고 힘들다 한들 속마음 알아주는 남편이 곁에 있었더라면 조금은 덜 힘들지 않았을까 싶은데요. 이렇다 저렇다 말이 없는 돌부처 같은 남편은 새색시가 보고 싶지도, 어찌 지내는지 궁금하지도 않은지 혼례를 마치고 직장 있는 서울로 횡 하니 떠났습니다. 낯설기만 한 넓디넓은 종가에 새색시 혼자 덩그러니 남겨두고 바람처럼 떠났죠. 지금처럼 교통이 편치 않아 서울에서 자주 내려오기란 쉽지 않은 일이긴 했지만 돌부처 남편은 일 년에 두세 번 명절이나 대소사 있을 때만 내려왔습니다. 얼마나 고생하느냐 등이라도 토닥여 줄 만도 한데, 시어머니 눈치 보느라 그러는지, 바로 어제 본 듯한 얼굴로 데면데면했습니다.

그것도 모자라 오매불망 남편 하나 보고 견뎌온 새색시 버려두고 밤에는 시어머니 방에서 잠까지 자는 속절없는 사람이었습니다. 어렵게 얻어 금지옥엽 키운 아들 며느리에게 빼앗기기라도 할까 그러셨는지 남편이 내려오면 더욱 혹독하게 며느리를 대하셨던 시어머니의 그 마음을 지금도 이해할 수 없지요. 시어머니 눈치 보느라 새색시 가슴에 응어리진 설움 하나 쓰다듬어주지 못하는 바보 같은 남편이 지금도 미워 죽겠는데요, 입으로는 미워 죽겠다 하면서도 평생 하늘같이 떠받들며 사는 모습을 보며 아는 이들은 "뼛속까지 종부일세" 합니다.

남편의 사업실패로 종부 세상 밖으로 나오다

세 살 연상의 말도 없고 표정도 없는 남편. 우락부락 무섭게까지 생겨 결혼을 망설이기도 했었는데요, 중매 선 시이모님과 친정이모님의 노력으로 결혼까지 하게 되었습니다. 표현

방법을 몰라 무뚝뚝한 것이지 속은 따뜻하고 법 없이도 살 사람이죠. 시어머니는 7대 독자로 귀하게 얻은 아들 혹여 어찌될까 싶어 발에 흙 묻을세라 업어만 키웠다고 합니다. 좋은 것만 입히고 먹이고 원하는 거 다 해주고…. 호된 며느리 훈육도 결국 귀한 아들을 위한 어머니의 마음이었을 겁니다. 그렇게 귀하게 자란 남편을 세상은 귀하게 받들지 못하였습니다. 신광여고 서무과에 있으면서 체육교사를 겸했던 남편은 별도의 사업을 했었는데, 험한 세상에 이리 치이고 저리 치이고 아홉 번의 실패를 맞봤습니다. 그로 인해 나주의 넓디넓은 종택과 땅들은 남의 손에 넘어갔고, 남편은 세상이 만만치 않음을 뼈저리게 느꼈겠지요.

지켜보는 아내로서 그 속상함이야 어찌 말로 다 할 수 있겠습니까만은 가장 속상하고 마음 아픈 건 당사자겠지요. 살 길이 막막해 뭐라고 퍼 대다가도 '얼마나 잘하고 싶었겠나' 생각만 하면 명치끝이 아려와 더는 말을 못했습니다. 지금까지 평생을 살면서 딱 두 번 싸웠죠. 귀하게만 키웠지 사는 법을 가르치지도 배우지도 못했던 걸 어쩌겠나 싶죠. 남편 대신 빚도 갚아야 하고 아이들 셋 데리고 살기도 해야겠기에 하숙도 하고, 식당도 하고, 독서실도 운영했지요. 힘든 일이 있을 때마다 '사람이 살면서 우여곡절 없는 삶이 어디 있겠나' 스스로 위로해가며 힘든 고비 많이 넘겼습니다.

주부들의 입소문으로 추천해 김치 강의하게 되다

손가락 관절이 제멋대로 휘도록 혹독했던 음식시집살이 덕에 솜씨 좋단 이야기를 종종 들었습니다. '그저 어느 집이든 솜씨 부려가며 해먹는 음식이 다 그렇지 별게 있나' 싶어 괜한 소리 한다 싶었죠. 간혹 친척이나 가까운 지인들에게 형편이 넉넉하지 않으니 폐백이나 이바지 음식들을 부조 겸 결혼 선물로 했었는데요. 그게 무척이나 마음에 들었었나 봅니다. 알음알음 연락이 오기 시작했지요. 남편 사업도 어렵게 된 터이고 할 줄 아는 게 음식밖에 없기에 가까운 사람들에게만 해주었는데, 입소문이 났습니다. 아마도 고기나 해산물, 떡, 한과 이외에도 촉촉하게 함께 드시라고 정성껏 싸 드렸던 고추씨백김치와 물김치, 동치미 등의 김치가 굉장히 인상적이었던 모양입니다. "육십 평생 이런 김치 처음이다"며 고맙다는 전화가 걸려오기 시작했지요. 그러던 어느 날 서울농업기술센터에서 전화가 걸려왔었죠. 주부들이 강순의 종부의 떡과 김치를 너무 배우고 싶으니 강사로 모셔달란다는 요청이 엄청나다고….

주부들의 추천으로 전통음식 기능보유자 되다

그렇게 시작한 김치 강의는 폭발적인 인기를 얻었습니다. 점점 입소문을 타면서 대기하는 수강생들이 늘어났죠. 김치를 가르치는 일도 신이 났습니다. 힘들게 배우긴 했지만 그 맛이 좋다고 다들 비법을 묻기도 하고, 솜씨 아깝다고 대회에 나가길 권하기도 했지요. 용기를 내어 KBS 전국요리대축제에 한과와 떡을 출품했는데, 우수상을 받았습니다. 농협중앙회 주최 김치여왕선발대회에서는 우수상을 받았죠. 그밖에 굵직한 대회에 나가 우수상, 특기상, 최우수상, 서울시장상 등 많은 상을 받았습니다. 어느 가정집보다 규모가 클 뿐이지 어찌 보면 한 집안의 살림만 하던 사람에 불과한데, 그 손맛을 배우고자 열심인 것을 보니 이왕 이렇게 된 거 젊은 사람들에게 우리의 김치를 널리 알려야겠다는 생각이 들었습니다. 그래서 서울농업기술센터에서 50여 가지의 김치를 선

보이는 김치전시회를 열었는데, 반응이 좋아 연례행사가 되었지요. 서울농업기술센터에서 '서울시 전통음식 기능보유자'로 지정이 되었고, 서울시로부터 '전통음식내림솜씨 보유자'로 지정되었죠. 집은 '전통음식 교육장'으로 지정이 되어 김치강의를 하고 있는데, 이러저러하니 고단한 종부의 삶이 입소문을 타면서 KBS 인간극장 〈손맛의 달인 강순의 여사 전성시대〉로 방송까지 출연하게 되기도 했답니다.

대한민국 김치 홍보대사 되어 세계로 나가다

원래는 폐백·이바지 음식이 주특기였는데, 이제는 김치선생으로 더 유명해졌습니다. 공들인 것은 헛됨이 없다고 찬물에 손 담가가며 하루에 1천 포기가 넘는 배추를 혼자 담그며 보내야 했던 고된 시간들로 인해 손에 지문조차 없어졌지만 '국보급 김치명인'이란 소리를 듣게 되었네요. 그저 부족한 점 많은 시골할머니에 불과한데 관심을 가져 주니 몸둘 바 모를 지경인데요, 그만큼 우리의 김치가 중요하다는 이야기겠지요. 덕분에 숙명여자대학교와 유한대학교 등에서 강의를 하게 되었고, 해외에서도 김치를 배우러 일부러 먼 길을 마다 않고 오는 학생들도 많은데, 한 재일교포 청년은 8년째 김치공부를 하고 있답니다. 뿐만 아니라 고향의 김치 맛을 그리워하는 해외교포들을 위해 미국과 캐나다 등 해외까지 강의를 가기도 하는데, 어느 해인가 MBC에서 김치명인으로 선정됨과 더불어 일본에 우리의 김치와 유산균의 우수성을 알리는 강의까지 할 기회까지 생겼었죠. 참으로 감격스러웠지요. 일본 후지TV에서 집까지 찾아와 김치 담그는 모습을 직접 촬영해 방송을 내보낸 적도 있는데, 김치 하나로 우리의 문화를 알린다는 것이 얼마나 가슴 벅찬 일인지요.

세상에서 가장 행복한 건 남편, 불행한 건 아들이다

넓은 종택은 없어졌어도 종가는 종가인지라 손님 발길 끊일 날이 없는 집입니다. 김치를 배우러 전국에서 달려온 학생들

도 만만치 않은데, 이래저래 많은 사람들과 만나고 이야기를 나눕니다. 특히 우리 집은 커피 인심은 박해도 밥에 김치만큼은 잡수시게 하는데, 돌아가시는 길에 하나같이 "남편은 참 좋겠습니다. 이렇게 맛있는 음식을 매일 먹을 수 있으니…." 이 세상에 가장 행복한 건 남편, 반면 가장 불행한 건 우리 아들들이라 합니다. 이유인 즉 남편은 솜씨 좋은 아내 만나 남들이 못 먹어본 음식까지 맛있게 실컷 먹으니 행복하고, 아들들은 엄마가 해주는 맛있는 음식을 먹어 그 맛을 아는데, 엄마가 안 계시면 더 이상 먹을 수가 없으니 불행하답니다. 차라리 그 맛을 몰랐으면 모를까 맛을 아는데 못 먹는다는 것이 고통이자 불행이라면서요.

김치 강의를 시작한 지 오래 되었습니다. 지금도 '아픈 곳도 많은데 좀 쉬면 좋으련만 육십이 훌쩍 넘은 나이에 왜 그렇게 열심인지 모르겠다'고 주위에서 말리기도 하지요. 하지만 움직일 힘 있을 때 부지런히 다니며 우리 아들들처럼 이 땅에 불행한 아들들 만들지 않으려고 여기저기 다니며 열심히 강의합니다.

어떻게 보면 우리 세대가 전통김치를 제대로 담가 먹고 사는 마지막 세대가 아닐까 생각합니다. 요즘은 김치를 아예 담가 먹지 않는 집들도 많다죠? 젊은 사람들은 김치보다 피자나 치킨, 스파게티 등을 더 좋아하고요. 우리의 세대가 없어지면 김치를 제대로 담글 수 있는 사람들이 없어지는 것이죠. 우리 세대가 있어 그나마 김치 맛을 볼 수 있었던 지금의 젊은 세대들도 나중에는 김치를 먹고 싶어도 담글 줄 몰라 못 먹는 불행한 사람들이 되는 것이죠. 그 다음 세대에는 김치가 막연히 옛날에 먹던 어떤 음식쯤으로 기억될 수도 있고요. 생각하면 안타깝기 그지없는 일인지라 젊은 사람들에게 그 맛을 하나라도 더 가르쳐 주고 싶어 절인 배추 싸가지고 다니며 열심히 가르치고 있지요. 비록 짧은 강의 시간일지라도 우리 김치 만드는 법을 배워가 자꾸 담가 먹다 보면 그 다음 세대 또 그 다음 세대에도 계속 이어질 것이 아닌가 하는 욕심을 부려봅니다.

이야기 하나

강순의 종부의 사계절 김치

일 년을 하루 같이 계단을 오르내리며 김치며 장아찌, 간장 등이 담긴 150여 개가 넘는
항아리들을 자식 돌보듯 정성을 기울입니다. 꽃다운 나이 스물네 살에 나씨 종가 25대 종부가 되어
40여 년의 세월이 흘렀습니다. 200년 내림 손맛 잇느라 지문은 닳아 없어지고
손끝은 고춧물로 붉게 물들었지요. 혹독한 음식 시집살이 덕에 김치명인 소리 듣게 된
사계절 김치 이야기를 담았습니다.

김치의 기본 배우기 ❶

속 깊은 맛으로 365일 종가 밥상 다스리는

자연에서 얻은 기본양념 이야기

음식 맛의 반은 정성이라고 했던가요. 그 옛날 시어머니께서는 장에서 파는 젓갈 등을 보고 "저걸 어떻게 사다 먹느냐"시며 집에서 일일이 직접 담그라 하셨지요. 그때야 힘들었지만 지금 생각해보면 음식의 맛은 거기에 얼마나 많은 정성을 들이느냐에 따라 달라진다는 것을 새삼 깨닫습니다. 때문일까요. 아무리 바빠도 일 년 중 8월 한 달은 만사 제쳐두고 김치 맛 내줄 양념들을 사러 전국을 다닙니다. 몸 편하기로 한다면야 시장이나 마트에서 파는 때깔 좋고 포장 깔끔한 양념들을 얼마든지 살 수 있지만 눈으로 확인하지 않은 것으로 일 년 맛을 책임지게 할 수는 없기에 산지까지 찾아가는 정성을 들입니다. 발품 팔아가며 우리의 자연에서 나고 자란 양념으로 차린 밥상이 곧 가족에게는 약상이 되는 법이니까요.

일러두기 이 책의 레시피에 표기한 양념 재료의 분량은 계량컵, 계량스푼 기준입니다.
즉 1컵은 200ml, 1큰술은 15ml, 1작은술은 5ml입니다.

매운맛 내는 고춧가루
김치의 매운맛을 내주는 대표 양념으로 주로 추석을 전후로 빨갛게 잘 익은 맏물 고추를 햇볕에 말린 '태양초'를 빻은 햇고춧가루라야 빛깔도 곱고 맛도 좋지요. 맏물 태양초는 과피가 두꺼워 고춧가루가 많이 나오는데, 빛깔이 약간 어두우면서도 선명하고 윤기가 흐르죠. 모양이 쭉 고르고 깨끗하며 꼭지가 단단하게 붙어 있는 것, 고추씨가 맑은 소리로 찰랑이는 것이 좋은데, 빻았을 때 색이 선명하고 너무 곱지도 굵지도 않은 것이 좋아요.

칼칼한 맛 내는 고추씨
고춧가루 못지않은 칼칼한 맛을 내는 양념으로 고춧가루를 넣지 않는 백김치 등에 넣으면 개운하면서도 톡 쏘는 맛이 그만이죠. 햇볕에 바싹 말린 '태양초'의 고추씨라야 맛과 영양이 좋은데, 씨가 노랗고 납작하지 않으며, 씨를 털 때 고추의 껍질이 섞인 것이 좋아요.

짭짤한 맛 내는 소금
김치의 간을 맞추는 가장 기본적인 양념으로 반드시 국내산 천일염을 고집하죠. 천일염은 굵기가 일정하고 수분 함량이 많아 포대가 축축하며 한 움큼 쥐었다 폈을 때 손에 달라붙죠. 으깨어 보면 쉽게 바스러지고 첫맛은 짜면서도 뒷맛이 달죠. 반면 중국산은 입자가 고르지 않고 손으로 쥐었을 때 손바닥에 들러붙지 않으며 염도가 높아 잘 부서지지 않으며 쓴맛이 나죠.

고운 빛깔로 맛 내는 마른 고추
김치의 맛과 영양을 위해 고집하는 양념입니다. 학독에 갈아 김치를 담그면 고춧가루만 넣고 김치를 담글 때보다 빛깔이 고울뿐더러 맛 또한 훨씬 풍부해진답니다. 붉은 선홍색이 전체적으로 밝고 잘 마른 꼭지가 단단하게 붙어 있으며, 만졌을 때 버실버실하고 부드럽고 껍질이 두꺼우며 깨끗한 태양초가 좋죠. 중국산은 색이 탁하고 윤기가 없으며 납작하게 눌리거나 꼭지가 떨어진 것이 많죠.

감칠맛 내는 **멸치액젓**

기본 간을 맞추고 시원한 맛을 내기 위해 넣는 맑은 멸치액젓이죠. 직접 담가 푹 곰삭힌 것으로 시중에 판매하는 것보다 맛이 슴슴하죠. 모든 김치에 기본양념으로 쓰고 있으며 오래 묵히지 않고 먹는 김치나 국물이 있는 김치에 넣으면 개운해서 좋지요. 시판하는 멸치액젓이나 까나리액젓으로 대체할 수 있는데, 짜기 때문에 이 책에 표기된 분량의 반만 넣어야 해요.

깊은 맛 내는 **멸치진젓**

오래 두고 먹는 김치에 감칠맛을 더하기 위해 넣죠. 멸치 건더기를 거르지 않아 걸쭉하고 비릿하면서도 구수한 맛이 좋은 젓갈입니다. 뼈가 보이지 않을 정도로 오래 곰삭은 것일수록 깊은 맛이 나 좋아요. 수산시장 등에서 살때는 건더기가 많지 않으며 검붉은 빛의 기분 좋은 비린 맛과 향이 나는 것, 지나치게 짜지 않으며 구수한 맛이 나야 김치 맛이 좋아요.

시원한 맛 내는 **새우젓**

담백하고 시원한 감칠맛을 내는 젓갈이죠. 잡은 시기에 따라 6월에 담은 육젓, 5월에 담은 오젓, 가을에 담은 추젓 등으로 나뉘는데, 색깔이 희고 살이 통통하며 맛이 좋은 육젓을 최고로 치죠. 전체적으로 밝은 분홍색을 띠며 잡티가 없이 깨끗하고, 껍질이 얇고 살이 통통하니 실한 것, 몸통이 뭉그러지지 않고 고린내 등이 나지 않으며, 뒷맛이 고소하고 단맛이 나야 해요.

양념이 겉돌지 않게 하는 **풀국**

찹쌀가루와 고구마가루에, 콩물에 다시마 우린 물 또는 물을 부어가며 말갛게 쑨 풀국입니다. 김치의 영양을 풍부하게 하고 양념이 서로 잘 엉겨 붙어 재료와 겉돌지 않게 할뿐더러 군내와 잡맛을 잡아주죠. 보통 김치 담글 때 넣는 찹쌀풀을 대신한 것으로 콩물과 고구마가루는 직접 만들어 쓰죠. ※ 만드는 법은 40쪽 참고

천연 조미료 역할 하는 마른 멸치
김치에 감칠맛과 함께 숙성 후 톡 쏘는 시원한 맛을 오래가게 해 빠뜨리지 않고 넣는 양념입니다. 학독에 갈아 쓰거나 가루를 내어 쓰는데, 중간 크기의 반짝반짝한 빛이 돌고, 눅진내 없는 것을 바싹 말려 두었다가 갈아 쓰죠. 누렇거나 검붉은 빛이 나는 것, 머리가 떨어졌거나 배가 터져 내장이 밖으로 나온 것, 많이 부서진 것, 덜 마른 듯 축축하거나 염분이 하얗게 낀 것 등 신선도가 떨어지는 것은 피하지요.

시원한 맛 내는 마른 새우
마른 멸치와 함께 천연조미료 역할을 하는 양념으로 고춧가루로 빨갛게 양념하는 김치에 갈아서 넣지요. 넉넉히 준비해 두었다가 국이나 볶음 반찬 등에도 쓰는데 3cm 정도 크기의 바싹 마른 것으로 선홍빛이 선명하며 윤기가 흐르고, 대가리의 모양이 잘 살아 있고 수염이 달려 있는 것, 살이 단단하며 부서지지 않고 눅진내가 나지 않는 신선한 것을 쓰지요. 누런빛이 도는 것은 오래된 것으로 피하죠.

감초 같은 역할의 마늘 & 생강
알싸한 맛으로 김치에 고춧가루와 함께 꼭 들어가는 기본양념입니다. 마늘은 하나하나가 통통하게 여물어 단단하고 쪽과 쪽 사이의 골이 확실하고 뿌리가 붙어 있는 것, 껍질이 붉고 얇으면서 잘 벗겨지는 6쪽 마늘을 쓰죠. 생강 역시 쪽이 굵고 만져 보았을 때 단단하고 껍질을 손톱으로 긁어 보았을 때 잘 벗겨지며 속이 노랗고 물이 많은 햇생강을 씁니다. 제철에 1년 치를 확보해두고 쓰지요.

맛과 영양을 더하는 부추
부추는 매콤하면서도 독특한 향미가 있어 양념으로 많이 활용하죠. 특히나 알싸한 맛이 좋아 대파가 억세고 맛이 없는 봄과 여름에 대신 넣기도 하는데, 어린 것일수록 맛이 좋아요. 전체적으로 초록빛이 진하고 잎이 가늘고 둥글며 시든 것이 없이 싱싱한 것, 몸통의 흰부분이 길고 줄기가 탄력이 있고 너무 크거나 두껍지 않은 것이 맛있죠. 잎이 축 처져 있거나 끝이 마른 것은 안 사는 게 좋아요.

천연 감칠맛 내는 다시마
김치에 천연 감칠맛을 살리기 위해 넣는 재료입니다. 다시마 성분이 충분히 우러나도록 다시마국물을 끓여 쓰는데, 어느 정도 두툼하고 모양이 반듯하며, 두께가 일정한 것, 바짝 말라 표면에 흰 소금기가 고루 퍼져 있으면서 검은 빛을 띠면서도 황갈색 또는 흑갈색인 것이 좋아요. 지나치게 두껍거나 검은 것, 황색을 띠는 것, 윤기가 없는 것은 피해야 해요. ※ 다시마국물 41쪽 참고

시원한 감칠맛 내는 생새우
오래 두고 먹는 김장김치 담글 때 넣는 양념으로 새우젓 대신 삭히지 않은 신선한 생새우를 넣어야 김치 맛이 개운하면서도 시원하죠. 생새우는 전체적으로 발그레하면서도 밝은 선홍색으로 껍질이 얇고 투명하며 살이 통통하게 오른 팔딱팔딱 살아 있는 것으로 구입하세요. 쉬 상하므로 잡티 등을 손질하여 냉장고에 넣고, 오래 두고 쓸 것은 냉동 보관해야죠.

톡 쏘는 맛 유지시키는 대추
국물김치나 고추씨백김치 등을 담글 때 단맛과 톡 쏘는 맛을 오래 유지시키기 위해 넣죠. 찬 이슬을 맞히며 건조시킨 붉은색이 선명하고 과육이 많은 것이 좋고, 배를 갈랐을 때 과육과 씨가 분리되지 않은 것, 꼭지가 붙어 있는 것이 좋아요. 중국산은 속이 말라 과육과 씨가 분리된 것이 많아 흔들면 소리가 나고, 꼭지가 거의 붙어있지 않죠.

김치의 기본 배우기 ❷

아삭하고 맛있는 김치 위한 첫 번째 수고
깐깐하게 고르는 김칫거리들

맛있는 김치 한 가지만 있으면 다른 반찬이 소홀해도 밥 한 공기 뚝딱 비우는 일
많죠. 그것이 김치의 '힘'인데, 김치 맛있게 담그기가 만만치 않습니다. 솜씨가 좋다고
맛있는 김치를 담글 수 있는 것은 아니에요. 김치는 네 박자가 잘 맞아 떨어져야
하는데, 첫째가 좋은 재료를 고르고, 둘째가 잘 절이고, 셋째가 간을 잘 맞추고
넷째가 잘 익혀야 하죠. 그중 좋은 재료 고르기는 맛있는 김치 담그기의 가장 중요한
것으로 재료가 좋지 않으면 아무리 솜씨가 좋아도 맛내기가 어렵습니다. 맛있는 김치
담그기의 첫걸음인 좋은 재료 고르기, 깐깐할수록 맛과 가까워지는 지름길입니다.

중간 크기를 고집하는 배추
김장철뿐만 아니라 일 년 내내 수시로 담가 먹는 김칫거리로 가을배추가 가장 맛있죠. 계절과 상관없이 큰 배추는 싱겁고 고소한 맛도 덜하죠. 네 쪽으로 나누었을 때 한 끼에 한쪽을 남김없이 먹을 수 있는 2~2.5kg의 중간 크기나 조금 작은 것을 고르죠. 모양이 쭉 고르고 진한 녹색의 겉잎이 얇고 싱싱하며 노란 속대와 함께 안쪽으로 향하여 잘 여며져 있는 것, 줄기를 눌렀을 때 단단하고 묵직한 것이 좋으나 잘랐을 때 속이 너무 꽉 찬 것은 덜 고소하고 나중에 절이고 양념하기에 나쁘므로 80% 정도 속이 찬 것이 좋아요.

어른 주먹만 한 것이 최고 동치미무
김장철 배추만큼이나 많이 쓰는 재료 중 하나입니다. 11월 중순이 지나면 자그마하면서 매운맛이 있고 물기가 많은 무가 나오는데, 무청이 달린 남자 주먹만 한 크기의 것으로 동치미를 담그면 시원한 맛이 그만이죠. 만졌을 때 단단하고, 두드렸을 때 꽉 찬 소리가 나면서 표면이 매끈하고 윤기가 도는 것을 고르죠. 윗부분 초록색이 연한 것이 나중에 국물 맛이 시원해요. 11월 중순 이전에는 잔뿌리가 없고 단단하며 흠집이 없는 총각무로 동치미가 익기 전까지 먹는 초련 동치미를 담그면 아주 맛있는데, 무가 크고 무청이 많이 달린 것이 좋아요.

황토에서 자라야 제맛, 알타리무
'총각무'라고도 불리는 알타리무는 알이 작고 엄지손가락 모양으로 생긴 단단한 무입니다. 어리고 연한 무청이 달려 있죠. 통째로 절여 겨울에 두고 먹을 알타리김치를 담그는데, 무는 단단하고 매운맛이 나는 것이 익었을 때 맛이 좋아요. 뿌리 쪽이 약간 퍼지면서 굵고 매끈하며 고른 것이 좋고, 무청은 연하고 길이가 짤막한 것이 좋죠. 또 무에 황토 흙이 묻어 있는 것을 상품으로 치며, 표면에 가로줄이 많은 것은 심이 들어 있어 질기므로 피하죠.

흰 부분이 많아야 맛있는 **쪽파**

주로 가을김치나 김장김치로 담가 먹는 쪽파는 줄기가 억세지 않고 곧으며 흰 부분이 많은 것이 김치를 담갔을 때 맛있어요. 전체 길이가 짧고 굵기가 고르며 뿌리 부분이 둥글면서도 통통한 것, 푸른 잎이 곧고 광택이 있으며 손으로 비볐을 때 미끈거리지 않는 것으로 김치를 담그면 적당히 매우면서 감칠맛이 나죠. 다른 김치를 담글 때도 대파 대신 많이 쓰는 재료랍니다.

톡 쏘는 듯한 개운한 맛 **갓**

특유의 향과 톡 쏘는 매운맛으로 남도 김치를 대표하는 갓김치의 주재료죠. 알싸한 향이 입맛을 돋워 김장할 때 함께 만들어두면 겨우내 요긴하게 먹을 수 있는데, 김치 양념의 부재료로도 쓰죠. 푸른 갓과 붉은 갓 두 종류가 있는데, 푸른 갓은 동치미나 백김치에 넣고, 붉은색을 내는 붉은 갓은 예쁜 붉은 색을 내려 동치미를 담그기도 하지만 양념으로 많이 쓰죠. 전체적으로 잎이 싱싱하고 솜털이 까슬까슬하며 줄기가 길고 연한 것이 맛있어요.

일 년 내내 즐기는 **양배추**

일 년 내내 쉽게 먹을 수 있는 채소 중 하나로 양배추김치처럼 생으로 먹어야 영양을 모두 섭취할 수 있죠. 특히 봄 양배추는 잎이 부드러워 김칫거리로 적당한데, 싱싱하고 들었을 때 묵직하며 속이 꽉 찬 것, 밑동이 오백 원 동전 크기 정도 되는 것이 단맛이 납니다. 속은 연한 노란색을 띠고 겉은 윤기가 나는 녹색 잎으로 단단하게 감싸져 있는 것을 골라요. 잎의 줄기 부분이 억센 것은 맛이 없어요.

달큰한 맛의 햇양파가 최고 양파
양파는 매콤한 맛과 아삭아삭 씹히는 맛이 좋아 날로도 많이 먹죠. 5~6월 햇양파가 한창일 때 대가 달린 부드럽고 물이 많은 양파로 양파김치를 담가 별미로 입맛을 돋우곤 하는데, 싹이 나지 않고 넓적한 것보다 작고 뾰족한 것, 만져보아 단단하고 묵직하며 껍질에 윤기가 흐르는 것이 좋아요. 윗부분을 눌렀을 때 부드럽게 들어가는 것은 썩었거나 싹이 날 가능성이 있으므로 피하죠.

부드러운 맛이 그만인 가지
여름에 고운 빛깔로 지친 입맛에 생기를 불어넣어주는 가지는 나물로 볶아 먹기도 하지만 칼집을 넣어 소박이처럼 별미김치로 만들어도 그만이죠. 갓이 검고 가시가 뾰족뾰족하여 만질 때 아픈 것, 자줏빛이 곱고 선명하며 윤기가 나는 것이 좋고, 갓을 벗겼을 때 흰 부분이 많아야 담백하고 맛있답니다. 잘랐을 때 속씨의 색이 검은 것은 맛이 없어요.

씹을수록 달착지근한 시금치
햇볕 충분히 받으며 겨울 추위를 이겨내고 자란 노지 시금치로 봄김치를 담그면 씹을수록 입안 가득 고소하고 달큰한 맛이 최고죠. 초록이 짙고 줄기에 물이 많으며 통통한 것, 뿌리를 잘랐을 때 단면이 싱싱하고 윤기가 나는 것이 좋아요. 잎의 길이가 짧고 뿌리에 붉은 빛이 진할수록 달아요.

알싸하고 매콤한 맛의 부추

독특한 향미로 입맛을 돋워 여름철 김치 재료로, 오이소박이의 부재료로 제 몫 톡톡히 하는 부추죠. 너무 많이 자란 것보다 흙을 막 뚫고 나온 어린 것이 맛과 향이 뛰어나 김치를 담가도 맛있죠. 색이 진하며 길이가 짧고 통통한 것이 알싸하고 칼칼하니 맛이 좋지요. 줄기가 굵은 것보다 가는 것, 밑동이 깔끔한 것을 고르죠.

덜 여물어 단맛이 그만인 청둥호박

늙어서 겉이 단단하고 속 씨가 잘 여문 호박으로 호박죽도 쑤고, 호박고지를 만들기도 하지만 여물기 전의 것을 따다가 게국지를 담가 두면 이듬해 여름이 즐겁죠. 청둥호박은 노랗게 익기 전 껍질이 초록인 덜 여문 호박으로, 겉에 흠집이 없으며 들었을 때 묵직한 것이 속이 실하고 좋아요. 단면을 잘랐을 때 씨가 촘촘하게 박혀 있고, 속살 부분이 두꺼운 것이 단맛이 강하죠.

천연 소화제라 불리는 무

배추김치의 부재료로도 많이 쓰이지만 김장철에 섞박지나 깍두기, 뼈개지 등을 담가 두면 겨우내 입을 즐겁게 해주는 무죠. 제철인 가을무가 달고 시원하니 맛이 좋은데, 너무 큰 것은 맛이 덜해 남자 주먹보다 조금 큰 자그마한 무가 좋아요. 두드렸을 때 꽉 찬 소리가 나고, 표면이 희고 고우며 매끄러운 것, 푸른색과 아랫부분의 흰색 구분이 뚜렷한 것이 좋아요. 윗부분의 푸른빛이 많으면 단단하고 단맛이 좋지요. 동치미를 담글 때는 무의 윗부분이 파랗지 않은 중간 크기의 무로 담가야 국물이 시원해요.

김치의 기본 배우기 ❸

나씨 종가 200년 내림 손맛이 더해진
김치명인의 김치 맛 비결

종가의 내림 손맛 잇다보니 어느새 40여 년이 흘렀습니다. 기나긴 세월 김치를 담그다보니 손끝은 고춧물로 붉게 물들었는데요, 세상에 거저 얻어지는 것이 없음을 매번 김치를 담그며 깨닫습니다. 김치는 매끼 우리의 밥상에 오르는 대표 기본 반찬이죠. 때문에 집집마다 한두 가지씩은 담가 먹고 있는데, 쉬운 듯 하면서도 어려운 것이 '김치 맛내기'로 세심한 부분까지 신경을 써가며 정성을 들입니다. 마늘을 어떻게 빻느냐, 소금의 간수를 빼느냐 마느냐, 젓갈은 끓이느냐 안 끓이느냐 등…. 아주 작은 차이지만 감칠맛이 확 달라지거든요. 지문이 닳도록 김치를 담그며 터득하고 고집스레 지켜온 맛 비결을 공개할까 합니다.

번거로워도 양념은 학독에 갈지요

김치를 담글 때 우리 선조들의 방법 그대로 학독에 재료를 갈아 양념을 합니다. 번거롭고 힘들어도 전통방법 그대로 학독을 고집하는 이유는 재료를 믹서나 기계 등에 갈 경우 발생되는 열에 의해 맛과 영양이 파괴되기 때문이죠. 반면 학독은 마른 고추나 마른 멸치 등 재료가 가지고 있는 자연의 맛을 그대로 살릴뿐더러 김치 맛을 개운하게 하고 또 쉽게 무르는 것을 방지하며, 김치 빛깔도 한결 먹음직스럽게 만들어주어 고집하고 있죠. 없을 때는 믹서보다는 분마기로 대신하는 것이 좋아요.

고추씨를 양념 겸 고명으로 쓰지요

김치에 고추의 칼칼한 맛과 영양을 더하기 위해 넣는데 고추씨는 고추의 영양분이 가장 많이 함축되어 있습니다. 뿐만 아니라 고춧가루 못지않은 매운맛을 가지고 있어 고춧가루를 넣지 않아도 칼칼한 김치를 맛볼 수 있죠. 고추를 빻을 때 그냥 털어내기 아까워 모아 두었다가 김치에 넣기 시작해 고추씨김치의 원조가 되었지요. 김치에 맛과 영양을 더하고, 고명을 얹은 듯 식감까지 살려주는 양념입니다. 1년 치 고춧가루를 빻을 때 따로 모아 습하지 않게 보관해 두고 김치 담글 때마다 꺼내 쓴답니다. 방앗간에서 고추 빻을 때 따로 모아 달라고 해도 좋고, 요즘은 찾는 사람이 많아 따로 팔기도 한다네요.

2~3년간 묵힌 소금을 쓰지요

배추나 무 등 김칫거리를 절이거나 음식의 간을 맞출 때 쓰는 기본양념이죠. 염분의 농도에 따라 김치 맛이 좌우되고, 발효되는 과정에서 젖산 등이 생성되도록 도와 독특한 맛을 내게 되므로 반드시 국내산 천일염을 고집하죠. 전라도 해남 완도에 있는 염전에서 직접 맛보고 만져보는 등 눈으로 확인하고 구입해요. 간수가 충분히 빠지지 않으면 쓴맛이 나므로 일 년에 50포대씩 한꺼번에 구입해 2~3년간 간수를 충분히 뺀 뒤 사용하기 전 수분이 완전히 날아가도록 다시 햇볕에 바싹 말려 쓰지요. 손으로 쥐었을 때 손바닥에 들러붙지 않고 먹었을 때 다른 소금보다 염도가 낮아 짜지 않고 단맛이 나죠. 보관은 서늘하고 습기 없는 곳에 간수가 잘 빠지도록 바닥에 벽돌 등을 괴거나 두툼한 나무틀을 놓고 차곡차곡 쌓아두면 간수가 뚝뚝 떨어지는데, 포대를 세워두면 더 잘 빠지겠죠.

단맛을 위해 대추를 쓰지요

동치미와 같은 국물김치나 고추씨백김치 등을 담글 때 빠뜨리지 않고 넣는 재료가 말린 대추죠. 한약재로 쓰일 만큼 우리 몸에 이로운 열매로 빨갛게 익으면 단맛이 강해지는데, 천연의 단맛을 내기 위해 넣습니다. 동치미 등에 설탕을 넣으면 나중에 군내가 나는데, 대추를 넣으면 국물 전체에 은은한 천연의 단맛이 우러나와 국물 맛이 좋지요. 뿐만 아니라 시원하고 톡 쏘는 맛을 오래 유지시켜주는 역할을 하는데, 통으로 넣어야 국물 등이 지저분해지지 않아요. 또 돌려깎기하여 씨를 발라낸 뒤 돌돌 말아 썬 뒤 김치 고명으로 얹기도 하는데, 보기에도 좋고 은은한 단맛과 씹히는 맛이 좋지요. 잔치나 명절 때 쓰고 남은 것도 잘 보관해두었다가 쓰지요.

맏물 햇고춧가루를 쓰지요

고춧가루는 빨갛게 잘 익은 맏물 고추를 햇볕에 말린 '태양초'를 빻은 햇고춧가루만 씁니다. 고추는 한 줄기에 보통 다섯 번을 따는데, 맏물 고추가 때깔이 약간 어둡고, 두물, 세물 넘어갈수록 과피가 얇아지고 씨도 많아지죠. 두물, 세물 고추가 때깔이 선명하니 예뻐 언뜻 좋은 고추로 보일 수 있으므로 잘 살펴야 하죠. 특히 맏물 고추는 껍질이 두껍고 매우면서도 단맛이 강해 김치를 담갔을 때 아주 맛있고 빛깔도 곱지요. 고춧가루가 너무 매우면 발효가 충분치 않고 다른 양념 맛이 제대로 나지 않으므로 피하고, 고추씨를 따로 빼고 고운 굵기로 빻아 쓴답니다. 시댁 고향인 나주에서 1년 치를 구입해 김치는 물론 고추장, 기본음식 등에 두루두루 쓰지요.

콩물 등으로 풀국을 쑤지요

김치 양념에 찹쌀풀을 쑤어 넣는 것 또한 남도김치의 특징으로 대부분 찹쌀가루로만 찹쌀풀을 쑤지만 맛과 영양을 더하기 위해 곱게 빻은 고구마가루와 콩물을 더해 풀국을 쑨답니다. 양념이 잘 섞여 재료와 잘 어우러지는 것은 물론 김치가 맛있고 익고 난 후에는 더 이상 시어지지 않게 하죠. 여름 김치에는 넉넉하게, 두고 먹는 겨울 김치에는 적게 넣어 익는 속도를 조절하지요. 백김치나 동치미 등에 넣을 때는 다시마국물로 풀국을 쑤고, 고춧가루로 빨갛게 하는 양념에는 맹물로 풀국을 쑤어 쓴답니다. 풀국 만들기 40쪽 참고

마른 새우로 천연 조미료 맛을 내지요

마른 멸치와 마찬가지로 천연조미료 역할을 하는 양념으로 주로 빨갛게 양념하는 김치를
담글 때 새우젓 대신 학독에 갈아 넣지요. 새우의 독특한 맛과 향이 어우러져 시원하면서도
감칠맛 좋은 김치 맛을 볼 수 있습니다. 부추나 쑥갓처럼 산뜻하게 바로 버무려 먹는
겉절이를 할 때나 재료 자체의 맛으로 부족하다 싶을 때는 갈지 않고 통째로 넣기도 하는데
고소하니 씹히는 맛이 좋답니다.

진한 감칠맛을 위해 마른 멸치를 갈아 쓰지요

화학조미료에서 맛볼 수 없는 깊고 진한 감칠맛을 위해 쓰는 대표 양념이죠.
국물김치나 백김치처럼 하얗게 담그는 김치를 제외하고 빨갛게 고춧가루 양념하여 담그는
김치에 빠뜨리지 않고 넣는데, 멸치진젓의 깊고 구수한 감칠맛을 대신하기 위함이랍니다.
멸치진젓은 김치 맛은 좋으나 김장김치처럼 오래 두고 숙성시켜 먹는 김치가 아닐 경우
비릿한 맛이 돌기 때문인데, 멸치를 갈아 넣으면 익어도 톡 쏘는 시원한 맛을 오래가게 하죠.
중간 크기의 싱싱한 멸치를 머리와 내장을 제거하고 바싹 말려 두고 학독에 직접 갈아 쓰거나
입자가 보일 정도로 가루를 내어 쓰기도 하지요. 뿐만 아니라 국이나 찌개, 반찬 등에
두루두루 쓰이기 때문에 매년 봄이면 2kg 짜리 50~60박스를 일일이 손질해두고 쓴답니다.

맛과 영양을 위해 마른 고추를 갈아 쓰지요

김치를 담글 때 고춧가루 외에도 마른 고추를 갈아 넣는데, 고춧가루만 넣고 담글 때보다
빛깔이 고울뿐더러 거칠거칠하니 한층 먹음직스럽고 맛 또한 훨씬 풍부해집니다. 특히나
봄부터 햇고춧가루가 나오기 전까지는 꼭 마른 고추를 갈아 양념하는데, 가을에 빻아둔
고춧가루가 해를 넘기면서 맛과 영양이 떨어져 김치를 담가도 햇고춧가루로 담갔을 때의 맛이
안 나죠. 따라서 학독에 껍질만 얇게 남도록 물을 부어가며 충분히 갈고 묵은 고춧가루는
조금만 넣지요. 말리지 않은 홍고추를 갈면 산뜻한 빛깔이 더 먹음직스러워 보이기는 하나
김치가 물러지므로 바싹 말린 태양초를 잘 보관해 두고 김치를 담글 때마다 꺼내어 쓴답니다.

마늘 & 생강은 계절에 따라 양을 조절해 쓰지요

알싸한 맛으로 김치에 빠져서는 안 될 기본양념이죠. 매콤하면서도 독특한 향이 있어 김치의 맛을 더욱 좋게 해 줄뿐만 아니라 마늘과 생강의 강한 매운맛은 살균작용과 방부작용을 하여 김치에 해로운 미생물 번식을 막고 상하는 것을 방지하는 역할을 해주죠. 한창 제철일 때 산지에서 1년 치를 한꺼번에 구입해 두고 쓰는데, 마늘이나 생강은 믹서에 갈면 맛과 영양분이 파괴되므로 학독이나 절구에 그때그때 쓸 만큼씩만 갈아 쓰지요. 이때 생강은 많이 넣으면 쓴맛이 나므로 마늘과 생강을 10:1 비율로 함께 넣고 갈아 쓰죠. 또 봄, 여름김치에 생강을 넣으면 쓴맛이 나므로 3~8월에는 넣지 않는답니다.

여름김치의 익는 속도를 부추로 조절하지요

계절에 따라 부재료 등을 가감하여 김치의 익는 속도를 조절하지요. 부추는 특히 마늘과 같이 알싸하고 매콤한 독특한 향미가 있어 부재료로도 많이 쓰지요. 더욱이 부추는 김치를 더디 익게 하는 역할을 하므로 계절에 따라 양을 달리하며 김치의 익는 속도를 조절하죠. 오이소박이 등과 같이 4~5월에 햇김치를 담글 때는 양을 조금만 넣어 빨리 익게 하고, 한여름에는 많이 넣어 더디 익게 하죠. 참고로 대파는 억세기도 하고 김치를 빨리 익게 하며 국물을 끈적이게 하므로 거의 쓰지 않고 쪽파를 대신 넣습니다.

다시마로 천연의 감칠맛 내지요

화학조미료 대신 자연에서 얻을 수 있는 천연 감칠맛을 내기 위해 다시마를 고집하고 있습니다. 두툼하니 질 좋은 다시마를 넉넉하게 넣고 국물을 충분히 우린 뒤 동치미와 같은 국물김치에 또는 김치 양념에 촉촉함을 더하기 위해, 풀국을 끓일 때 등 모든 김치에 넣어 빠뜨리지 않고 넣고 있죠. 다시마에서 우러나온 진한 감칠맛과 자연의 짭짤한 맛이 어우러져 동치미국물 맛은 깔끔하니 시원하고, 김치의 맛은 한층 깊어지죠. 표면의 하얀 가루는 다시마를 건조할 때 생기는 것으로 감칠맛과 짭쪼름한 맛을 내는 천연조미료 역할을 하므로 굳이 씻거나 닦아내지 않고 쓰죠. ※ 다시마국물 만드는 법은 41쪽 참고

한지에 맑게 거른 멸치액젓을 기본 젓갈로 넣지요

빠르면 1년, 길게는 5년에서 10년 이상 곰삭혔다가 꺼내 먹는 기본 멸치젓입니다. 오래 묵힐수록 맛이 슴슴해지는데, 국간장과 비슷한 색의 맑고 깨끗한 맛이 특징이랍니다. 때문에 어떤 김치와도 잘 어울려 해마다 담가 곰삭히는데, 오래 삭히면 뼈까지 모두 삭아 거를 필요도 없지만 더 맑게 쓰기 위해 건더기가 없도록 한지에 맑게 걸러 쓰지요. 비린내가 없고 맛이 짜지 않으며 김치 맛을 시원하게 해 모든 김치의 기본 젓갈로 쓰고 있답니다.

멸치진젓은 끓이지 않아 구수한 맛을 살리죠

전라도 김치에 가장 많이 사용되는 기본 젓갈이라 할 수 있습니다. 주로 김장김치처럼 오래 두고 먹는 저장 김치 중에서도 고춧가루를 넣고 빨갛게 양념하여 담그는 거의 모든 김치에 감칠맛을 더하기 위해 넣지요. 뼈가 보이지 않도록 오래도록 곰삭힌 것을 건더기 거르지 않고 넣는데, 숙성과 발효과정을 거치면서 남도 김치만의 깊고 풍부한 감칠맛을 맛볼 수가 있답니다. 젓을 끓여 넣으면 김치의 구수하고 시원한 맛이 없어지므로 끓이지 않은 진국을 넣는답니다.

설탕 대신 그린 스위트로 단맛을 내지요

김치를 담그면서 재료 자체의 맛을 살리기 위해 노력하지만 제철이 아닌 재료로 김치를 담가 단맛을 보충해야 하거나 어느 정도 단맛이 필요한 김치의 경우 인공 감미료를 넣습니다. 매실청은 자체의 맛과 향이 있는 데다 김치가 더디 익어 적합하지 않고, 과일은 쉬 물러지고 군내가 나고, 감초가루는 맛과 향이 있어 김치 맛에 영향을 주니 넣을 수 없죠. 설탕으로 단맛을 내려면 많은 양을 넣어야 하는데 김치가 익었을 때 끈적거리며 잡내가 나기 때문에 설탕의 단점을 보완하여 깔끔한 단맛을 위해 사용하고 있지요. 단맛이 강해 소량을 넣어야 하는데, 배추 2포기를 기준으로 ½작은술 정도면 적당하지요. 김치에 꼭 넣어야 하는 경우를 제외하고 따로 표기하지 않았지만 입맛에 따라 가감하는 게 좋지요.

" 행여 관리 소홀하여 장맛이 변하지 않을까 매일 아침 물행주질로 반짝반짝 윤나게 닦았던 장독 안에는 종가의 밥상 책임질 장들로 가득했었죠. 갓 담가 꾹꾹 눌러 두었던 고추장에 묵은 맛이 제대로 든 된장, 대를 이어 전해져 오는 씨간장까지…
"장맛이 좋아야 1년 내내 음식 맛이 좋다" 말씀 하시던 시어머니의 말씀대로 뒤뜰 장독에는 세월의 흔적 느껴지는 잘 익은 장이 익어가고 있지요. "

해를 거듭할수록 가치가 더해지는 씨간장. 6대째 이어져 내려오는 우리 집 씨간장 바닥에는 그 세월의 깊이를 느낄 수 있는 간장 결정 '다이아몬드'가 묵묵히 종가의 맛을 지켜주고 있지요.

김치의 기본 배우기 ❹

명인 맛 김치에 꼭 들어가는
핵심 양념 만들기

우리 집 동치미나 백김치를 먹어본 사람들은 하나 같이 '시원하고 톡 쏘는 맛이 좋다'고 합니다.
별다른 비법이라도 숨기고 있는 줄 알고 다들 무척이나 궁금해 하는데, 콩물과 고구마가루, 찹쌀가루
로 쑨 풀국이나 다시마 우린 물, 슴슴하니 제맛이 나도록 몇 년씩 기다렸다 꺼내어 쓰는 젓갈류 등이
전부이지요. 자연이 준 천연 재료의 맛을 충분히 활용하는 것, 이것이 비법이라면 비법인 셈이지요.

톡 쏘는 맛 살려주는 **풀국**
김치를 담글 때 풀국을 넣는 것은 양념끼리 서로 잘 엉겨 붙어 재료와 겉돌지 않도록 하기
위함입니다. 풀국을 쑬 때 찹쌀가루 이외에 고구마가루와 콩물을 넣는데, 김치가 익었을 때 군내가
나지 않고 톡 쏘는 맛이 나기 때문이지요. 또 고구마가루에서 단맛이 우러나기도 하고요.
찹쌀가루:고구마가루:콩물을 10큰술:1큰술:1큰술 비율로 넣고 다시마국물 3컵을 부어가며
덩어리지지 않도록 고루 저어 걸쭉하게 쑨 뒤 식혀 쓰지요.

풀국 재료 준비하기
찹쌀가루_ 찹쌀을 충분히 불려 씻은 뒤 곱게 빻아요.
고구마가루_ 날고구마의 껍질을 벗긴 뒤 바싹 말려 아주 곱게 빻는데, 집에서 녹말가루처럼 곱게
빻기가 힘들어 방앗간에서 빻지요. 시중에 파는 고구마전분가루는 직접 빻은 고구마가루와 달라
김치를 망칠 수 있어요.
콩물_ 대두(메주콩)를 충분히 불려 껍질이 없도록 씻은 뒤 믹서에 넣고 콩의 두 배 정도의 물을 부어
곱게 갈아 체에 걸러요. 남은 것은 냉동해 두었다가 꺼내 쓰는데, 대두 1컵 분량이면 배추 30포기
정도 담글 수 있어요.

감칠맛을 위해 두루두루 쓰는 **다시마국물**

자연 재료에서 얻는 다시마국물의 천연 감칠맛이 양념과 어우러져 깔끔하고 시원한 김치 맛을 볼 수 있죠. 다시마 자체의 짠맛이 간을 맞춰주는 역할도 하고요. 국물이 조미료를 넣은 듯 닝닝한 맛이 나도록 다시마를 넉넉히 넣고 우려야 하는데, 물 5컵에 사방 10cm 크기의 다시마 2장을 넣고 약한 불에서 끓이죠. 물이 끓어오르기 시작하면 바로 불을 꺼요. 오래 끓이면 점액질이 우러나와 국물이 걸쭉해지고 미끈거린답니다. 다시마를 끓이기 전에 물에 30분 정도 담가 두었다가 끓이면 국물이 더 진하게 우러난답니다.

깊은 감칠맛을 책임지는 **젓갈류**

멸치진젓은 멸치가 한창인 6월 10cm 정도 크기의 막 잡아 올린 통통하고 싱싱한 것을 골라 굵은 소금과 1:1 비율로 넣고 고루 버무리죠. 항아리에 담고 위를 눌러 밀봉 뒤 서늘한 곳에 두고 곰삭히죠. 최소 5년간 곰삭혀야 맛이 제대로 드는데, 거를 필요도 없을 만큼 뼈만 남고 푹 삭은 진하고 구수한 맛이 그만이죠.

멸치액젓은 멸치진젓과 마찬가지로 멸치잡이가 한창인 6월에 7~8cm 정도의 가늘고 작은 싱싱한 멸치로 골라 같은 방법으로 담가 최소 3년, 5년에서 10년은 기본으로 삭히는데 거를 필요도 없을 정도로 맑죠. 오래 묵힐수록 맛이 슴슴해지죠.

새우젓은 빠르면 2개월 후에도 꺼내 먹는 젓갈로 5월, 6월, 10월 등 때맞춰 담가 김치 양념은 물론 기본 반찬 양념으로도 쓰지요. 색깔이 밝고 살이 통통한 살아있는 새우를 준비해 잡티를 골라낸 뒤 1.2배의 소금을 준비해 동량의 소금으로 고루 섞어 항아리에 담죠. 남은 소금을 위에 얹고 밀봉해 그늘에서 삭히는데, 새우는 쉽게 상하므로 다른 젓갈보다 소금 양을 약간 넉넉히 넣어요. 싱거우면 육질이 녹아 국물이 탁하고 고린내가 나 못쓰게 되므로 조금 짠 것이 낫죠.

김치의 기본 배우기 ❺

40여 년간 김치 담그며 터득한
김치명인의 맛내기 기본원칙

큰 종가 안살림 책임지면서 많은 음식을 배우고 익혔습니다. 일 년에 200여 가지가 넘는 김치를 담가가며 까다로운 시어른들의 입맛을 맞추곤 했는데요, 덕분에 김치명인 소리까지 듣게 되었습니다. 모두들 김치를 어떻게 담그면 그렇게 맛있게 담글 수 있는지 궁금하다고 물어오는데, 김치 맛내기가 참 쉽고도 어려운 것임에 분명하지요. 하지만 잘 배우면 그보다 쉬운 것이 없는 게 김치 담그기인데요. 지문이 닳아 없어지도록 담가가며 터득한 비법은 오히려 간단합니다.

겨울 코트 입고 사계절을 나지 마라

김치강의를 시작한 지 10여 년이 훌쩍 지났습니다. 강순의의 김치강의는 1년 내내 담가 먹을 사계절 김치를 강의하죠. 다들 깜짝 놀라며 "무슨 김치를 1년씩 배워, 그렇게 배울 김치가 있어?" 하는데, 주부들의 그 소리에 더욱 깜짝 놀랐습니다. 우리나라는 사계절이 뚜렷한 나라지요. 봄, 여름, 가을, 겨울. 그 계절에 맞게 나오는 채소도 다르고 맛도 다르죠. 주부들 가운데 김치는 배추김치와 깍두기, 알타리김치 정도만 배우면 다되는 줄 알고 있는 경우가 많습니다. 하지만 모두 겨울 김치죠. 결국 사계절이 뚜렷한 나라에서 두꺼운 겨울 코트 하나 입고 일 년을 나는 격이지요. 찌는 듯한 여름날 겨울 코트 입을 수 있나요. 김치도 마찬가지예요. 제철에 나오는 재료로 제철에 맞는 김치를 담가 먹어야 맛도 좋고 건강에도 좋답니다.

김치를 양념 맛으로 먹지 마라

간혹 "김치는 양념 맛이지" 하는 소리를 듣습니다. 맞는 말이지요. 단, 제철이 아니어서 재료 자체에 맛이 없는 재료로 김치를 담글 때는요. 또 바로 버무려 먹는 겉절이도 간혹 양념 맛으로 먹을 수는 있지만 봄날의 봄동겉절이처럼 고소한 맛이 가득한 재료는 봄동 맛으로 먹어야 제맛이죠. 따라서 김치는 재료 자체의 맛을 음미할 수 있도록 양념은 적게 넣고 담그는 것이 맛있습니다. 간혹 고춧가루와 양념 듬뿍 넣고 벌겋고 윤기 나게 담근 김치를 최고라고 하는데, 양념이 맛있으니까 담근 직후는 맛있을 수 있어요. 시간이 조금 흐르거나 익혀보면 텁텁한 맛만 남죠. 과한 양념 때문에 유산균 발효가 잘 되지 않아서 그렇습니다. 두껍게 분칠한 얼굴이 당장은 예뻐 보이지만 세수하면 실망하듯, 김치 맛있게 먹으려면 양념도 아껴 넣으세요. 대신에 간을 잘 맞추면 어떤 김치든 맛있습니다.

부재료까지 아껴가며 넣어라

우리 집에 오신 분들은 동치미와 고추씨백김치가 가장 맛있다고 합니다. 무엇을 넣고 담갔냐고 비법을 가르쳐 달라고 성화인데요. 비법은 아무것도 넣지 않는 것입니다. 동치미 한 항아리에 갓과 쪽파 1줄기, 삭힌 고추 4~5개가 전부죠. 고추씨백김치도 갓이나 쪽파, 무채 등을 거의 넣지 않거나 넣어도 1줌씩만 넣고 담습니다. 부재료 역시 적게 넣을 때 김치 자체의 시원한 맛과 톡 쏘는 맛이 살지요. 김장김치 담그면서 무채 엄청 넣고 벌겋게 양념하는 경우가 많은데, 부재료나 양념값 아깝지요. 김치 맛 텁텁하게 하고, 먹을 때 굴러다녀 보기도 싫고, 혹시 김치찌개나 김치 활용하는 요리할라치면 다 털어내고 하고…. 부재료 역시 아껴가며 넣을 때 김치 맛 좋아집니다.

레시피에 너무 얽매이지 마라

보통의 요리는 모를까 김치는 레시피가 없는 것이 정답입니다. 김치는 배추 등이 주재료인데 계절마다 채소의 맛과 성질, 수분 정도가 다르고, 또 절일 때 소금이나 온도에 따라 달라지고, 양념과 익히는 방법과 온도에 따라 달라지는 등 변수가 많습니다. 따라서 100% 딱 떨어지는 레시피는 없지요. 오히려 그대로 따라했다가는 맛있는 김치 기대하기 어렵습니다. 매번 담글 때마다 절여지는 상태 등에 따라 양념이 조금씩 달라져야 하지요. 소금은 간수를 빼고 국간 정도의 짠맛이 나게 절임물을 만들고, 배추 줄기가 부드럽게 휠 정도로 절이면 돼요.

김치는 절이는 것보다 간 맞추기에 신경 써라

김치는 가장 중요한 것이 간 맞추기, 그 다음이 알맞게 절이기입니다. 주부들은 바꿔서 생각하는 경우가 많은데, 김치는 짜면 더디 익고 싱거우면 빨리 익는 특성 때문에 간을 잘 맞춰야 맛있는 김치를 제때 먹을 수 있어요. 따라서 절이는 것을 신경쓰기 보다 전체 간을 잘 맞추는 것이 좀 더 쉽게 맛있는 김치를 담글 수 있는 비법입니다. 덜 절여졌으면 간을 조금 더하고 푹 절여졌으면 간을 덜하고…. 오이소박이나 미나리물김치 등 봄김치를 만들 때 채소에 직접 간을 하지 않고 국물에 간하는 것도 그 때문이지요.

김치는 가난하게 담가 먹어라

김치는 옛날 채소 구하기가 쉽지 않았던 겨울철을 대비해 채소를 오래 저장하기 위한 방법으로 만들기 시작했다죠. 따라서 김치는 흔하고 싼 재료에 양념과 손맛을 더해 숙성시켜 먹어야 맛있는 김치죠. 해물김치를 담그는데 10여 가지가 넘는 해물을 넣고 담는 것을 본 적이 있는데, 재료 준비도 만만치 않을뿐더러 쉽게 담글 수 있을지 또 어떻게 익혀야 제맛이 날지 궁금했습니다. 김치 최소한의 필요한 것만 넣고 가난하게 담글 때 맛있습니다.

공들인 것은 헛되지 않음을 명심하라

김치 맛있게 담그는 비결을 많이 묻는데, 정답은 '많이 담가라'입니다. 뭐든 한 번에 잘되는 일은 없지요. 만약 한 번에 잘 되었다면 운이 좋은 겁니다. 뭐든 자꾸 할수록 늘지요. 김치담그기를 비롯하여 음식 만들기는 더욱 더 그렇습니다. 40여 년 동안 한 해 2만 포기 이상 김치를 담갔기 때문에 강순의 김치가 맛있는 거죠. 자꾸 하니까 만져만 봐도 절여진 정도를 알고, 그렇기 때문에 간을 딱 맞출 수 있고요. 안 된다고요? 적어도 20번은 해보고 안 된다고 하세요. 한 번 하고 안 되는 건 너무도 당연한 일입니다. 공들인 것은 절대 무너지지 않고, 헛되지 않지요.

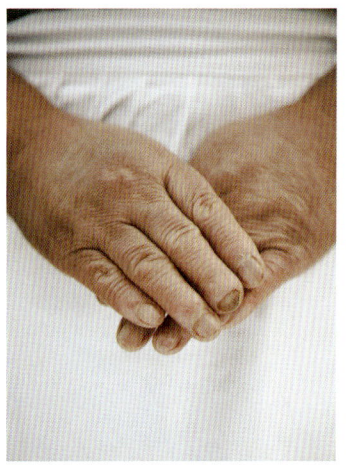

애정표현하면 하늘이 무너지는 줄 아는 무뚝뚝한 남편이 매일 김치 담그는 아내가 안쓰러웠는지 어느날 마늘 찧는 기계를 사왔습니다. 학독이나 절구에 찧는 것보다 쉬우니 마늘 찧는 일이라도 힘을 덜어주었으면 하는 마음에서였답니다. 헌데 그 흔한 전자레인지나 믹서도 없는 집인지라 생전 처음 써보는 기계가 익숙지않아 그만 오른쪽 가운뎃 손가락의 절반을 마늘과 함께 갈았답니다. 김치 담그느라 관절도 제멋대로 휘고 지문은 닳아 없어진 손, 거기에 손가락까지 잘리는 훈장을 더했습니다.

첫째 아삭하고 싱그러운 맛으로 온몸에 봄기운 불어넣어주는
파릇파릇 봄김치 이야기

계절은 못 속인다고 했던가요? 미련 떨쳐내지 못한 동장군이 제아무리 찬바람을 불어대도 꽃피는 춘삼월은 춘삼월입니다. 혹독한 꽃샘추위에도 아랑곳하지 않고 언제 돋았는지 언 땅 뚫고 삐죽이 얼굴 내민 봄동이며 쌉싸름한 두릅, 알싸한 달래에 시금치, 돌나물과 미나리까지… 산으로 들로 파릇파릇한 봄이 지천일 때 겨우내 김장김치에 질렸을 가족 위해 아삭하고 상큼하게 봄김치 버무려 한 상 가득 봄 잔치를 벌여봅니다. 긴 겨울 이겨내며 자란 봄채소는 그 자체가 보약이니 봄동겉절이며, 달래김치, 두릅김치 등 매콤하면 매콤한 대로 쌉싸름하면 쌉싸름한 대로 초봄의 기운 듬뿍 담아 건강도 챙기고 입맛도 돋우고 싱그럽게 봄을 맞아요.

육십을 훌쩍 넘기고도

살랑거리는 봄바람에 못 이겨 봄 처녀 나물 캐러가듯 장바구니 들고 봄동이며 미나리, 돌나물, 풋마늘대 사러 재래시장에 갑니다. 겨우내 먹던 김장김치 대신 아삭하고 상큼한 봄김치 그리워지는 건 가족들도 마찬가지일 테니까요. 봄기운 머금은 파릇하고 아삭한 맛 입안 가득 채워지면 향긋한 봄이 몸안 가득 채워지겠죠.

봄동겉절이

춘삼월의 봄기운 듬뿍 담아내는 봄맞이 김치

재료
봄동 1단(500g), 부추 8cm 길이 1줌, 쪽파 8cm 길이 1줌, 통깨 적당량
절임물_ 물 3컵, 소금 3½큰술
양념_ 풀국 8큰술, 멸치액젓 3큰술, 새우젓 1큰술, 가자미젓 2큰술, 다시마국물 1큰술, 고춧가루 5큰술, 다진 마늘 1큰술, 고추씨 3큰술
※ 풀국 40쪽 참고, 다시마국물 41쪽 참고

김치, 이렇게 담가요

1_ 봄동은 밑동을 자르고 한 잎씩 떼어 씻은 뒤 절임물에 1시간 정도 절였다가 소쿠리에 건져요. 물기를 빼면서 잎이 큰 것은 먹기 좋게 쭉쭉 찢거나 썰어요.

2_ 그릇에 고추씨를 뺀 양념 재료를 넣고 고루 섞은 뒤 절인 봄동과 부추, 쪽파를 넣어요. 풋내가 나지 않도록 털듯이 버무리면서 기호에 따라 다진 마늘과 고춧가루를 가감해요.

3_ 양념이 어우러지면 고추씨를 넣고 다시 버무린 뒤 통깨를 뿌려 바로 먹어요.

 종부의 노하우

봄동겉절이는 봄부터 초여름까지 담가 먹는 김치예요. 봄동은 상큼한 맛이 좋지만 자칫 잘못하면 미끈거려 맛이 떨어지기 쉬운데, 슴슴한 절임물에 잎사귀가 숨이 죽을 정도로만 절이고, 고춧가루도 적게 넣어야 해요. 쪽파는 머리가 굵은 것은 반으로 길게 쪼개고, 가자미젓이 없을 때는 대신 멸치액젓을 3큰술 더 넣어요. 봄김치는 마른 고추를 갈아 양념하면 한층 맛이 좋은데, 마른 고추 8개에 고춧가루 2큰술 정도면 적당하죠.

꽃 피는 춘삼월, 절대 올 것 같지 않더니만 겨우내 언 땅을 녹이며 산으로 들로 봄이 냉큼 찾아들었습니다. 우리집 밥상에서도 봄동겉절이로 봄맞이를 합니다. 봄동은 노지에서 겨울을 견디고 자라면서 배추처럼 속이 들어차지 못해 펼쳐진 모양으로 자라 '떡배추'라고도 부르죠. 이맘때가 제일 맛있을 때다 싶어 살랑거리는 봄바람 따라 재래시장에 가보면 뭐가 그리 급했던지 앞 다투어 나온 파릇한 봄나물들로 봄잔치가 한창입니다. 땅속 기운 듬뿍 머금고 자란 봄 채소는 보약이나 다름없는 바, 겨우내 김장김치에 질렸을 가족들에게 춘삼월의 싱그러운 봄기운 먼저 맛보이고파 속대 노랗고 잎이 자그마한 봄동 넉넉하게 사죠.

학독에 마른 고추 갈고 멸치액젓과 고춧가루 넣고 쓱쓱 버무리면 고소하고 달착지근한 맛이 어찌나 좋은지요. 접시에 담을 것도 없이 양푼 밥 퍼다 앉은 자리에서 바닥 보고 말죠. 그것도 모자라 버무린 그릇에 양념 아깝다며 밥까지 비벼 먹는데, 이것이야말로 최고의 봄맛이요 우리집 봄맞이 김치 풍경입니다. 봄동은 겨울 추위 속에 자라느라 가을배추보다 줄기가 두껍고 수분이 많으므로 슴슴한 절임물에 절이는데, 단맛이 빠지므로 자르지 않고 그대로 절였다가 버무릴 때 큰 것만 쭉쭉 찢죠. 또 자꾸 씻으면 풋내가 나므로 처음에 충분히 씻어 절인 뒤 그대로 소쿠리에 건져 물기를 빼고 버무려요.

사계절 김치 49

절이지 않고 담가 새봄의 아삭함을 제대로 맛보는 봄동무겉절이

재료
봄동 1단(500g), 무 ¼~⅓개, 부추 10cm ½줌
양념_ 마른 고추 8~10개, 물 3큰술, 새우젓 건더기 ½큰술, 풀국 8큰술, 멸치액젓 4큰술, 새우젓국물 2큰술, 다진 마늘 1큰술, 고추씨 3큰술, 고춧가루 2큰술

※ 풀국 40쪽 참고, 다시마국물 41쪽 참고

김치, 이렇게 담가요
1_ 봄동은 밑동을 자르고 다듬어 씻은 뒤 소쿠리에 담아 물기를 빼면서 큰 것은 쭉쭉 찢거나 썰어요.
2_ 무는 한 입에 먹기 좋은 크기로 연필 깎듯이 비저 썰어요.
3_ 마른 고추는 2~3cm 크기로 썰어 물에 촉촉하게 적신 뒤 학독에 넣고 뻑뻑하지 않게 갈리도록 물을 부어가며 갈아요.
4_ 고추가 충분히 갈리면 새우젓 건더기를 넣고 다시 간 뒤 봄동과 무, 부추를 넣어요.
5_ 봄동 등의 김칫거리에 나머지 양념 재료를 넣고 가볍게 훌훌 털면서 버무린 뒤 고춧가루를 넣고 다시 버무려 바로 먹어요.

 종부의 노하우

봄동은 속잎이 노랗고 자그마한 것이 달고 고소하죠. 봄동무겉절이는 절이지 않고 바로 담가 먹는 김치로 두고 먹으면 질척하게 물이 생겨 맛이 떨어지므로 번거로워도 한 끼 먹을 만큼씩만 먹기 직전에 버무려요. 그래야 봄동 특유의 아삭거리는 맛을 즐길 수 있답니다. 씹는 맛을 더해주는 무는 불규칙하게 비저 썰어야 김치가 더 먹음직스럽고, 양념을 할 때도 고춧가루는 나중에 넣어요. 고춧가루를 멸치액젓과 미리 섞으면 빛깔이 탁해지고 양념이 겉돌게 되거든요. 버무릴 때 힘을 주어 버무리면 풋내가 나므로 훌훌 털듯이 가볍게 버무려야 해요.

사람 입이 얼마나 간사한지 엊그제까지 땅속에 묻어둔 김장김치 꺼내먹으며 "역시 김장김치가 최고야" 했건만 봄바람이라도 불라치면 "뭐 상큼한 김치는 없나?" 합니다. 겨우내 묵은지 먹느라 지친 입맛에도 새로운 활력이 필요하고, 그 참에 봄동이 최고다 싶어 손 크다 소리 들어가며 넉넉하게 삽니다. 연한 속대는 콩쌈장 푹 찍어 볼이 미어져라 쌈도 싸서 먹고, 마른 새우 얹어 파릇하게 봄동전(224쪽)을 지지기도 합니다. 살짝 절여 봄동겉절이(48쪽)도 담그고, 삐뚤빼뚤하게 썬 무와 함께 절이지 않고 바로 버무려 먹는 봄동무겉절이까지 남도의 봄기운 가득한 봄 밥상을 차려봅니다.

특히 봄 김치를 담글 때는 학독에 마른 고추를 갈아 담는 걸 우선으로 합니다. 겨울을 지낸 묵은 고춧가루는 맛과 향이 덜하기 때문이에요. 햇빛에 잘 말린 고추를 곱게 갈고 대신에 고춧가루 양을 적게 넣으면, 알싸한 맛과 함께 거칠거칠하게 갈린 고추가 붉은 색을 더해 보고만 있어도 군침이 꿀꺽 넘어갈 만큼 먹음직스러운 김치로 만들어주죠. 학독에 고추 갈기가 여의치 않을 때에는 고춧가루만 넣고 담그기도 하는데, 봄동 1단이면 다른 재료는 같고 마른 고추를 빼는 대신 고춧가루 5큰술이면 충분해요.

사계절 김치 51

국물깍두기

자작한 국물까지 떠먹는 아삭한 맛 속까지 양념 맛 깊게 밴 무와 함께

워낙 김치를 많이 담가 먹는

집이다 보니 일 년에 150여 종류가 넘는 김치가 밥상에 오른답니다. 맛과 영양이 가장 좋을 시기에 나오는 제철 재료를 놓치지 않고 먹으려니 다양한 김치를 담가 먹게 되는 것인데, 무만은 예외로 제철이 아님에도 불구하고 봄, 여름 밥상에 자주 오른답니다. 무는 일 년 내내 먹을 수 있지만 그래도 겨울 무가 제철이라 달고 물이 많아 맛있죠. 또각또각 채 썰어 멸치액젓과 고춧가루만 넣고 쓱쓱 버무려도 그 자체가 별미라 할 만큼 맛있는데, 여름에는 맛이 좀 떨어지죠. 물이 적다보니 아삭거림도 적고 맵고 쓴맛까지….

그래도 다른 재료에서 맛볼 수 없는 무만의 시원함도 있고 '무를 많이 먹으면 속병이 없다'는 옛말도 있고 해서 제철이 아니어도 주로 깍두기를 많이 담가 먹어요. 우리 집에서는 깍두기도 정깍두기(180쪽), 숙깍두기(178쪽), 굴깍두기(176쪽) 등 다양하게 담가 먹지만 더위가 시작되는 **늦봄부터 여름까지는 뭐니뭐니 해도 설렁탕집의 깍두기처럼 국물까지 떠먹는 국물깍두기가 단연 최고죠. 국물까지 맛깔스러워야 하는 국물깍두기는 무를 슴슴한 절임물에 3시간 이상 은근하게 절여 속의 쓴맛까지 빼야 제 맛이 나요.** 그리고 속까지 양념 맛이 깊게 배도록 국물 자작하게 붓고 먹기 좋게 익혀내죠. 다 먹을 때까지 아삭거리는 맛이 좋을 뿐만 아니라 시원하고 개운한 국물 떠먹는 맛 또한 잊을 수 없죠. 간혹 주부들이 쓴맛을 잡는다고 설탕을 넣기도 한다지만 그렇게 담가 보면 국물은 끈적거리고 깔끔한 맛이 없는 깍두기가 되지요. 그리고 3~8월까지 담그는 무 김치에는 쓴맛이 나므로 생강도 넣지 않아요.

재료
무(작은 것) 3개
절임물_ 물 1컵, 소금 4큰술
양념_ 풀국 1컵, 다시마국물 ½컵, 다진 마늘 2큰술, 멸치액젓 2큰술, 고춧가루 4큰술, 고추씨 ½컵, 그린 스위트 1작은술
※ 풀국 40쪽 참고, 다시마국물 41쪽 참고

김치, 이렇게 담가요

1_ 무는 자그마한 것으로 골라 껍질째 문질러 씻은 뒤 한 입에 먹기 좋게 사방 1.5cm 크기로 깍둑썰기 해요.

2_ 그릇에 깍둑썰기 한 무를 넣고 소금을 뿌려 뒤적인 뒤 물을 붓고 슴슴한 절임물을 만들어 1시간 정도 은근하게 절여요.

3_ 무가 부드럽게 절여지면 그대로 소쿠리에 건져 물기가 빠지도록 둬요.

4_ 그릇에 풀국과 다시마국물, 다진 마늘, 멸치액젓을 넣고 섞은 뒤 고춧가루, 고추씨, 그린 스위트를 넣고 다시 섞어 양념을 만들어요.

5_ 양념 그릇에 절인 무를 넣고 고루 버무려 보관 용기에 국물까지 담고 위를 꾹꾹 눌러요. 실온에 두어 국물에 작은 거품이 생기며 익기 시작하면 냉장고에 두고 익혀가며 먹어요.

 종부의 노하우

봄부터 김장철까지는 무가 제철이 아니라 수분도 적고 쓴맛이 나죠. 때문에 절임물을 슴슴하게 만들어 1시간 이상 담가 은근하게 절이지요. 그래야 쓴맛이 모두 빠지고 두고 먹어도 아작아작 씹는 맛이 좋은 깍두기가 된답니다. 절일 때도 무에 직접 소금을 뿌리고 고루 뒤적인 뒤 물을 붓고 절여야 속까지 부드럽게 절여진답니다. 헹구면 단맛이 빠지므로 그대로 소쿠리에 건져 30분 정도 물을 빼지요.

무는 큰 것보다 자그마하면서 길이가 짧고 끝이 둥근 재래종이 좋아요. 깍두기를 담가도 아삭아삭 씹히는 맛도 좋고 단맛이 나죠. 작고 단단한 것을 우선으로 골라요.

" 콜라비는 양배추와 순무를 교배하여 재배한 채소로 순무양배추라고도 불리는데, 늦가을부터 이듬해 1월까지가 맛있죠. 어떤 식재료라도 특성을 파악하면 맛있는 김치가 될 수 있는데, 과일처럼 단맛이 강하면서도 아사삭~ 씹는 맛이 좋아 깍두기로 딱이죠. 달콤한 맛이 좋은 콜라비깍두기는 국물이 안 생기는 것이 특징이에요."

콜라비깍두기

달고 아삭한 맛이 뛰어나 외국인도 좋아하는 이색 김치

재료
콜라비(큰 것) 1개
양념_ 다진 마늘 1작은술, 고추씨 1작은술, 고춧가루 2작은술, 소금 ⅓큰술, 매실청 2큰술

김치, 이렇게 담가요

1_ 콜라비는 이파리를 잘라내고 씻은 뒤 4등분 또는 6등분해요. 껍질과 함께 딱딱한 부분을 두껍게 벗겨내고 사방 1cm 크기로 깍둑썰기 해요.
2_ 그릇에 깍둑썰기 한 콜라비를 담고 다진 마늘, 고추씨, 고춧가루, 소금, 매실청을 넣고 쓱쓱 버무려요.
3_ 버무린 직후부터 먹고 남은 것은 용기에 담아 냉장고에 두고 먹어요.

콜라비는 비타민 C가 상추보다 5배나 많고, 섬유질이 풍부하며 항암성분이 무보다 20배 이상 많다고 하니 놀랍죠. 게다가 껍질 벗겨 먹어보니 무나 배추 뿌리처럼 단단하면서도 과일을 먹는 듯 단맛이 강한 것이 특징이지요.

시장에 나가 보면 세상이 정말 많이 바뀌었음을 느낍니다. 예전엔 미처 보지 못했던 식재료들이 종종 눈에 띌 때면 더욱 그렇습니다. 그럴 때면 국내 재배인지, 맛은 어떤지 이내 궁금해져 상인에게 이것저것 묻고는 몇 개 사 장바구니에 넣고 부랴부랴 집으로 향하는데, 콜라비가 그랬습니다. 양배추와 순무를 교배하여 재배한 채소로 순무양배추라고도 불린답니다. 비타민 C가 상추보다도 많고, 섬유질이 풍부하며 많이 먹으면 암까지 막아준다고 하니 놀랍죠. 게다가 껍질 벗겨 먹어보니 무나 배추 뿌리처럼 단단하면서도 과일을 먹는 듯 단맛이 강해 '기술 참 좋다' 싶었습니다.

맛은 보라색보다 연두색이 좀 더 달았는데, 이것으로 무엇을 만들면 좋을까 생각 끝에 깍두기를 담갔습니다. 자체 단맛이 강하니 설탕은 생략하고, 과일을 넣으면 과일이 먼저 물러질 것 같으니 역시 생략. 그렇게 무깍두기 담듯 양념에 쓱쓱 버무려 이름도 생소한 콜라비깍두기를 담갔죠. 어느 해인가 김치 전시회 때 선보였더니 생소한 깍두기에 다들 관심을 보였는데, 단맛이 있어서 그런지 아이들과 외국인들이 무척이나 좋아라 하더군요.

음식도 시대에 따라 발전해야 하는 것, 김치도 예외는 아닐 터. '전통은 지키되 새로운 맛에 대한 노력은 계속되어야 한다'는 생각으로 만든 콜라비깍두기입니다.

" 김치 맛내기 비법 중 하나가 '절대 익혀 먹는 김치에 사과나 배 등의 과일을 넣지 않는다' 입니다. 양념이 질퍽해지고 군내가 나기 때문인데, 반대로 바로 버무려 먹는 생채 겉절이에는 달콤한 맛을 더할 수 있어서 종종 넣기도 하지요. 물이 많은 배보다는 특유의 아삭아삭 씹는 맛이 좋은 사과를 넣는 것이 좋고, 손가락 굵기로 채썰어 말려 두었던 곶감을 넣어 맛을 내기도 합니다. 달콤하게 씹히는 맛이 여간 좋은 게 아니거든요. 사과는 모양이 뭉그러지지 않도록 껍질째 썰어 넣는답니다. "

시댁 나주는 감이 많이 나고 또 그 맛이 달기로 유명한 곳입니다. 따라서 감을 넣어 맛을 낸 김치가 많은데, 꾸덕하게 말린 곶감을 애기 손가락 굵기로 쓱쓱 썰어 채반에 넣어 바싹 말려 두었다가 김치 담글 때 넣죠. 씹을수록 입안 가득 달콤한 맛이 배어나와 천연 설탕이 따로 없죠. 입이 궁금할 때 오며가며 한 개씩 집어 먹기도 하는데 쫀득하니 아주 달아요.

돌나물김치

사과와 곶감으로 맛과 영양을 더해 버무리는 즉석 생채 겉절이

재료
돌나물 500g, 사과 ½개, 말린 곶감 1개분, 쪽파 2줄기, 양파 ¼개, 당근 채 약간, 홍고추 1개, 대추 1개

양념_ 풀국 1큰술, 멸치액젓 3큰술, 다진 마늘 1큰술, 다시마국물 1큰술, 고춧가루 3큰술

※ 풀국 40쪽 참고, 다시마국물 41쪽 참고

김치, 이렇게 담가요
1_ 돌나물은 상처가 나지 않도록 살랑살랑 가볍게 흔들어가며 씻어 물기를 빼요.
2_ 사과는 껍질째 얄팍하게 반달썰기 하고, 쪽파는 2cm 길이로 썬 뒤 머리가 큰 것은 길게 2등분해요.
3_ 양파, 홍고추는 가늘게 채 썰고, 대추는 돌려 깎아 씨를 뺀 뒤 돌돌 말아 썰어요.
4_ 그릇에 양념을 넣고 고루 섞은 뒤 쪽파, 홍고추, 당근 채, 양파, 사과를 넣고 섞어요.
5_ 양념에 돌나물을 넣고 가볍게 버무린 뒤 말린 곶감을 넣고 다시 한번 버무려 접시에 담고 대추를 고루 뿌려 먹어요.

 종부의 노하우

풋내만 나지 않게 담그면 돌나물로 맛있는 봄김치를 맛볼 수 있어요. 씻을 때도 살랑살랑 가볍게 흔들어가며 씻고, 버무릴 때도 짓무르지 않도록 손에 힘을 빼고 훌훌 털듯이 살살 버무려야 해요. 그리고 봄 김치에는 마늘을 많이 넣으면 맛이 떨어지므로 약간씩만 넣고, 양파는 김치를 빨리 익게 하므로 여름김치부터는 넣지 않죠. 곶감은 씹을수록 단맛이 나 김치 맛을 좋게 하지만 없으면 생략해도 좋아요. 돌나물김치는 절이지 않고 바로 버무려 먹는 김치이므로 한 끼 먹을 양만 버무리는데, 500g이면 4인 가족 한 끼 먹기에 적당해요.

산수유가 샛노란

꽃망울을 터트리기 시작하는 봄날, 시골 토담의 습기가 있는 곳을 들여다보면 채송화처럼 생긴 통통한 잎의 돌나물이 무리지어 싹을 틔워 마치 꽃송이처럼 매달려 있죠. 눈만 돌리면 흔하게 볼 수 있는 번식력 강한 나물 중 하나가 돌나물이랍니다. 바위틈과 같이 식물이 자라기 힘든 곳에서도 잘 자라 '돌나물'이라 이름 붙여졌다죠. 같은 이유로 석상채石上菜라고도 불리는데, 언덕 바위는 물론 어디서든 뿌리를 내리고 잘 자라죠.

돌나물은 아삭거리는 독특한 맛과 향을 가지고 있어 나른한 입맛에 활력을 불어넣기에 더없이 좋은 봄나물이죠. 노란 꽃 피기 전에 여린 순을 똑똑 끊어 고춧물 풀어 돌나물물김치(58쪽)를 담그거나 양념에 쓱쓱 버무려 먹는 생채 겉절이를 담그기도 하죠. 특히나 돌나물에는 비타민 C가 많다니 봄철 밥반찬으로는 그만입니다. 돌나물겉절이는 소금에 절이지 않고 양념에 버무려 샐러드처럼 바로 먹는데, 여기에 가족 건강을 생각해 가을에 말려 두었던 곶감과 아삭한 맛이 좋은 사과를 넣고 버무립니다. 이는 과일이 주는 씹는 맛과 달콤한 맛을 더할 뿐만 아니라 겨울철에 비해 더 많은 양의 비타민이 필요해 축 늘어지기만 하는 봄철 우리 몸을 위해 영양까지 더하기 위함이니 '이보다 더 맛나고 건강한 김치 있으면 나와 보라' 하고 싶습니다.

돌나물물김치

새 봄에 먹어야 제맛인 시원하고 소박한 물김치

재료
돌나물 500g, 사과 1개, 홍고추 1개, 대추 1개
김치국물_ 물 5컵, 고춧가루 2~3큰술, 소금 2큰술, 다시마국물 2큰술, 다진 마늘 2큰술
※ 다시마국물 41쪽 참고

김치, 이렇게 담가요
1. 돌나물은 풋내가 나지 않도록 가볍게 흔들어 씻은 뒤 소쿠리에 담아 물기를 빼요.
2. 사과는 껍질째 씻어 6cm 길이로 가늘게 채 썰어요.
3. 대추는 돌려깎기 해서 씨를 발라낸 뒤 돌돌 말아 채 썰고, 홍고추는 어슷하게 썰어요.
4. 돌나물과 채 썬 사과는 한데 섞어 그릇에 담아 놓고, 다른 그릇에 물을 붓고 체에 고춧가루를 얹은 뒤 아랫부분만 살짝살짝 적셔가며 섞어 고춧물을 들여요.
5. 고춧물에 다시마국물, 다진 마늘을 넣어 맛을 낸 뒤 소금으로 간을 맞추어 김치국물을 만들고 돌나물에 부어요. 대추와 홍고추를 얹고 만든 직후부터 먹어요.

종부의 노하우

돌나물물김치는 돌나물겉절이와 마찬가지로 오래 두고 먹는 김치가 아닌 데다 돌나물에서 풋내가 나므로 사과를 많이 넣는 것이 좋아요. 사과는 너무 굵게 썰면 돌나물과 어우러지지 않고 너무 가늘면 쉽게 부서져 지저분해지므로 0.5cm 정도 굵기로 채 썰어요. 그래야 재료끼리 잘 어우러지면서도 돌나물의 아삭한 맛과 사과의 단맛을 충분히 느낄 수 있게 되죠.

이른 봄, 들과 산에서 기운차게 흙을 비집고 올라온 어린 잎과 새순의 건강한 맛을 무엇과 비교할 수 있을까요. 하지만 아무리 좋다한들 부지런 떨지 않으면 그림의 떡이 되는 것이 봄나물입니다. 바쁘단 핑계로 나물 뜯기를 잠시 미뤄두면 어느새 세어지고 꽃을 피우고 마는데, 약이 되는 봄나물에도 때가 있어 가장 맛있고 영양이 풍부한 기간은 그리 길지 않아 때를 놓치기 쉽죠. 요즘은 하우스 재배로 시도 때도 없이 사다 먹을 수 있지만 그게 자연이 키워낸 맛에 비할 바가 아니죠. 이렇듯 자연은 우리를 기다려주지 않으니 부지런 떨며 챙겨먹어야겠다 싶어 봄나물을 이용한 김치를 많이 담가 먹습니다. 돌나물김치(56쪽)나 돌나물물김치도 그중 하나로 이유 없이 자꾸 졸리고 나른하기만 한 봄에는 봄 향기 물씬 나는 돌나물물김치만 한 밥반찬이 없죠.

더욱이 돌나물에는 피로를 풀어주는 비타민 C를 비롯하여 여성들의 골다공증에 도움이 되는 칼슘과 철분도 풍부하다니 시원한 김칫국물과 함께 맛나게 먹으면 건강까지 챙길 수 있으니 안 먹으면 손해 아닌가요? 봄나물이 흔히 그렇듯이 돌나물 역시 풋내가 나 물김치를 담글 때는 고춧물을 만들어 붓습니다. 이때 고춧가루를 바로 넣으면 김칫국물이 탁해지므로 체에 걸러 빨갛게 고춧물만 들이는데, 순가락이나 손으로 저어가며 김치국물을 만들어요. 여기에 다시마 우린 국물을 함께 넣으면 깊은 맛을 더할 수 있어요.

이른 봄, 알싸한 맛으로 입맛 돋워 약이 되는 **달래김치**

따스한 봄기운에 온 세상이 초록빛으로 출렁이면 안살림을 책임지는 종부의 손이 바빠집니다. 겨우살이를 위해 비축해 놓은 먹을거리들이 동나기 시작한 데다 봄을 타시느라 도통 잡수시지 못하고 소화도 못 시키시는 시어른들의 입맛을 돋우기 위해 맛깔난 찬거리도 만들어야 하고….

봄나물은 쌉싸름한 맛을 지니고 있는데, 이것이 입맛을 돋우는데 즉효이고 또 부족했던 비타민 등을 보충해주니 보약이나 진배없지요.

지금이야 먹을거리가 풍족하고 잘 다듬어진 나물을 돈 주고 사먹는 일이 흔하지만 옛날에는 지천으로 깔린 나물을 사먹는다는 것은 상상할 수도 없는 일이었지요. 일일이 캐고 뜯어 다듬느라 바쁠 수밖에요. 그래도 입맛 까다로운 시어른들께서 향긋한 봄나물 반찬 한 가지면 밥 한 공기 뚝딱 비우시니 그 수고 마다하지 않았죠. 이른 봄에는 알싸하니 톡 쏘는 매운맛이 그만인 달래김치로 입맛을 자주 돋워 드리곤 했습니다.

같은 봄나물이라도 생으로 먹어야 더 맛있는 게 있고, 아린 맛 없도록 살짝 데쳐야 더 맛있는 나물이 있는데, 달래는 '날 것을 양념하여 무쳐 먹는 음식'이라는 나물 본래의 뜻에 맞게 특별히 조리하지 않아도 맛있는 봄나물이 되고 밥반찬이 된답니다. 알뿌리가 너무 굵은 것은 매운맛이 강해 속을 훑을 수 있으니 중간 크기의 것으로 다듬어 먹기 좋은 길이로 썬 뒤 양념에 맛깔나게 쓱쓱 버무립니다. 갓 지은 뜨끈한 밥과 함께 젓가락이 자주 갈 수 있도록 가까이 놓아 드리면 밥 한 공기 금세 비우니 효자 반찬이 따로 없습니다.

재료
달래 2단, 부추 3cm 1줌, 당근 채 약간, 홍고추 약간
양념_ 멸치액젓 3큰술, 풀국 2큰술, 고추씨 1큰술, 고춧가루 2큰술, 다진 마늘 1큰술
※ 풀국 40쪽 참고

김치, 이렇게 담가요
1_ 달래는 알뿌리의 누렇게 뜬 겉껍질을 벗겨가며 꼼꼼히 손질한 뒤 씻어 물기를 빼요.
2_ 손질한 달래는 7cm 길이로 썰고, 홍고추는 3cm 길이로 썬 뒤 씨를 털어내고 가늘게 채 썰어요.
3_ 그릇에 분량의 양념을 넣고 고루 섞은 뒤 당근 채와 홍고추, 부추를 넣고 섞다가 달래를 넣고 가볍게 버무려 바로 먹어요.

 종부의 노하우
입맛 없는 봄날에는 알싸한 맛의 달래만 한 봄나물이 없지요. 다만 일일이 다듬자니 손이 많이 가는 게 흠입니다. 이왕 애써 다듬어 놓은 달래를 양념에 넣고 마구잡이로 버무리면 접시에 담을 때 모양이 안 나죠. 모양이 흐트러지지 않게 조심스럽게 버무리는 것이 좋겠지요. 당근 채나 홍고추 채는 붉은 색감을 더해 더욱 먹음직스럽게 보이기 위한 것이니 조금씩만 넣는 것이 좋아요.

달래는 쑥과 함께 봄을 알리는 대표 나물입니다. 줄기 끝 동그란 부분이 비늘줄기로 매운맛이 집중되어 있고 하얗고 긴 뿌리는 상큼한 봄맛이 가득하죠. 날것으로 먹을 때 톡 쏘는 매운맛과 향을 제대로 즐길 수 있어요.

두릅김치

양념을 최소화한 계절 김치
자연의 맛과 향 그대로 즐기고파

" 봄 두릅은 금이요, 가을 두릅은 은이라는 말이 있습니다. 그만큼 씁싸래한 맛과 향이 뛰어난 봄 두릅이 귀하고 맛나다는 이야긴데, 입안 가득 봄을 느낄 수 있도록 최소한의 양념에 버무려 귀한 두릅김치 담가봅니다. 은은한 향과 사각사각 씹히는 맛이 자연 그대로를 먹는 듯한데, '산채의 제왕'이라 불릴 만하죠. 두릅은 절이지 않고 담가 먹는 김치이므로 간을 약하게 해야 맛있게 먹을 수 있어요. "

가끔 "이런 것으로도 김치를 담가요?" 하는 질문을 많이 받는데, 두릅나무의 줄기 끝에 피는 새순으로 담그는 두릅 김치가 그렇습니다. 끓는 물에 데쳐 초고추장 찍어먹는 것이 일반적이기 때문에 생소할 수 있죠. 하지만 나른한 봄을 이기는데 두릅김치만 한 봄김치가 또 있을까 싶습니다. 더욱이 두릅은 '봄나물의 왕'으로 불릴 만큼 맛과 향이 좋을 뿐만 아니라 영양적으로도 으뜸인데, 씁쓸한 맛을 내는 사포닌 성분이 혈액순환을 도와 피로 회복을 돕고 숲속에 있는 듯 신경을 안정시켜 준다니 나른한 봄날에 꼭 챙겨 먹어야 할 일등 산채나물이죠.

그렇다고 최상품의 비싼 두릅으로 김치를 담가 먹지는 마세요. 김치란 원래 주위에서 흔하게 구할 수 있는 저렴한 재료에 양념과 솜씨를 더해 맛나게 담가 먹어야 하는 바, 우리 집에서는 싱싱하고 어린 두릅은 맛과 영양이 좋을 때 바로바로 초회로 먹고, 때를 놓쳐 시들하거나 오래 두면 거무스름해지는 어쩌다 생긴 하우스 재배 두릅으로 담가 먹는답니다.

두릅은 참두릅과 개두릅으로 나뉘는 나무두릅과 땅두릅이 있지요. 강원도 쪽에서 짧게 채취하는 참두릅은 두릅나무의 새순으로 6~7cm 가량 크기의 줄기에 가시가 있고, 개두릅은 엄나무에서 돋는 새순으로 향이 훨씬 강하고 약효가 좋지요. 길이가 짧은 것이 맛과 향이 좋으며 새순이 벌어지지 않고 통통하면서 아랫부분에 붉은 껍질이 붙어 있는 것이 좋답니다.

재료
두릅 300g

양념 _ 새우젓 1큰술, 다시마국물 2큰술, 고춧가루 2큰술, 고추씨 1큰술, 다진 마늘 1큰술, 송송 썬 부추 1큰술, 다진 홍고추 1작은술, 매실청 1큰술

※ 다시마국물 41쪽 참고

김치, 이렇게 담가요

1_ 두릅은 밑동의 딱딱한 부분을 잘라 내고 다듬어 씻은 뒤 밑동에 십자(+)로 칼집을 넣고 소쿠리에 담아 물기를 빼요.

2_ 그릇에 분량의 양념을 넣고 재료가 고루 어우러지도록 섞어요.

3_ 양념에 두릅을 넣고 모양이 흐트러지지 않도록 가볍게 뒤적이며 버무려 바로 먹어요.

 종부의 노하우

김치에 매실청을 넣는 일은 거의 없으나 예외로 두릅김치에는 약간 넣어 맛을 내지요. 익혀 먹는 김치가 아닌 데다 두릅의 씁쓸한 맛을 좀 더 부드럽게 즐기기 위함이지요. 양념은 조금 뻑뻑한 듯하게 만드는데, 두릅이 양념에 버무려지면서 물이 생겨 적당한 정도가 돼요. 봄김치는 담가서 바로 먹어야 재료 자체의 맛과 영양을 제대로 즐길 수 있기 때문에 딱 한 끼 먹을 만큼만 담그죠. 만약 넉넉하게 담갔다면 2~3일 안에 먹어야 맛있게 먹을 수 있어요.

깻잎김치

온몸에 봄기운 팍팍 넣어주는 향긋한 즉석 김치

재료
깻잎 10묶음(약 100장), 다진 당근 1큰술, 다진 양파 1큰술, 송송 썬 부추 1큰술, 다진 홍고추 1큰술, 식초 1작은술
양념_ 다진 마늘 ½큰술, 고춧씨 ½큰술, 다시마국물 2큰술, 멸치액젓 5큰술

※ 다시마국물 41쪽 참고

김치, 이렇게 담가요

1_ 깻잎은 물에 10~20분 정도 담갔다가 흐르는 물에 흔들어가며 씻은 뒤 마지막 헹굼물에 식초를 넣어 헹궈요.

2_ 씻은 깻잎은 차곡차곡 포개어 얹은 뒤 소쿠리에 세워 담아 물기를 빼요.

3_ 그릇에 당근, 양파, 부추, 홍고추를 넣고 양념을 넣은 뒤 고루 섞어요.

4_ 양념에 깻잎을 넣고 숟가락으로 양념을 떠 2~3장 사이마다 켜켜이 발라 바로 먹어요.

5_ 남은 것은 한 번에 먹을 만큼씩 나누어 지그재그로 항아리나 용기에 담은 뒤 숨이 죽으면 위아래를 뒤집어 보관해 두고 먹어요.

 종부의 노하우

양념을 발라 바로 먹을 수 있는 즉석 김치로 남은 것은 열흘 정도, 길어도 보름 안에는 먹어야 맛있어요. 양념을 발라 용기에 담아 두면 깻잎에 간이 들어 숨이 죽는데, 이때 국물이 위까지 올라와야 해요. 그렇지 않으면 국물이 닿지 않는 윗부분의 깻잎이 검게 변한답니다. 양념을 미리 만들어 두었다가 먹을 때마다 끼얹어 먹어도 깻잎의 싱싱한 맛과 향을 즐길 수 있겠지요.

겨우내 먹는 김장김치가 숙성과 발효를 통해 완성되는 깊은 맛, 또는 묵은 맛이라면 봄김치는 파릇하게 솟아오르는 봄처럼 나른한 몸에 활력을 불어넣어주는 새순 같은 상큼한 맛이겠지요. 특히나 새봄에 나는 채소들은 자연의 기운을 듬뿍 받고 자라 특별한 양념 없이 버무려도 그 자체로 별미가 되고 약이 돼요. 이런 이유로 이것저것 담그다 보니 봄김치만도 수십 종류가 되죠. 그중 깻잎김치는 언제든지 깻잎을 구할 수 있어 일 년 내내 담가 먹을 수 있지만 야들야들한 햇깻잎으로 담그는 김치라야 맛이 최고지요. 보드라운 어린 잎 사이사이에 멸치액젓에 쓱쓱 버무린 양념을 켜켜이 얹은 뒤 바로 먹는 즉석 깻잎김치는 입안 가득 싸하게 퍼지는 상큼한 향이 정신 번쩍 들게 하죠.

가끔 깻잎에 농약을 많이 친다는 소리를 들어 먹기가 꺼려진다는 사람도 있는데, 채소에 남아 있는 잔류 농약은 물에 잘 씻기만 하면 걱정 없답니다. 물에 10~20분 정도 담가 두었다가 두세 번 헹구고 마지막 헹굼물에 식초 1~2방울 떨어뜨려 헹궈주면 걱정 끝이죠. 씻은 깻잎은 물기가 잘 빠지도록 옆으로 세워 소쿠리에 담고, 꼭지는 0.5~1cm 정도 남기고 자르면 먹기 좋아요. 봄김치는 담근 후 열흘에서 보름 안에 먹어야 맛도 영양도 좋아요.

" 겨울 막바지에서 이른 봄에 들어서야 달디 단 맛이 최고가 되는 월동 시금치. 겨우내 추위에도 아랑곳하지 않고 푸른색 그대로 유지하며 땅바닥에 붙은 듯 펴져 자란 시금치니 그 맛인들 말해 무엇 할꼬 싶죠. 어릴 적 친정어머니도 그 맛을 아셨는지 봄이 오기도 전에 파릇하니 시금치겉절이 만들어 상에 올리시며 "겨울을 이겨낸 달디 단 봄시금치는 보약인겨" 하시며 맛나게 먹기를 재촉하셨습니다. "

긴 겨울의 찬바람을 이겨낸 봄 시금치는 여름에 나는 것보다 이파리가 짧고 단단하며 맛과 향은 비교할 수 없을 정도죠. 섬초, 남해초, 포항초 등으로 불리는 이 노지 시금치는 뿌리가 붉을수록 달달하니 맛 좋지요.

시금치김치
너무나 서민적인 그래서 더욱 반가운 달디 단 봄겉절이

재료
시금치 1단, 부추 5~6cm 길이 ½줌, 쪽파 5~6cm 길이 1줌, 당근 채 약간, 홍고추 채 약간
양념_ 다시마국물 2큰술, 새우젓 1큰술, 고추씨 1큰술, 다진 마늘 1큰술, 고춧가루 2작은술

※ 다시마국물 41쪽 참고

김치, 이렇게 담가요
1. 시금치는 밑동을 자르고 포기가 큰 것은 반으로 갈라가며 다듬어 씻은 뒤 물기를 빼요.
2. 그릇에 분량의 양념을 넣고 부추와 쪽파, 당근 채, 홍고추 채를 넣고 고루 어우러지도록 섞어요.
3. 고루 어우러진 양념에 시금치를 넣고 가볍게 버무린 뒤 겉절이 먹듯 바로 먹어요.

 종부의 노하우

충분한 햇볕을 받으며 추위를 이겨내고 자란 월동 시금치가 향이 강하고 맛이 달아 좋은데, 비타민 C나 칼슘, 철분 등이 풍부하다고 합니다. 특히 시금치는 옛날부터 빈혈이 있는 여성이나 아이들에게 좋다고들 했는데 엽산과 철분 등이 풍부하기 때문이라네요. 데치는 것보다 시금치김치처럼 생으로 먹는 것이 영양소 파괴가 적고, 기름에 볶으면 몸에서 흡수가 잘된답니다.

시금치는 콩나물만큼이나 우리 밥상에 자주 오르는 너무나도 친숙한 채소죠. 아이들 어렸을 적엔 뽀빠이처럼 힘세고 튼튼해지려면 시금치를 많이 먹어야 한다며 먹이곤 했었는데, 나 어릴 적 친정어머니도 시금치김치를 맛나게 담가주시곤 하셨죠. 우수·경칩이 지나 코끝 시리던 바람도 언제 그랬냐는 듯 따스하게 느껴질 무렵이면 달디 단 시금치가 봄보다 먼저 봄을 알립니다. 아마도 지난해 늦가을에 뿌려 두었으리라 짐작되는 시금치가 겨울을 이겨내고 파릇하니 돋아나 봄을 알리는데, 부추에 쪽파 함께 넣고 쓱쓱 버무리면 고기반찬 부럽지 않은 맛김치가 뚝딱 만들어집니다. 뜨끈한 밥에 얹어 한 입 가득 먹다 보면 이것이 봄맛이요, 봄 향기가 아닌가 싶습니다.

시금치는 봄동과 마찬가지로 노지에서 겨울을 이겨내는 채소지요. 겨울 전에 파랗게 돋은 순이 땅바닥에 붙은 채로 찬 겨울 바람을 이겨내며 옆으로 퍼져 자라는데, 뿌리 또한 겨울을 이겨내느라 튼튼하게 내려 붉은 빛이 선명하니 실해 보입니다. 더군다나 추위 때문에 병충해가 끼지 않아 약을 칠 일 없으니 무공해나 다름없지요. 설탕을 뿌린 듯 달디 단 맛에 반해 봄이 오기 전 작달막하니 야무지게 생긴 시금치 두세 단 사다가 영양소 파괴 없이 그대로 김치도 담그고, 구수한 된장 풀어 들큰하니 맛 좋은 시금치국(232쪽)도 끓이죠. 담백한 맛 그리울 땐 살짝 데쳐 조물조물 나물도 무치고 밥상 한 가득 봄잔치 벌일 만하답니다.

" 마늘의 어린 잎줄기인 풋마늘은 시장에 일반 마늘보다 한두 달 앞당겨 나온답니다.
마늘의 알싸한 맛과 향을 그대로 가지고 있어 겨우내 지친 우리의 몸에
활력도 주고, 건강도 챙겨주는 고마운 봄 채소라 할 수 있어요. 김치를
담그면 봄김치답지 않게 오래 두고 먹어도 되는데, 그냥 담가도 좋지만 우리 집에서는 마른
새우를 넣어요. 새우에 간이 들면 풋마늘과 어우러져 씹히는 맛이 아주 별미거든요. "

풋마늘김치

기력 보충하는 마늘의 힘

마른 새우 넣고 파김치 대신 담가

재료

풋마늘 ½단(약 500g)

절임물_ 물 3컵, 소금 ½컵

양념_ 풀국 2큰술, 새우젓 1큰술, 다진 마늘 ½큰술, 멸치액젓 2큰술, 다시마국물 4큰술, 고추씨 2큰술, 고춧가루 3큰술, 마른 새우 3큰술

※ 풀국 40쪽 참고, 다시마국물 41쪽 참고

김치, 이렇게 담가요

1_ 풋마늘은 밑동을 잘라내고 흙이 없도록 꼼꼼하게 씻어 물기를 빼요.

2_ 절임물을 만들어 풋마늘을 넣고 하룻밤 정도 절인 뒤 소쿠리에 담아 물기를 빼고 밑동이 굵은 것은 칼집을 넣어 이등분해요.

3_ 그릇에 분량의 양념을 넣고 마른 새우가 촉촉해지도록 고루 섞어요.

4_ 양념에 풋마늘을 넣고 밑동 쪽부터 양념을 쓱쓱 바른 뒤 2~3개씩 한 묶음으로 잡고 이파리로 돌돌 말아 용기에 담아요. 바로 먹어도 좋고 매운맛이 싫으면 실온에 뒀다가 간이 들면 냉장고에 넣어두고 먹어요.

마늘을 먹는 듯 알싸한 맛이 그만인 풋마늘은 대가 세서 잘 절여지지 않으므로 짭짤한 절임물에 하룻밤 정도 푹 절여야 해요. 밑동이 굵으면 간이 깊이 들지 않으므로 칼집을 넣어 굵기를 비슷하게 해서 담그지요. 봄에는 파김치 대신 먹어도 좋아요.

대부분의 봄김치가 버무려 즉석에서 먹는 겉절이고, 간혹 오래 두고 먹는다 한들 일주일을 넘기지 않아야 하지요. 하지만 풋마늘김치만큼은 알싸한 맛이 강해 오래 두고 익혀야 제 맛이 난답니다. 풋마늘은 마늘이 여물기 전의 연하고 어린 대를 말하는 것으로 이른 봄인 4월경 여린 잎이 나올 때 뿌리째 뽑아 단으로 묶어 팔죠. 언뜻 보기엔 대파와 비슷하게 생겼지만 속이 꽉 차 더 단단하고 잎이 질긴 듯 뻣뻣한 느낌이 들지요.

마늘이 몸에 좋듯이 풋마늘 역시 마늘의 좋은 성분을 그대로 담고 있어 기력을 보충하는 데 좋다고 합니다. 일반적으로 뜨거운 물에 살짝 데쳐 양념하여 무쳐 먹기도 하고 볶음 요리 등에 이용하기도 하지만 우리 집에서는 넉넉하게 사다가 봄김치로 담가 나른한 봄철 입맛에 활력을 주기도 하죠. 또 두고두고 밑반찬으로 요긴하게 쓸 요량으로 간장 달여 붓고 풋마늘 장아찌(274쪽)를 만들기도 하죠. 고를 때는 너무 굵은 것은 안에 심이 배겨 질기고 맛도 떨어지므로 중간 정도의 굵기에 뿌리와 줄기의 이파리가 두껍고 실한 것이 좋아요. 뿌리 부분을 휘어봤을 때 부드럽게 휘어지는 것이 있고, 조금 단단하면서도 탄력 있게 휘어지는 것이 있는데 하우스 재배한 것이 단단한 느낌이 들죠.

" 예로부터 파래는 향긋한 향이 좋아 새콤달콤하게 무쳐도 먹고, 비릿하면서도 깊은 감칠맛의 멸치젓국을 넣어 쓱쓱 버무려 먹곤 했습니다. 뿐만 아니라 부드럽게 술술 넘어가는 국거리로도 자주 쓰곤 했는데, 그중에 최고는 갖은 양념하여 담백하고 시원하게 담가 먹는 파래김치로 봄의 별미로 꼽히죠."

파래김치
입맛 돋우는 해초 별미 김치
바다 향 가득 담아 손쉽게

재료
물파래 5단, 송송 썬 쪽파 1큰술, 송송 썬 미나리 2큰술, 송송 썬 부추 1큰술, 다진 홍고추 1작은술

양념 _ 멸치액젓 2큰술, 새우젓국물 2큰술, 가자미젓 2큰술, 다시마국물 2큰술, 다진 마늘 1큰술, 다진 생강 약간

※ 다시마국물 41쪽 참고

김치, 이렇게 담가요
1. 파래는 체에 담아 물에 담근 뒤 부드럽게 흔들어가며 씻어 국수 말듯 동그랗게 말아요. 모양이 흐트러지지 않게 체에 담아 물기를 빼요.
2. 그릇에 양념을 넣고 송송 썬 쪽파, 부추, 미나리, 홍고추를 넣고 섞어 냉장고에 차게 둬요.
3. 접시에 물기 뺀 파래를 보기 좋게 담고 차게 둔 양념을 위에 고루 끼얹어 내도 좋고, 양념에 파래를 넣고 가볍게 버무려 먹어도 좋아요.

종부의 노하우
바다 향 가득한 파래로 나른한 봄 입맛을 돋우는 별미 김치죠. 풀국과 설탕 등을 넣지 않고 산뜻하게 담아야 맛있어요. 파래는 흐르는 물에 씻으면 손실되는 양이 많으므로 체에 담아 씻는 것이 좋고, 너무 물기가 없으면 맛이 덜하므로 양념에 어우러지면서 물기가 약간 배어나올 때까지 두었다가 통깨를 뿌려 먹어요. 대추를 돌돌 말아 썬 뒤 얹으면 은은한 맛이 더해져 한결 맛도 좋고 고급스러워 보이죠.

찬바람 부는 1월부터 이듬해 4월까지가 제철인 파래로 담근 김치는 전라도 지방에서 자주 담가 먹는 김치입니다. 시집살이가 한창일 때 매해 봄마다 시어른들 입맛 돋우기 위해 숱하게 담갔던 김치죠. 그래도 파래김치는 바다 향 가득한 파래 한 덩어리면 후다닥 버무려 근사하게 차려낼 수 있는 손쉬운 김치였죠. 덕분에 입맛 까다로운 시어른들의 반찬 걱정 많이 덜어주던 고마운 김치였어요. 특별한 양념 없이 산뜻하게 담근 파래김치가 밥상에 오른 날이면 "향이 좋다"시며 밥그릇 다 비우시곤 하셨죠.

시어른들도 안 계신 지금은 파래가 해독작용이 뛰어나다 하여 담배 많이 피우는 남편 건강을 위해 담그기도 하고, 또 다른 해조류보다 체내 콜레스테롤 수치를 낮추는 작용이 뛰어나고 위장병 치료에 도움이 되는 성분이 양배추보다 70배나 많다고 하니 이래저래 입맛도 돋울 겸 건강도 챙길 겸 자주 담가 먹는답니다. 파래 특유의 향긋한 향이 양념에 묻히지 않도록 풀국은 생략하고 단맛도 없이 담백하고 산뜻하게 담가 먹는데, 3~4월에 맛보는 별미 김치죠. 파래만 있으면 손쉽게 후다닥 담가 먹을 수 있는 초간단 봄김치로 양념을 냉장고에 시원하게 두었다가 자작하게 끼얹어야 맛있어요. 파래는 눈으로 보아 빛깔이 검고 광택이 나면서 특유의 향기가 있는 것이 좋은 것이라 할 수 있어요.

톳김치
오독오독한 해초 김치
바다향 가득 머금은

> "멸치액젓으로 조물조물 버무려 맛을 낸 톳김치는 톡톡 터지는 듯 입안 가득 봄기운을 느끼게 해주지요. 더군다나 톳에는 우유의 10배에 달하는 칼슘이 들어 있다니 어렸을 때부터 꾸준히 챙겨 먹었다면 키가 좀 크지 않았을까 싶습니다. 그렇다면 키 작다고 당했던 시집살이는 하지 않았을 테니까요."

장독대로 이어지는 앞마당 언덕엔 봄이면 철쭉이 흐드러지게 피죠. 나비가 내려 앉은 곱게 핀 철쭉꽃을 보노라면 내게도 언제 저렇게 화사하고 예쁜 시절이 있었나 싶습니다.

재료
톳 500g, 당근 채 1큰술, 홍고추 채 1개분, 송송 썬 쪽파 1큰술, 부추 4cm 길이 ½줌

양념_ 멸치액젓 3큰술, 다진 마늘 1큰술, 고추씨 1큰술

김치, 이렇게 담가요

1_ 톳은 질긴 줄기를 잘라가며 다듬은 뒤 냄비에 톳이 푹 잠길 수 있도록 2배 정도로 넉넉하게 물을 붓고 끓여요.

2_ 물이 팔팔 끓으면 톳을 넣고 뒤적여 파랗게 데쳐지면 재빨리 건져 찬물에 담가 헹구어 물기를 빼요.

3_ 그릇에 당근 채, 홍고추 채, 쪽파를 넣고 양념을 넣은 뒤 고루 섞어요.

4_ 데친 톳을 양념에 넣고 살살 버무린 뒤 부추를 넣고 다시 한번 고루 버무려 바로 먹어요.

 종부의 노하우

톳김치 역시 파래김치와 마찬가지로 개운하고 산뜻한 맛으로 먹는 김치이므로 풀국과 설탕 등은 넣지 않지요. 새콤하게 먹으려는 마음에 식초를 넣게 되면 색이 누렇게 변해 식감도 색감도 안 좋아지죠. 톳은 광택이 있으면서 굵기가 일정한 것, 바다의 향이 진하면서 터질 듯이 통통하고 싱싱한 느낌이 드는 것을 골라야 해요.

이른 봄 3월, 마음에는 이미 봄이 한창인데 햇볕이 닿지 않는 마당 한 구석에는 미처 녹지 못한 눈이 쌓여 있고, 물레방아 주변의 철쭉나무들은 언제 초록 옷을 입을는지 앙상한 가지만이 바람에 흔들흔들…. 거실 통 창문을 통해 항아리가 묻혀 있는 장독대 언덕 아래로 아직 채 떠나지 못한 겨울의 흔적들을 바라보자니 어깨가 절로 움츠러듭니다. 하지만 마음으로는 봄을 맞이했듯 우리 집 밥상에도 봄내음 가득한 김치로 봄이 왔음을 알립니다. 가족과 함께하는 밥상에 봄김치를 올리는 것은 몸과 마음이 봄의 기운을 충분히 받아들이고 즐길 수 있는 채비를 하라는 예고 같은 것입니다. 무엇이든 갑작스러운 것은 당황스럽고 자칫 탈을 부를 수도 있기 때문인데, 몸도 예외는 아니지요.

겨우내 웅크렸던 몸이 기지개를 켜게 할 수 있는 봄김치로는 톳김치가 제격이다 싶습니다. 입 안에서 톡톡 터질 것 같은 연한 톳을 멸치액젓 넣고 조물조물 버무려 내는데요, 톳김치는 바다를 옮겨 놓은 듯 향긋한 향과 신선한 맛이 돈 주고도 살 수 없는 귀한 맛이다 싶습니다.

톳은 사슴의 꼬리를 닮았다 하여 '녹미채'라고도 하는데, 일본에서는 바다의 불로초라 불리며 매끼 밥상에 오르는 장수식품 중 하나라죠. 우리나라 생산량의 95%가 일본으로 수출되느라 정작 우리 밥상에는 잘 오르지 않는다고 하네요. 봄부터 초여름까지가 가장 연하고 맛이 좋은 때이므로 때를 놓치지 않으려고 이른 봄 서둘러 김치도 담가 먹고, 톳밥을 지어 양념장에 쓱쓱 비벼 먹기도 하죠. 톳이나 미역, 다시마와 같은 해조류는 바다 속의 채소라 불리는데, 땅에서 자라는 채소처럼 뿌리, 줄기, 잎 등을 갖추고 있죠. 땅 채소가 땅의 기운 듬뿍 머금고 우리 몸을 이롭게 하듯 채소인 해조류도 바다 풍부한 영양을 가득 품어 먹을수록 건강해지는 귀중한 먹거리랍니다.

미나리물김치

소리까지 맛있는 봄 물김치
시원한 국물에 아삭아삭 사각사각

가족 모두 시원한

국물을 좋아해 365일 국물김치가 빠지지 않는 우리 집 밥상이에요. 시원타며 한 사발씩 들이켜던 겨울 동치미(194쪽)도 질릴 만한 초봄에는 산뜻한 맛의 미나리물김치로 가족의 입맛을 돋웁니다. 봄은 미나리의 연초록으로부터 온다고 했던가요. 물기 많은 습지에서 자라는 미나리는 겨우내 물속 추위를 버틴 뿌리가 따스한 봄볕에 싹을 올리고 어느샌가 훌쩍 한 뼘씩 연초록의 줄기를 키우며 봄을 알리죠. 그 줄기의 속이 꽉 차 있으면서도 연하고, 입안 가득 퍼지는 은은한 향은 또 얼마나 좋은지….

야들야들하고 아삭하게 씹히는 이른 봄 미나리의 맛과 향이 익히면 달아날까 사과와 함께 고춧물 발그스레하게 풀어 얼른 물김치를 담가내면 겨우내 무뎌졌던 미각에 식욕까지 활기를 얻기에 충분하죠. 더욱이 미나리물김치는 시원하고 산뜻한 맛에 술 좋아하는 남편의 해장국으로 한몫 단단히 해요. 겨울엔 동치미국물이, 이른 봄부터 여름까지는 미나리물김치가 있어 남편 속풀이 해장국은 따로 끓여본 적이 없을 정도니까요.

미나리가 찬 음식이라 아마도 술로 인한 목마름이나 숙취 해소에 좋고, 술로 지친 간 해독에도 좋은 모양입니다. 미나리물김치는 맵거나 짜지 않게 삼삼하게 담가야 제 맛이죠. 고춧가루를 많이 풀기보다는 청양 홍고추를 곱게 채 썰거나 어슷하게 썰어 넣어 칼칼한 맛을 내는 것이 좋아요. 젓갈을 넣으면 깔끔한 맛이 나지 않으므로 간수 충분히 뺀 소금으로 김치국물 간을 맞추고, 사과는 부서지지 않도록 마지막에 넣어요.

재료
미나리 1단, 사과 ¼개, 홍고추 1개, 대추 1개
김치국물_ 물 7컵, 고춧가루 2큰술, 다진 마늘 1큰술, 다시마국물 ½컵, 풀국 2큰술, 소금 2큰술
※ 풀국 40쪽 참고, 다시마국물 41쪽 참고

김치, 이렇게 담가요

1_ 미나리는 연한 줄기만 다듬어 놋수저와 함께 물에 1시간 정도 담가 두었다가 건져 물기를 털어내고 4~5cm 길이로 잘라요.
2_ 사과는 껍질째 씻어 반달 모양으로 썰고, 홍고추는 어슷하게 썰어요. 대추는 씨를 도려내고 납작하게 썰어요.
3_ 그릇에 김치국물 재료를 한데 넣고 소금으로 간을 맞춘 뒤 고운 체에 고춧가루를 담고 고춧가루가 들어가지 않도록 적셔가며 국물에 고춧물을 들여요.
4_ 미나리를 그릇에 담고 고춧물 푼 김치국물을 부은 뒤 사과와 홍고추, 대추를 띄워요. 2시간 후에 간을 확인하고 부족한 간은 소금으로 맞추어 바로 먹어도 되고 시원하게 냉장고에 두고 먹어요.

종부의 노하우

미나리는 혹시 거머리가 있을지 모르니 놋수저와 함께 1시간 정도 담가 두어야 안심이 돼요. 또 미나리에 직접 간을 하면 수분이 빠져 질겨지므로 국물에 소금으로 간을 하여 전체 간을 맞추는 것이 좋아요. 김치국물에 고춧물을 들일 때는 국물이 탁해지지 않도록 언제나 체에 걸러 넣는데, 고춧가루를 체에 담은 뒤 촉촉해지도록 물을 약간 붓고 숟가락이나 손으로 으깨가며 풀죠. 걸러낸 고춧가루는 버리기 아까워서 찌개나 국 끓일 때 넣어요. 사과는 씹는 맛도 좋게 하거니와 미나리의 풋내를 없애고 단맛을 더하기 위해 넣어요.

미나리 콩나물김치

종부의 마음 가득 담은 별미 김치

아삭아삭~ 요란하게 봄 맞이하고픈

여느 종가가 그러하듯 우리 집 역시 일 년 내내 손님들의 발길이 끊이지 않습니다. "모름지기 종가에 찾아온 손님을 부끄럽지 않게 하고 또 서운함이 없도록 대접하라"고 훈육 받은 종부로서 정성을 다하지만 혹 부족함이 있지는 않았는지 늘 신경이 쓰이죠. 그런 마음 헤아리기라도 한 듯 다시 집을 찾거나 전화 통화할 기회가 있으면 지난번에 인상 깊게 먹었던 음식 이야기를 잊지 않으십니다. 저마다 우리 집 음식에 대한 추억까지는 아니어도 이야기 하나씩은 갖고 있는 셈이죠. 가끔 의외의 음식에 대한 칭찬에 깜짝 놀랄 때도 있는데, 미나리콩나물김치가 그랬어요. 워낙 갑작스럽게 오신 손님이라 집에 준비된 것이 없어 통통하게 살 오른 콩나물 거두절미^{꼬리와 머리를 뗌}하고, 봄내음 가득한 미나리와 함께 데친 뒤 학독에 마른 고추 쓱쓱 갈아 매콤하게 버무려 뜨신 밥과 대접했지요.

급한 마음에 대접한 소찬이 너무나 죄송스러웠는데, "이게 무슨 김치야?" 하고 옆에 사람에게까지 들리도록 아삭아삭 소리내 가며 밥을 두 공기나 비웠습니다. 생전 처음 먹어본 그게 그렇게 맛있었다 하시며 몇 해가 지나도록 그 김치 이야기를 잊지 않고 하니 참으로 고마울 따름이죠.

'장다리는 한철이요, 미나리는 사철이다'라는 말이 있습니다. 미나리는 물속에 뿌리만 남아 있으면 잘라내고 또 잘라내도 언제든 쑥쑥 올라오기 때문이죠. 이처럼 강한 생명력 덕분에 우리는 그 아삭하고 향긋한 맛을 일 년 내내 아쉬움 없이 즐길 수 있는데, 새봄 그윽한 미나리 향에 취하고 싶거나 미나리가 어정쩡하게 남았을 때 콩나물과 함께 쓱쓱 버무립니다. 거칠게 갈린 붉은 고추가 발그스레하니 맛을 더하는데, 아작아작하면서도 산뜻한 맛이 밥도둑이 따로 없습니다.

재료
미나리 1단, 콩나물 500g, 어슷 썬 홍고추 1개분, 소금 약간, 통깨 적당량

양념 _ 마른 고추 10개, 멸치액젓 3큰술, 다진 마늘 1큰술, 고춧가루 2큰술

김치, 이렇게 담가요

1. 콩나물은 머리와 뿌리를 떼어내고 씻은 뒤 물기를 빼요. 미나리는 다듬어 놋수저와 함께 물에 1시간 정도 담가 두었다가 물기를 털어내고 5~6cm 길이로 잘라요.
2. 냄비에 넉넉하게 물을 끓여 소금을 넣은 뒤 콩나물을 먼저 데쳐내고, 미나리를 넣어요. 위아래 뒤적이며 미나리를 파랗게 데쳐 체에 쏟은 뒤 물기를 꼭 짜요.
3. 마른 고추는 3~4cm 길이로 잘라 물에 담갔다가 학독에 넣고 충분히 갈아요. 여기에 나머지 양념을 넣고 고루 섞어요.
4. 양념에 콩나물과 미나리를 넣고 고루 어우러지도록 훌훌 털어가며 살살 버무려요. 버무려 바로 홍고추와 통깨를 올려 먹고 남은 것은 냉장고에 두고 1주일 안에 먹어야 해요.

 종부의 노하우

향 좋은 미나리와 콩나물만 있으면 후다닥 손쉽게 담가 먹는 것이 매력인 김치로, 학독에 마른 고추를 갈아서 만들어야 제맛이죠. 학독이 없을 때는 분쇄기를 이용해도 좋고, 마른 고추 대신 고춧가루 5큰술을 넣고 담가도 좋아요. 미나리는 많이 넣으면 향긋하니 씹는 맛이 좋고, 통깨를 듬뿍 뿌려 먹으면 고소하죠. 미나리는 논 미나리보다 밭 미나리가 속이 차 맛있는데, 줄기가 짧고 굵은 것이 연하고 맛이 달아요. 도랑가에서 자라는 붉고 오동통한 미나리는 좀 싱거운 편이에요.

" 겉절이는 버무려 금방 먹는 김치이므로 싱거워도 맛있기 때문에 너무 짜지 않게 절여야 해요. 절이는 시간은 집집마다 소금의 염도가 달라 차이가 있는데 배추 줄기가 활처럼 부드럽게 휘어질 정도로 절이면 되죠. 배추를 절일 때에는 반드시 통으로 절였다가 버무리기 전에 썰어요. 미리 썰어 절이면 쉽게 절여지지만 단맛이 빠져 김치가 덜 고소하고 맛이 덜해요. 양념을 할 때도 고춧가루는 가능한 한 나중에 넣고 버무려야 붉은색이 살아 김치가 발그레하니 맛있어 보인답니다. "

나른한 봄철 입맛엔
발그스름하니 고춧가루
양념하여 쓱쓱 버무린
봄배추겉절이가 최고죠.
매콤짭조름한 양념에
버무려 바로 뜨신 밥에 척척
걸쳐 먹으면 입안 가득
봄기운이 꽉꽉 들어찬
기분이죠.

배추겉절이

연한 봄배추로 빨갛게 양념하여 뜨신 밥에 걸쳐 먹는 맛

봄기운이 완연해지는 4월부터 여름까지 자주 해 먹는 맛김치로는 배추겉절이가 최고죠. 속대 노란 봄배추 길쭉길쭉하게 썰어 마른 고추 학독에 거칠게 갈아 쓱쓱 버무리거나, 어깨가 아파 그것도 힘들게 느껴질 때는 칼칼한 맛 나도록 청양고추 섞어 곱게 빻아 놓은 고춧가루 넉넉하게 넣고 버무리죠. 배추겉절이는 바로 버무려 뜨신 밥에 척척 걸쳐 먹을 때가 가장 맛있지요. 물론 바지락 듬뿍 넣고 끓인 칼국수나 수제비에도 그만인데, 입에 착착 감기는 칼칼한 맛도 좋을 뿐만 아니라 아삭아삭하니 씹는 소리가 따스한 봄볕과 함께 슬금슬금 찾아오는 춘곤증도 한방에 싹 날려버리죠.

배추는 잎이 연하고 싱싱하며 노란 속대가 꽉 찬 것으로 골라 밑동을 잘라내고 김장배추 절이듯 밑동에 칼집을 넣고 반으로 쪼개어 절여요. 배추 줄기가 부드럽게 휘어질 때까지 절이면 적당해요. 바로 버무려 먹는 김치이므로 너무 짜면 맛이 덜하기 때문이죠. 또 겉절이는 길쭉길쭉하게 썰어야 맛있어 보이는데, 손으로 쭉쭉 찢으면 너무 거칠어 보이니까 절인 배추를 가지런히 놓고 사선으로 길쭉하게 썰어요. 고추씨는 김치에 고추의 영양과 칼칼한 맛을 더할 수 있어 넣는데, 방앗간에 가서 고춧가루를 빻을 때 고추씨만 따로 모아 두었다가 쓰죠. 직접 햇빛에 말린 고추씨를 사용해야 제맛이 나요.

  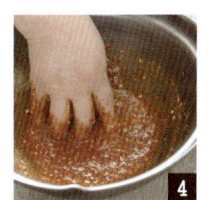  

재료
배추 ½포기(500g), 쪽파 4cm 길이 ½줌
절임물 _ 물 2½컵, 소금 ½컵
양념 _ 풀국 ⅓컵, 멸치진젓 3큰술, 새우젓 1큰술, 고추씨 1큰술, 다진 마늘 1큰술, 고춧가루 3큰술
※ 풀국 40쪽 참고

김치, 이렇게 담가요

1. 배추는 다듬어 밑동에 5cm 정도 칼집을 넣은 뒤 절임물에 앞뒤로 뒤집어가며 흠뻑 적셔 절여요.
2. 배추 줄기가 부드럽게 휘어질 정도로 절여지면 물에 2~3번 헹군 뒤 반으로 쪼개어 소쿠리에 얹고 물기를 충분히 빼요.
3. 도마에 물기가 빠진 배추를 얹고 세로로 어슷하게 칼집을 넣어 길쭉하게 썰어요.
4. 그릇에 고춧가루를 뺀 나머지 양념을 넣고 섞은 뒤 고춧가루를 넣고 다시 섞어요.
5. 빨갛게 버무린 양념에 쭉쭉 자른 배추를 넣고 가볍게 고루 버무린 뒤 쪽파를 넣고 다시 버무려 뜨끈한 밥과 함께 먹어요.

쑥갓김치
입맛 돋우는 별미 김치
푸릇푸릇한 맛과 향으로

> "쑥갓은 톡 쏘는 듯 산뜻한 향이 매우 좋지요. 매운탕에만 넣는 줄만 알았던 쑥갓을 김치로 담가 봅니다. 맛을 보기 전엔 "에이~ 어떻게 쑥갓으로 김치를 담그느냐"고도 하지만 부드럽게 씹히는 아삭한 맛과 함께 입안 가득 퍼지는 쑥갓 향에 "어머! 어머!" 할 뿐…. 한참을 먹고 난 뒤에야 "어떤 재료든 손에만 들어가면 김치가 되니 도대체 그 아이디어는 어디서 나오는 것이냐"고 묻습니다."

위를 따뜻하게 하고 장을 튼튼하게 하는 채소로 널리 알려진 쑥갓은 톡 쏘는 듯 산뜻한 향이 매우 좋아요. 주로 매운탕에 넣거나 쌈 또는 살짝 데쳐 나물로 먹는 것이 대부분인데 그러다 보니 보통의 가정에서는 작은 것 한 단을 사도 남기기 일쑤죠. 식구 적은 날은 우리 집도 냉장고 어딘가에 시들하니 굴러다니는 경우가 많아 새우젓에 고추씨, 고춧가루 등을 넣고 쓱쓱 버무려 김치를 담가 봅니다. 한참을 먹고 난 뒤에야 "어떤 재료든 손에만 들어가면 김치가 되니 도대체 그 아이디어는 어디서 나오는 것이냐" 고 물어 옵니다.

음식이란 자꾸 해볼수록 솜씨도 늘고, 응용력도 생기는 법이지요. 자꾸 하다 보면 재료의 특성을 파악하게 되고 그에 따라 절이는 방법이나 양념의 가감을 할 줄 알게 되는데, 이는 관심만 갖는다면 누구나 가능한 일이지요.

더불어 쑥갓은 매운탕, 쌈, 나물 등으로만 먹어야 한다는 식의 고정관념에서 벗어나면 쑥갓김치, 파래김치(70쪽), 톳김치(72쪽), 미나리콩나물김치(76쪽)와 같은 별미 김치를 만들 수 있고요. 겨울에서 봄으로 계절이 바뀔 때 우리 몸은 활동량이 많아지면서 에너지 소모량도 많아지므로 공연히 늘어지고 노곤해지지요. 이럴 때 쑥갓으로 김치를 담가 부족하기 쉬운 비타민을 충분히 공급해 주는 것도 주부의 지혜죠. 쑥갓김치는 봄부터 여름까지 담가 먹는 별미 김치지만 일 년 내내 쑥갓을 구할 수 있으니 계절과 상관없이 입맛 없을 때 한 번씩 담가 먹는 것도 즐겁지요.

재료
쑥갓 ½단, 부추 3cm 길이 ½줌

양념_ 새우젓국물 1큰술, 다시마국물 2큰술, 고추씨 1큰술, 고춧가루 1큰술, 다진 마늘 1큰술

※ 다시마국물 41쪽 참고

김치, 이렇게 담가요
1_ 쑥갓은 줄기가 연한 것으로 준비하여 다듬어 씻은 뒤 소쿠리에 담아 물기를 빼요.
2_ 그릇에 양념을 넣고 고루 버무린 뒤 부추를 넣고 먼저 버무려요.
3_ 양념과 부추가 어우러지면 물기 뺀 쑥갓을 넣고 가볍게 버무려 바로 먹어요.

 종부의 노하우

쑥갓김치는 쑥갓이 연하고 부드러워 절이지 않고 담가요. 오래 두면 물이 생기므로 한 끼 먹을 만큼만 담가 먹는 것이 제일 맛있어요. 쑥갓은 잎에 광택이 있고 싱싱하며, 꽃대가 올라오지 않은 것이 좋아요. 물론 줄기의 굵기가 일정한 것도 중요하죠. 버무릴 때 손아귀에 힘을 주어 버무리면 뭉개지고 숨도 빨리 죽어 맛도 볼품도 없어져요.

풋고추소박이김치

칼칼한 맛으로 입맛 돋우고 건강까지 챙기는 별미 김치

재료
풋고추 10개, 송송 썬 부추 1큰술, 다진 당근 ½큰술,
다진 홍고추 ½큰술, 다진 양파 ½큰술
절임물_ 물 1컵, 소금 2큰술
양념_ 풀국 2큰술, 새우젓 1큰술, 멸치액젓 4큰술, 다진 마늘
1큰술, 다시마국물 3큰술, 고추씨 1큰술, 고춧가루 2큰술
※ 풀국 40쪽 참고, 다시마국물 41쪽 참고

김치, 이렇게 담가요
1_ 풋고추는 너무 크거나 작지 않은 싱싱한 것으로 준비하여 씻은 뒤 꼭지 부분이 1cm 정도 남도록 끝부분을 잘라내요.
2_ 국간 정도의 짠맛으로 절임물을 만들어 고추를 통째로 넣고 1시간 정도 절인 뒤 물기를 빼고 배를 갈라요.
3_ 그릇에 부추와 당근, 홍고추, 양파를 넣고 고춧가루를 뺀 양념을 넣고 고루 섞어요.
4_ 양념에 마지막으로 고춧가루를 넣고 다시 섞어 소를 만든 뒤 배를 가른 고추 사이로 속을 채워요.
5_ 너무 익히면 물러 아삭한 맛이 떨어지므로 바로 잘라 먹거나 실온에 2~3시간 정도 두었다가 냉장고에 넣고 먹어요.

 **종부의 노하우**

우리 집 풋고추소박이김치는 별다른 재료를 넣지 않고 재료의 맛을 그대로 살리는 것이 특징인데, 맛을 낸다고 과일을 갈아서 넣거나 밤을 채 썰어 넣거나 하지 않아요. 당장은 맛있을지 몰라도 금방 물러지고 국물이 뿌옇게 되면서 시원하게 톡 쏘는 맛이 없어지기 때문이랍니다. 색감을 내기 위해 부추와 당근, 홍고추 등을 약간씩 넣는 정도면 충분하죠. 중간 크기의 모양이 고르고 꼭지가 마르지 않은 것이 좋은 풋고추이고, 만져 보아 단단한 것이 대체적으로 매운 편이죠.

지구가 어떻게 되긴 된 모양입니다.

꽃바람이 코끝을 스치기에 이제 봄을 좀 누리나 싶었는데 5월인데도 여름이 성큼 다가온 듯 더위가 심상치 않습니다. 우리나라는 사계절이 뚜렷해 계절마다 각기 다른 맛을 지닌 식재료를 얻을 수 있어 음식하는 사람으로서 무척 즐거웠는데, 이젠 여름과 겨울만 있는 듯해 제철 재료도, 때 맞춰 찾아먹어야 할 음식에도 많은 변화가 생기고 있습니다. 덕분에 한여름에나 담가 먹던 풋고추소박이김치를 5월부터 담가 먹는 일도 자연스러워졌습니다. 풋고추가 한참인 초여름을 시작으로 여름 내내 담가 먹는 풋고추소박이김치는 더위로 입맛 없을 때 더할 나위 없이 좋은 음식입니다.

고추의 매운 성분이 우리 몸속으로 들어가 위액 분비를 촉진하여 잃어버린 식욕을 돋우고, 혈액순환을 좋게 해 기운을 발산케 하니 좋고, 또 고추에는 사과의 50배에 달하는 비타민 C가 있다니 더욱 좋죠. 게다가 덥다고 자꾸 찬 음식에 에어컨이다 선풍기를 찾게 되면 몸이 점점 냉해질 수밖에 없는데, 적절하게 매운 고추김치가 속을 따뜻하게 만들어 주거든요. 청양고추로 담그면 매운맛이 강해 많이 먹을 수 없고, 아삭이고추라고 하는 큰 고추는 씹는 맛은 좋지만 너무 커 속을 많이 채워야 하므로 간이 잘 맞지 않아요. 그래서 우리 집은 적당한 크기의 적당히 칼칼한 풋고추로만 담그죠.

풋고추소박이김치는 절이는 것이 포인트로, 고추를 삼삼한 절임물에 절였다 담그기도 하지만 아삭하게 씹는 맛을 즐기고 싶을 때는 절이지 않고 담그기도 하죠. 혹 겨울에 담글 때는 질겨지므로 절이는 과정을 생략하는 등 그때그때 방법을 달리해 가며 맛있게 담가 입맛 없을 때 한 입씩 깨물면 건강까지 챙겨주는 기특한 밥반찬입니다. 집집마다 소금의 간수를 뺀 정도가 달라 염도가 다르지만 국간 정도의 짜기로 절임물을 만든 뒤 고추를 통째로 넣고 은근하게 절여요. 이때 배를 갈라 절이면 절이는 동안 맛있는 성분이 다 빠지고 질겨지죠. 또 고추씨는 빼지 않는데, 씨를 빼면서 손이 가는 동안 단단함이 없어지면서 아삭한 맛이 떨어진답니다.

" 싱그러운 향과 아삭한 맛으로 우리의 밥상에 풋풋함을 더해 주는 오이. 그 싱그러움이 좋아 날로도 한 입씩 베어 물어가며 아삭아삭 즐기는데, 여름을 재촉하는 5월이 맛의 절정기라 할 수 있어요. 물기 뚝뚝 떨어지는 싱그러운 오이로 송송이를 담가 두면 초록색만 노르스름하게 변할 뿐 열흘이 지나도 아삭함은 그대로라 언제 먹어도 처음처럼 맛있답니다. "

몸통이 쪽 고르고 예쁘게 자라야 하거늘 농사 잘못 지었는지 휘어지고 삐뚤어지고…. 못난 오이라도 버릴 수 없어 김치도 담그고 장아찌도 담가봅니다. 오이는 몸통의 뾰족한 돌기가 스치면 아플 정도로 거칠게 튀어나와 있는 것이 신선한 것이죠. 햇볕을 충분히 받은 것은 초록색이 짙고 광택이 난답니다.

오이송송이 김치

매운 음식 시집살이 덕에 특허까지 받게 된 오이김치

"고르고 고르더니 애기를 데려 왔네!" 동네 어르신들의 소리를 들으며 24살 되던 해에 종부의 삶이 시작되었습니다. 고추보다 맵다는 시집살이, 그보다 더 무서운 음식 시집살이가 기다리고 있었고, 200여 가지가 넘는 김치를 배우고 담그느라 손끝은 언제나 고춧물로 붉게 물들어 있었죠. 매일 김치를 담그다시피 하며 44년을 김치와 함께 보냈습니다. '공들인 것은 사라지지 않는다'더니 어느새 김치 잘 담그는 종부로 소문이 나 일본, 미국 등 해외에까지 우리 전통음식인 김치 강의를 하게 됐지요. 그간의 고생이 헛되지 않음에 감사할 뿐입니다. 이에 힘입어 나씨 종가를 대표할 만한 몇 가지의 김치에 대해 특허를 받아 두었는데, 오이송송이도 그중 하나죠.

원래 '오이송송이'는 궁중에서 먹던 김치인데, 궁중에서는 깍두기를 '송송이'라 일컬었죠. 즉 오이를 깍두기처럼 작게 썰어 담갔다 하여 '오이송송이'라 이름 붙은 것으로 향긋한 오이의 향과 함께 시원하면서도 아삭한 맛이 까다로운 궁중의 입맛을 사로잡기에 충분하죠.

내림으로 이어져 온 특별하지 않은 듯 특별한 맛을 위하여 얼마나 많은 오이를 절이고 버무렸던지···. 오이는 쉽게 무르는 성질이 있어 처음 담갔을 때의 그 아삭함을 얼마나 오랫동안 유지하느냐가 맛의 포인트로 오이를 절대 잘라서 절이면 안 돼요. 가뜩이나 씨 부분이 쉬 무르는데 물까지 닿으면 하루만 지나도 바로 물컹거리게 되거든요. 선조들이 그러했듯 학독에 마른 고추 갈아가며 옛날 방식 그대로 담가 열흘이 넘어도 아삭아삭 소리까지 맛있으니 특허 받을 만한 기특한 김치입니다.

재료
오이 5개, 식초 1큰술
절임물 _ 물 2컵, 소금 ¼컵
양념 _ 마른 고추 4개, 물 2큰술, 풀국 ¼컵, 다진 마늘 1큰술, 새우가루 1큰술, 새우젓국물 1큰술, 멸치액젓 1큰술, 고춧가루 2큰술, 고추씨 3큰술
※ 풀국 40쪽 참고

김치, 이렇게 담가요
1. 오이는 통째로 씻어 그대로 절임물에 넣고 부드럽게 휘어지도록 3시간 정도 절여요.
2. 식초 1~2방울을 떨어뜨린 물에 절여진 오이를 가볍게 헹구어 소쿠리에 담아 물기를 빼요.
3. 물기 뺀 오이는 세로로 길게 십자(+)로 칼집을 넣어 4쪽으로 나눈 뒤 양쪽 끝을 잘라내고 3cm 길이로 송송 썰어요.
4. 학독에 마른 고추를 2cm 길이로 잘라 넣고 물을 부어가며 곱게 간 뒤 나머지 양념을 넣고 고루 섞어요.
5. 양념에 오이를 넣고 가볍게 버무린 뒤 바로 먹어도 좋고, 냉장고에 넣어 두고 먹어요.

 종부의 노하우

오이는 오래 주무르면 풋내가 나 맛이 없으므로 가볍게 씻어요. 헹구는 물에 식초를 떨어뜨리면 굳이 소금으로 몸통을 문질러 씻지 않아도 소독 효과가 있어 좋아요. 또 풀국을 많이 넣으면 물러지므로 주의하고, 학독이 없을 때는 마른 고추 대신 고춧가루 2큰술을 더 넣어 양념해요. 오이는 익히면 물러지고 빨리 시어지므로 익히지 말고 냉장고에 넣어 두고 먹어요.

사계절 김치 85

무말랭이 보쌈김치

갈무리해둔 무말랭이로 속을 채워 꼬들꼬들 씹는 맛 좋은

재료
무말랭이 50g, 배춧잎 10장, 쪽파 4cm 1줌,
송송 썬 갓 1줌
절임물_ 물 3컵, 소금 ⅓컵
양념_ 풀국 ⅓컵, 새우가루 1큰술, 멸치가루 1큰술, 가자미젓 1큰술, 다진 마늘 1큰술, 고춧가루 3큰술, 고추씨 2큰술
※ 풀국 40쪽 참고

김치, 이렇게 담가요

1_ 무말랭이는 물에 바락바락 주물러 먼지를 씻은 뒤 자작하게 물을 붓고 부드럽게 불려요.
2_ 배춧잎은 배추 절이듯 절임물에 담가 4시간 정도 부드럽게 절여 소쿠리에 건져 물기를 빼요.
3_ 그릇에 풀국과 멸치가루 등 분량의 양념을 순서대로 넣고 고루 섞은 뒤 불려요. 물기를 꼭 짠 무말랭이를 양념에 넣고 바락바락 주물러 맛과 색을 들여요.
4_ 무말랭이에 빨갛게 물이 들면 쪽파, 갓을 넣고 다시 버무려요.
5_ 절인 배춧잎 2장을 잎이 서로 반대 방향으로 향하도록 엇갈리게 놓은 뒤 무말랭이를 얹고 돌돌 말아요.
6_ 먹기 좋은 크기로 썰어 밥반찬으로 먹어도 좋고, 돼지고기 부드럽게 삶아 함께 곁들여요.

종부의 노하우

햇볕 쐬어가며 잘 말려 영양가 더 풍부해진 무말랭이로 김치를 담글 때에는 먼지가 없도록 비벼가며 씻은 뒤 무말랭이가 흡수하면서 불 정도의 적은 양의 물만 붓고 불려요. 흠뻑 잠기도록 물을 붓고 불리면 맛도 영양도 다 빠져버리니까요.

틈만 나면 시장에 들러 '오늘은 또 어떤 제철 채소가 나왔나' 둘러보는 것이 일상이 되었습니다. 자연이 주는 햇빛과 바람 맞으며 우리 땅에서 자란 제철 채소들을 잘 챙겨 먹는 것이 건강의 첫걸음이라는 평소의 신념 때문이죠. 아쉬운 것이 있다면 맛있게 먹을 수 있는 기간이 짧다는 것이지요. 때문에 자연의 절기에 맞춰 나온 제철에 실컷 먹고 때 놓칠세라 바지런히 갈무리를 해 두었다가 사시사철 비타민 가득한 건강밥상 차립니다.

늦은 봄에서 여름으로 건너갈 무렵 우리 집에서는 무가 한참 맛있을 지난해 겨울, 찬바람 쐬어가며 볕에 말려 두었던 무말랭이를 넣고 보쌈김치를 담가 먹습니다. 양념과 잘 어우러진 무말랭이의 꼬들꼬들 씹히는 맛이 감칠맛을 더하는데, 여기에 뜨시게 삶은 수육까지 곁들여가며 여름 무더위 당당하게 맞서기 위한 체력을 미리 다진답니다. 보쌈용으로 무말랭이를 말릴 때는 도톰하게 썰어 말려야 아작아작 씹는 맛을 즐길 수 있어 좋아요. 겨울철 우리 집 처마 밑에는 언제나 눈 맞아가며 얼었다 녹았다를 반복하며 빼들빼들하게 마르고 있는 무가 담긴 채반을 볼 수 있습니다. 이듬해 무가 맛이 없을 철에 쓰기 위해 겨울 무를 열심히 갈무리하는 것이지요. 김장하고 남은 자투리 무나 음식하다 남은 무가 있으면 무조건 썰어 볕에 말린답니다. 그것도 무침용은 가늘게, 보쌈용은 굵게, 조림용은 중간 굵기로 각각 구분하여 말리는데, 과연 무말랭이를 많이 쓰는 우리 집 답죠. 더욱이 무말랭이는 무를 햇볕에 말리는 동안 칼슘의 흡수를 도와 뼈를 튼튼하게 만들어 주는 비타민 D 등의 영양가가 더욱 풍부해진다니 얼마나 고마운 일이에요. 양념에 버무릴 때는 나중에 물이 나와 자작해지므로 처음엔 조금 뻑뻑한 듯하게 조물조물 손에 힘을 주어 버무려야 간이 고루 깊게 배어 맛있답니다. 이렇게 담은 무말랭이보쌈김치는 오래 두고 익혀 먹는 김치는 아니에요.

둘째 소박한 맛으로 가슴속 더위까지 다스려주는
시원한 여름김치 이야기

뜨거운 햇볕 내리쬐는 한여름 더위를 당해낼 장사는 없습니다. 땀 흘리랴 더위 피하랴 몸과 마음이 지치기 딱 좋은 계절이죠. 하지만 무더운 여름이라야 맛볼 수 있고 제맛인 먹을거리들이 있어 그 여름이 반갑고 즐겁습니다. 뜨거운 태양 오롯이 받아가며 하루가 다르게 쑥쑥 커가고 영글어가는 오이며 가지, 양파, 고추 등…. 싱그러운 텃밭 채소가 가득한 여름, 시원한 물 뚝뚝 떨어지는 오이로 담근 시원한 소박이도 좋고, 보리밥에 쓱쓱 비벼 먹으면 딱인 열무김치, 가슴속까지 시원하게 해주는 배추동치미도 빠뜨릴 수 없지요. 소박해도 차고 넘치는 여름 채소로 차린 건강밥상. 여름이 아니고서는 맛볼 수 없는 싱그러움 가득한 여름 밥상입니다.

뜨거운 햇살 내리쬐는 여름 한낮, 하루가 다르게 쑥쑥 자라는 텃밭의 싱그러운 채소들은 주렁주렁 열매를 맺습니다. 빼곡이 줄지어 늘어선 장독의 장이 담긴 항아리들은 때를 만난 듯 온몸으로 햇볕 받으면 맛내기에 한창이죠. 여름이 더워도 이 맛에 기다려지죠.

시원한 국물과 함께
오이소박이 물김치
여름 더위 잇게 하는 종부의 비방

재료
오이(20cm) 6개, 식초 1~2작은술
절임물_ 물 3컵, 소금 3큰술
소_ 홍고추 채 1큰술, 당근 채 1큰술, 양파 채 ⅛개분, 부추 2cm 길이 1줌, 고추씨 2큰술, 다진 마늘 2큰술, 생강즙 ⅛작은술
김치국물_ 물 3컵, 다시마국물 3큰술, 다진 마늘 1큰술, 다진 생강 ⅛작은술, 풀국 2큰술, 소금 1큰술, 고춧가루 2큰술
※ 풀국 40쪽 참고, 다시마국물 41쪽 참고

김치, 이렇게 담가요

1_ 오이는 가볍게 문질러가며 씻은 뒤 마지막 물에 식초를 떨어뜨려 헹궈요.

2_ 소금을 충분히 녹인 절임물에 오이를 넣고 부드럽게 휘어지도록 3~4시간 절였다가 건져요. 끝이 떨어지지 않도록 양쪽으로 5cm 정도를 남기고 세로로 3번 정도 칼집을 넣어요.

3_ 그릇에 채썬 홍고추와 당근, 양파와 부추를 담고 고추씨, 다진 마늘, 생강즙을 넣고 버무려 소를 만들어요.

4_ 오이의 칼집 낸 사이로 버무린 소를 채워 넣고 보관 용기에 차곡차곡 담아요.

5_ 소를 양념했던 그릇에 고춧가루를 뺀 김치국물 재료를 넣고 섞은 뒤 체에 고춧가루를 담아 국물에 들어가지 않도록 주의해가며 저어 빨갛게 고춧물만 우려요.

6_ 소를 채운 오이에 빨갛게 우린 김치국물을 붓고 실온에서 익힌 뒤 냉장고에 두고 먹어요.

 종부의 노하우

간혹 오이를 소금에 문질러 씻어야 하느냐 묻기도 하는데, 문지르는 과정에서 쉬 물러지고 아삭한 맛이 없어지므로 물에 가볍게 씻고 마지막에 식초 한두 방울 떨어뜨린 물에 헹구어 소독하는 게 더 나아요.

일 많은 종부에게

여름은 참으로 괴로운 계절입니다. 땀과 한바탕 전쟁을 치러야 하기 때문인데, 6월인데도 한여름 같은 뙤약볕이 마당 가득 들어앉기 시작하면 '올여름 더위는 또 어떻게 피하나' 걱정이 앞섭니다. 젊었을 때야 층층 시어른들 모시느라 더위 느낄 겨를도 없었을 뿐더러 "추울 때 춥고 더울 때 더운 것이 자연의 이치고, 그래야 농사도 잘 되는 게" 해가며 지냈지만 이제 나이 탓인지 기력도 예전 같지 않고 작은 일도 힘에 부치니….

그래도 더운 여름이라야 제대로 맛볼 수 있는 오이소박이물김치가 있어 그나마 여름이 반갑고 기다려지는데, 여름 초입인 5월부터 빨갛게 고춧물 풀어 여름 내내 담가 먹는 우리 집 여름 대표 물김치입니다. 칼칼하고 시원한 국물과 함께 아삭아삭 씹는 맛이 그만인 이 물김치의 맛 비결은 다 먹을 때까지 오이의 아삭함을 유지하는 것이지요. 그 첫 번째로 겉은 짜고 속은 슴슴하게 절여지도록 오이를 씻은 후 통째로 절임물에 넣어 휘어질 정도로 절였다가 꺼내어 칼집을 넣을 것. 그래야 속맛이 빠지지 않아 무르지 않아요. 같은 이치로 속맛이 빠지지 않도록 소 재료에는 간을 하지 않고 국물에 간을 합니다. 또 소에 반드시 부추를 넣는데, 부추는 오이가 쉽게 무르는 것을 막아주고, 김치를 더디 익게 하는 역할을 하므로 맛도 살리고 익는 속도도 조절하는 효과까지 있답니다. 이상의 원칙만 지킨다면 누구나 무르지 않는 아삭아삭한 맛의 오이소박이물김치를 만들 수 있답니다.

무더운 여름엔 아삭한 오이가 있어 오이소박이물김치를 맛볼 수 있죠. 소에 간을 하면 속맛이 빠져 아삭함을 잃게 되므로 간은 국물에만 하죠. 시간이 지나면서 짜게 절여진 오이의 겉 부분에서 짠맛이 우러나와 전체적으로 간이 잘 맞게 되죠.

" 오이소박이는 이름 그대로 오이를 십자(+)로 칼집을 넣고 그 사이에 소를 박아 익혀 먹는 김치로 우리 집에서는 봄부터 여름에 걸쳐 자주 해 먹는 김치 중 하나죠. 하도 무뚝뚝하고 말이 없어 하루 종일 집에 있어도 있는 둥 마는 둥 하는 남편도 아작아작하니 시원한 오이소박이 앞에서는 "시원한 오이 향도 좋고 먹고 나도 뱃속 편한 거이 여름엔 오이소박이가 최고고, 그 맛은 강순의가 최고여" 하고 안 하던 칭찬까지 합니다. "

장독대 옆에 심어둔 사과나무에 하얀 꽃이 피고 지더니 어느새 애기 주먹만 하게 열매가 맺혔습니다. 뜨거운 여름 햇볕 받아가며 실하게 영글어 가는 동안 우리 집 밥상에는 시원한 오이소박이가 수시로 오르며 여름 더위를 식혀줍니다.

오이소박이

입맛 까다로운 남편도 한 접시 뚝딱 비우는 여름김치

재료
오이 10개, 식초 1큰술
절임물_ 물 5컵, 소금 5큰술
소_ 부추 ⅓단, 홍고추 1개, 당근 채 2큰술, 송송 썬 쪽파 2큰술
양념_ 풀국 4큰술, 다진 마늘 2큰술, 고추씨 3큰술, 다시마국물 2큰술, 멸치액젓 2큰술, 고춧가루 6큰술, 새우가루 2큰술, 새우젓 1큰술, 그린 스위트 적당량
※ 풀국 40쪽 참고, 다시마국물 41쪽 참고

김치, 이렇게 담가요
1_ 오이는 가볍게 문질러가며 씻은 뒤 마지막 물에 식초를 떨어뜨려 헹궈요.
2_ 절임물에 오이를 통째로 담가 휘어질 정도로 3~4시간 절인 뒤 소쿠리에 건져 물기를 빼요.
3_ 절인 오이는 3㎝ 길이로 자른 뒤 한쪽 끝이 떨어지지 않도록 1㎝ 정도를 남기고 세로로 길게 칼집을 세 번 넣어요.
4_ 부추는 4~5㎝ 길이로 썰고, 홍고추는 채 썬 뒤 당근 채, 쪽파와 함께 그릇에 담고 양념을 넣어 버무려 소를 만들어요.
5_ 오이의 칼집 사이로 버무린 소를 채워 넣고 항아리나 용기에 담은 뒤 실온에 두어 국물이 익으면 냉장고에 두고 먹어요.

종부의 노하우

봄부터 여름까지 내내 담가 먹는 오이소박이는 아삭아삭 씹히는 맛이 상큼해 좋은데, 다른 김치에 비해 빨리 시어지므로 일주일 안에 먹을 만큼씩만 담그는 것이 좋아요. 껍질이 연한 녹색을 띠고 단면이 삼각지고 가는 재래종 오이가 적당하고, 고춧가루나 젓갈을 많이 넣으면 시원한 맛이 없어져요. 반드시 속맛이 빠지지 않도록 통째로 절여 겉은 짜고 속은 슴슴하게 해야 맛있어요.

남편은 말이 없는 사람입니다. 하루 종일 집에 있어도 있는 둥 마는 둥 몇 시간 만에 입을 열고 하는 말은 "배고픈데 뭐 먹을 거 없나", "오늘은 엄청 덥네 잉~" 정도가 전부이죠. 답답한 마음에 "내 평생 소원이 있다면 자상하게 말 걸어주는 남편하고 살아보는 거여" 하고 어깃장을 놓아보지만 듣는 둥 마는 둥 하며 "어허 그려?"가 끝이죠. 그런 남편도 밥상 앞에서는 그나마 말문이 좀 트이는데, 당신이 좋아하는 오이소박이 앞에서는 그런 대로 대화가 되는 편입니다. 다른 김치가 많아 어쩌다 빠뜨리면 "여름에 오이소박이가 없으면 서운하지" 해 가며 찾죠. 못 이기는 척 상에 올리면 "왜 딴 사람들은 이 맛을 못낼까 잉~", "식당 같은 곳에서도 매일 김치를 담그니 선수일 텐데 아삭한 맛이 없어. 비법이 있는가?" 하죠. 남편이 어쩌다 하는 칭찬인지라 신이 나서 설명을 합니다.

"오이는 씨가 많으면 쉬 무르기 때문에 봄에 나오는 것이 연하고 씨가 없어 소박이를 담기에는 최고 맛있고, 절일 때는 통째로 부드럽게 휘어지도록 절이되 속은 심심하고 겉은 짭짤하게 절여야 하고, 젓갈과 고춧가루는 적게 넣어야 아작아작 씹는 맛도 좋고 시원한 맛이 나는 거여" 하며 일장 연설을 하면 "그래 잉~, 오이 향도 좋고 먹고 나면 입안도 개운하고 뱃속도 편한 거이 여름에 오이소박이가 최고고, 그 맛은 강순의가 최고여" 하고는 자리를 떠 또 덩그러니 혼자가 됩니다.

열무김치
깔끔하게 담가 먹는 여름김치
열무 외에는 아무것도 넣지 않고

재료
열무 2단
절임물_ 물 5컵, 소금 ½컵
양념_ 마른 고추 7개, 다시마국물 또는 물 ½컵, 새우젓 3큰술,
멸치가루 1큰술, 풀국 1컵, 다진 마늘 3큰술, 고추씨 ½컵,
멸치액젓 3큰술, 고춧가루 2큰술
※ 풀국 40쪽 참고, 다시마국물 41쪽 참고

김치, 이렇게 담가요

1_ 열무는 칼로 무 껍질을 긁어가며 잔뿌리와 시든 잎을 다듬고 풋내가 나지 않도록 살랑살랑 흔들어가며 씻어요.
2_ 절임물을 만들어 무를 담근 뒤 중간에 1~2번 뒤집어가며 1시간 30분 정도 절였다가 소쿠리에 건져 물기를 빼요.
3_ 학독에 마른 고추를 3cm 길이로 잘라 넣고 다시마국물을 부어가며 곱게 간 뒤 새우젓과 멸치가루를 넣고 다시 갈아요.
4_ 마른 고추 간 것에 나머지 양념을 넣고 고루 버무려요. 여기에 절인 열무를 넣고 훌훌 털어가며 어우러지게 버무려요.
5_ 갓 버무려 겉절이로 먹어도 좋고, 실온에 두어 김치국물이 익기 시작하면 냉장고에 두고 먹어요.

종부의 노하우

열무는 오래 절이면 김치가 쉽게 물컹해지고 덜 절이면 물이 많이 생겨 양념과 잘 어우러지지 않아요. 여름 열무는 한 단이라도 양이 적으므로 물 5컵에 소금 ½컵을 넣고 절임물을 만든 뒤 1~2번 뒤적여가며 1시간 30분 정도 절이되 잘라서 절이면 단맛이 빠져나가므로 항상 통째로 절인답니다. 특히 열무는 다른 재료에 비해 풋내가 더 심하므로 반드시 씻어서 절이고 그대로 건져 물기를 빼지요.

유난히 더위에 약하다 보니 여름만 되면 온몸이 땀으로 범벅입니다. 집안 곳곳 손대야 할 일이 산더미인데 땀까지 한몫 거드니 얄궂기만 합니다. 시어른들 살아 계실 때에는 더위도 '덥다' 말 한마디 못하고 여름을 지냈습니다. 시어른들 어렵기도 하고 일에 치여 사느라 표시도 못 냈지요. 그때의 한풀이라도 하듯 육십 넘어서 "에고 덥다 에고 더워" 혼잣말로라도 합니다. 한바탕 땀을 쏟고 나면 속은 허한데 입맛도 없고…. 그렇다고 불 써가며 이것저것 해먹기도 귀찮아 멍하니 있자니 친정엄마 생각이 절로 납니다. 여름 한낮 더위가 지는 해와 함께 살짝 누그러들면 엄마는 대바구니 옆에 끼고 집 앞의 작은 텃밭으로 향하셨습니다. 오이에 고추·상추 등 언제든 후두둑 뜯어 찬거리를 만들 수 있는 채소들을 심어둔 텃밭인데, 싱싱한 채소를 두루 갖춘 시장을 옆에 두고 사는 격이죠. 어렸을 때 엄마가 차려준 시골밥상은 참 소박했습니다. 밥물이 끓어오를 때쯤 올려 찐 부드러운 달걀찜에 쭉쭉 찢어 무친 가지무침, 된장에 풋고추, 열무김치까지. 그랬습니다. 여름이 되면 텃밭에 자라고 있는 여린 무를 부지런히 뽑아다가 열무김치로 가족의 입맛을 돋우셨던 엄마.

당진에서 나주로 딸이 시집을 가던 길 친정엄마는 트럭에 7개의 학독을 실어주었습니다. 김치 맛있게 담가 시어른과 남편에게 사랑 듬뿍 받는 며느리, 아내가 되었으면 하는 마음에서였겠지요. 더위로 손가락 하나 까딱하고 싶지 않지만 친정엄마가 그러하셨듯 달랑달랑 손톱만 한 무 달린 열무 다듬어 학독에 마른 고추 쓱쓱 갈아 열무김치를 담급니다. 여름 열무는 자체로도 연하고 맛이 좋으므로 열무 외에는 아무것도 넣지 않아도 맛나죠. 풋내가 나지 않도록 훌훌 털어가며 버무려 투박하지만 가족 위한 정성 가득 담아 소박한 시골밥상 차려봅니다.

열무물김치

국물 맛이 좋은 단골 물김치
가슴속까지 쩅해지는 시원한

재료
열무 1단, 대추 4~5개, 홍고추 1개
절임물_ 물 3컵, 소금 ¼컵
김치국물_ 물 4컵, 다시마국물 2컵, 다진 마늘 1큰술, 소금 1큰술, 고춧가루 3큰술, 풀국 2큰술, 그린 스위트 약간
※ 풀국 40쪽 참고, 다시마국물 41쪽 참고

김치, 이렇게 담가요

1_ 열무는 벌레 먹거나 시든 잎을 다듬어 씻은 뒤 절임물에 담가 1~2번 뒤적여가며 1시간 20분 정도 절여요. 소쿠리에 건져 물기를 뺀 뒤 대추를 씻어 용기에 함께 담아요.

2_ 그릇에 분량의 물과 다시마국물을 붓고 다진 마늘과 소금을 넣고 휘휘 저어 풀어요.

3_ 고운 체에 고춧가루를 얹고 아랫부분을 적셔가며 숟가락으로 저어 국물에 빨갛게 고춧물을 들인 뒤 풀국과 그린 스위트를 넣고 섞어 김치국물을 만들어요.

4_ 절인 열무에 김치국물을 붓고 홍고추를 송송 썰어 얹은 뒤 실온에 하루 정도 두어 알맞게 익힌 다음 냉장 보관해두고 먹어요.

여름 열무는 연해서 너무 오래 절이면 쪼그라들고 질길 수 있으니 소금물에 1시간 20분 정도 절이되 줄기가 가는 것은 덜 절이고, 굵은 것은 더 절이는 등 열무의 상태에 따라 조절하지요. 혹시 짜게 절여졌다면 국물에 간을 하지 않고 담갔다가 2시간 후에 확인하고 소금으로 부족한 간을 맞춰요.

더운 여름 밥상에 빠지면 서운한 김치가 열무김치(96쪽)와 열무물김치죠. 열무는 '어린 무'라는 뜻으로 봄과 여름에는 노지에서 40일 정도 자라면 우리 밥상에 오를 수 있는데, 재배기간이 짧은 만큼 잎과 뿌리가 연하여 김치를 담그면 맛이 아주 좋지요. 게다가 제철을 맞아 가격 또한 저렴하니 서민들에게 더할 나위 없이 좋은 김칫거리죠. 우리 집에서는 봄부터 여름 내내 연한 열무로 담글 수 있는 열무김치(96쪽)와 열무물김치를 번갈아 담아가며 입맛을 돋운답니다.

특히나 열무물김치는 더운 여름 국이나 찌개를 대신할 수 있어 너무 좋은데, 뒤꿈치가 아프도록 하루 종일 동동거리다 보면 국 한 가지만 안 끓여도 되는 일이 어찌 그리 반가운지…. 어찌 되었거나 일손 덜어주는 고마운 열무김치는 새콤하게 잘 익은 국물을 살얼음 동동 뜨게 얼렸다가 한 그릇 푸짐하게 담아내면 더위로 잃은 입맛 살려주는 데는 최고죠.

아작아작 씹히는 열무 맛도 좋거니와 국물 쭉 들이켜면 거짓말 조금 보태 뼛속까지 시원해지는 맛을 어찌 설명할지. 이렇게 먹는 것이 아쉽거나 부족하다 싶으면 쫄깃하니 국수 삶아 국물 넉넉하게 말기도 하고, 보리밥에 고추장과 함께 쓱쓱 비벼 먹기도 하는데 어떻게 먹어도 입맛 확실하게 살려주는 여름철 대표 물김치죠. 특히 여름 열무는 잎이 연해 너무 많이 치대면 풋내가 나므로 씻을 때나 김치를 담글 때도 살살 다뤄야 풋내가 나지 않고 맛있어요. 전체적으로 적당히 짠 맛이 들도록 고르게 절이고 국물은 싱겁게 간을 맞춰야 전체 간이 잘 맞아 맛있어요. 반드시 2시간 후 간을 확인하고, 고춧가루를 많이 넣으면 국물이 텁텁해지므로 색만 들이는 정도가 적당해요.

양파김치
달착지근한 맛의 보약 김치
매콤한 맛 싹 가시고

> 하루에 반쪽씩만 먹으면 콜레스테롤 걱정 없다고 하는 양파로 담근 건강 김치죠. 초여름 햇양파의 아삭한 맛을 그대로 즐겨도 좋고, 익히면 단맛이 우러나 김치의 감칠맛을 더하므로 숙성시켜 먹어도 너무 맛있는 별미 김치랍니다.

양파는 황토 흙에서 자란 것이 단단하고 아삭하며 단맛이 좋지요. 즙도 풍부하고요. 뿌리에 황토 흙이 묻은 것으로 고르고, 양파도 암수가 있는데, 양파김치에는 납작한 숫 양파보다는 자그마하니 뾰족하고 야무지게 생긴 암 양파가 좋아요.

여름 초입에 들어서면 그냥 먹어도 달착지근하니 맛 좋은 햇양파를 시작으로 가족 건강지킴이 역할을 톡톡히 하는 양파김치를 담가 먹기 시작합니다. 빠르면 4월부터 출하되는 햇양파는 모든 햇것이 그렇듯 연하고 부드러우며, 수분이 많아 아삭아삭 씹는 맛이 참 좋아요. 매운맛이 적은 편이며 씹을수록 단맛이 우러나 김치를 담가도 그 맛이 그만인데, 양파김치는 가족 건강을 위해 일부러라도 챙기는 김치랍니다. '무병장수하려면 하루에 양파 반쪽씩 먹어라'는 말이 있듯이 만병통치약으로까지 불리는 양파의 효능 때문이죠. 딴것은 다 그만두고라도 양파를 까거나 썰 때 눈물까지 흐르게 하는 매운 성분이 우리 몸에 발암물질을 발생시키는 독소를 제거하는 효소를 활발하게 해준다고 하고, 기름진 음식을 먹어 몸속이나 혈액, 혈관 등에 쌓인 불필요한 지방과 콜레스테롤을 없애준다고 하니까요. 또 중국인들이 매끼 기름에 볶은 음식을 먹고도 건강한 이유가 양파를 즐겨 먹기 때문이라죠.

더군다나 양파는 익혀도 성분에 변화가 없다고 하니 찌개나 볶음 등에도 듬뿍듬뿍 넣어 먹고, 제철에 장아찌나 김치 등도 열심히 담가 먹어 가며 건강을 챙깁니다. 이러한 노력 덕분인지 육십을 훌쩍 넘긴 우리 부부는 남들이 나이 들어 고생하는 동맥경화 등으로 고생은 하지 않으니 다행이다 싶습니다. 음식이라는 것이 한 끼 먹는다고 마법처럼 몸이 금방 좋아지거나 하지는 않죠. 하지만 매끼 조금씩이라도 꾸준히 먹는 것, 그것이 우리 몸을 건강하게 만들 수 있는 비책이죠. 어쩌다 먹는 보약보다 매일 먹는 음식이 얼마나 중요한지 젊을 때는 몰라도 나이 들면 그 진리를 깨닫게 된답니다. 몸 아픈 것만큼 아무것도 할 수 없는 것은 없으니까요.

재료
양파 4개, 당근 채 1큰술, 송송 썬 부추 2큰술, 다진 홍고추 1작은술
절임물_ 물 1컵, 소금 1큰술
양념_ 고춧가루 2큰술, 고추씨 1큰술, 다진 마늘 ½큰술, 새우젓 ½큰술, 멸치액젓 2큰술

김치, 이렇게 담가요
1. 양파는 너무 크지 않은 것으로 준비하여 껍질을 벗기고 밑동을 잘라 씻어요.
2. 밑동 부분이 잘리지 않도록 2cm 정도를 남기고 깊게 칼집을 넣어 8쪽으로 나누어요.
3. 절임물에 칼집 넣은 부분이 절여지도록 밑동이 위로 향하게 넣고 30분 정도 절여요. 부드럽게 절여지면 건져 물기를 빼요.
4. 그릇에 양념을 넣고 고루 섞은 뒤 당근 채, 부추, 홍고추를 넣고 섞어 소를 만들어요.
5. 절여진 양파의 칼집 넣은 부분에 소를 채워 넣고 남은 양념으로 겉을 발라요. 실온에 그대로 3~4시간 두었다가 간이 들면 냉장고에 넣어두고 먹어요.

 종부의 노하우

양파를 절이지 않고 담그면 아삭아삭 씹는 맛이 좋지만 잘 벌어지지 않아 소를 채워 넣기가 힘들 수 있어요. 그래서 슴슴한 절임물에 30분 정도 절였다가 소를 채워 넣는답니다.

" 양배추는 뻣뻣해 그대로 잎을 떼면 부러지므로 밑동을 동그랗게 홈을 파듯 잘라내고 거기에 절임물을 붓고 절여요. 절이는 동안 이파리 사이사이에 물이 스며들어 틈이 잘 벌어지기도 하고 잘 떼어진답니다. 부드럽게 휘어지도록 충분히 절여야 모양이 잘 만들어지고, 이파리와 줄기 부분이 굵기가 다르므로 지그재그로 놓아야 두께가 맞아 예쁘게 잘 말아진답니다. "

양배추백김치

담백하고 시원한 맛
은은한 깻잎 향이 어우러진

양배추의 넓은 잎만 따로 모아 잘 삭은 깻잎과 함께 돌돌 말아 담가 먹는 우리 집 여름 별미랍니다. 달착지근하고 아삭한 양배추와 은은한 깻잎 향이 입안 가득 퍼져 더위에 지칠 대로 지친 몸과 마음에 생기를 불어넣어 주죠. 겨울김치가 저장하고 숙성시켜 맛을 낸다면 여름김치는 제철 재료의 신선하고 아삭한 맛을 그대로 살리는 것이 맛내기 포인트인지라 고춧가루를 넣지 않고 하얗게 백김치로 담근답니다. 모두들 대체 무슨 맛일까 궁금해 하는데 잘 익혀 냉장고에 두었다가 꺼내 놓으면 깻잎 향과 어우러진 아삭함은 기본이거니와 충분히 우러난 양배추의 달큰하면서도 시원한 맛에 "어머 이런 김치도 다 있어요?" 하고 다시 한번 맛보게 되죠.

특히나 담백하고 개운한 맛은 매운맛을 싫어하는 아이들이나 자극적인 맛이 부담스러우신 어르신, 김치를 처음 접하는 외국인에게 인기가 꽤나 높답니다. 양배추 사이에 넣는 깻잎은 지난해 가을에 삭힌 것으로, 가을의 끝물에 노릇하게 물든 단풍깻잎 300장 정도를 물 5컵에 소금 2컵을 넣고 돌로 눌러가며 짭짤하게 삭힌 것입니다. 짜게 절여진 이 깻잎은 충분히 우리지 않으면 소금 찌든 내가 나므로 물에 담가 우린 뒤 살짝 끓여 짠맛을 빼고 부드럽게 해야 해요. 또 깻잎에서 짠맛이 우러나므로 특별히 김치 간을 진하게 하지 않아도 전체 간이 잘 맞는답니다.

재료
양배추 ½통, 삭힌 단풍깻잎 20장, 송송 썬 갓 1줌, 송송 썬 쪽파 1줌, 양파 채 약간

절임물_ 물 3컵, 소금 3큰술
양념_ 풀국 1컵, 다진 마늘 1큰술, 새우젓 1큰술, 멸치액젓 1큰술, 고추씨 ½컵
※ 풀국 40쪽 참고, 삭힌 단풍깻잎 262쪽 참고

김치, 이렇게 담가요

1_ 양배추는 밑동의 심 부분을 동그랗게 잘라 파낸 뒤 절임물을 만들어 밑동 쪽에 붓고 6시간 정도 절여요. 부드럽게 절여지면 한 잎씩 떼어 물기를 빼요.

2_ 삭힌 단풍깻잎은 짠맛이 우러나도록 물에 담갔다가 헹궈 물기를 꼭 짜요. 냄비에 담고 들뜨지 않도록 돌로 누른 뒤 물을 붓고 2~3분 정도 끓여 다시 물기를 꼭 짜지요.

3_ 송송 썬 갓과 쪽파, 양파 채는 그릇에 풀국을 비롯한 양념과 함께 넣고 고루 버무려요.

4_ 양념을 그릇 한쪽으로 몰아 놓고 절인 양배추의 잎과 줄기 부분을 지그재그로 얹어 김 정도의 크기로 네모지게 펴요.

5_ 양배추 위에 깻잎을 2장씩 전체에 고르게 얹은 뒤 양념을 얹고 말듯이 반 접어요. 용기에 담아 실온에 두었다가 익기 시작하면 냉장고에 넣고 숙성시켜 간이 고르게 들고 먹기 좋게 익으면 한 켜씩 꺼내어 썰어 담아요.

"양배추 겉잎은 쉽게 떨어지므로 따로 두었다가 양배추백김치나 쌈 등 다른 요리에 활용하고, 안쪽에 작게 옹기종기 모여 있어 활용도가 떨어지는 부분을 이용해요. 잎이 두꺼워 쉽게 절여지지 않으므로 시간적인 여유가 있을 때는 슴슴한 소금물에 오랜 시간 절이고, 빨리 절이고 싶을 때는 소금 양을 늘려 절임물을 짜게 만들어 절여요. 양배추 겉절이는 버무려 금방 먹는 김치로 익으려고 할 때쯤 떨어져야 해요."

재배기술이 좋아져 사계절 어느 때나 먹을 수 있는 양배추지만 진짜 맛있을 때는 수확이 한창인 여름철이죠. 묵직하니 속이 꽉 찬 양배추 한 통이면 잎이 넓은 겉잎은 겉잎대로, 오글거리는 속잎은 속잎대로 나누어 제각각 모양에 맞는 여름김치를 담급니다.

양배추겉절이
더위 이기는 것은 기본 위가 튼튼해지는 영양 김치

초여름의 문턱에 들어서면 묵직하게 속이 꽉 들어찬 양배추 한 통을 삽니다. 지난해 9~10월에 파종했던 양배추가 수확철을 맞아 단맛이 한창 좋을 때이기도 하고, 신경 쓸 일 많아 헐어버린 위를 튼튼하게 해주는 비타민이 풍부하다고 하니 시원한 맛의 영양 김치를 담글 요량이지요. 주부들은 항상 가족의 건강을 위해 고민하는데, 우리 몸은 제철 채소만 잘 골라 먹어도 필요한 영양소를 충분히 섭취할 수 있다고 합니다.

제철 채소에는 계절마다 자연이 주는 에너지가 고스란히 담겨 있기 때문이죠. 따라서 여름철 양배추로 담근 김치는 맛은 물론이거니와 영양까지 풍부한 보양김치인 셈이죠. 더욱이 양배추 한 통이면 재료의 특성상 두 가지의 김치를 담글 수 있는데, 겉쪽의 넓은 잎은 양배추백김치(102쪽)를 담그고, 안쪽의 오글거리는 작은 잎은 양배추겉절이를 담근답니다. 김치강의 때 두 가지 김치를 함께 가르쳐 주면 응용의 폭이 넓어져서인지 굉장히 좋아들 하죠. 양배추뿐만 아니라 어떤 재료든 이렇게도 담가 보고 저렇게도 담가 보곤 하는데, 젊은 세대가 우리 김치를 좀 더 쉽고 맛있게 많이 담가 먹을 수 있는 방법을 찾기 위해 항상 노력 중이랍니다.

양배추겉절이는 양배추 특유의 달큰하면서도 시원한 맛이 좋아 여름뿐 아니라 사철 담가 먹어도 좋은 김치로 배추로 담근 김치와는 또 다른 맛을 느낄 수 있지요. TV에서 보니 양배추에는 위를 보호하는 비타민 U뿐만 아니라 암을 억제하는 비타민 C를 비롯하여 백혈구 수를 늘려주는 성분이 다량 함유되어 있다고 해요. 게다가 마늘 다음으로 대장암과 위암을 예방하는 식품으로 꼽았다고 하니 김치도 담가 먹고 쌈도 싸 먹고…. 일부러라도 챙겨 먹어 가며 아프지 말고 살아야겠다 싶습니다.

재료
양배추(안쪽 부분) ½통, 쪽파 3cm 길이 1줌
절임물_ 물 3컵, 소금 3큰술
양념_ 풀국 ½컵, 고춧가루 2큰술, 고추씨 2큰술, 멸치액젓 1큰술, 다진 마늘 1큰술
※ 풀국 40쪽 참고

김치, 이렇게 담가요
1_ 양배추는 한 입에 먹기 좋도록 작게 자른 뒤 절임물에 6시간 정도 담가 절여요. 충분히 부드럽게 절여지면 소쿠리에 담아 물기를 빼요.
2_ 그릇에 풀국, 고춧가루, 고추씨 등 준비한 양념을 넣고 쪽파를 넣은 뒤 고루 섞어요.
3_ 양념을 한쪽으로 몰고 절인 양배추를 넣은 뒤 고루 어우러지도록 버무려요. 갓 버무려서 바로 먹어요.

가지김치

자색의 고운 빛으로 지친 입맛에 생기를 주는 소박한 여름김치

> 고운 빛깔로 지친 여름 입맛에 생기를 주는 가지로 담근 여름 별미 김치. 양념과 어우러진 부드러우면서도 담백하고 산뜻한 감칠맛이 그만인 가지김치는 **겉절이처럼 양념하여 바로 먹을 수 있는 즉석김치예요.** 한낮의 찌는 듯한 더위로 꼼짝하기 싫은 점심에 식은 보리밥에 한 쪽씩 척척 얹어 먹으면 그만이죠.

친정인 충청도에서는 양념을 많이 넣지 않고 김치를 담가 담백하고 소박한 맛으로 먹죠. 여름 채소가 한창일 때는 가지나 호박 등을 따다가 쓱쓱 버무린 맛김치가 빠지지 않았습니다.

그 옛날 후드득~ 소리 내며 몰아치던 소나기 그친 뒤 가지 밭은 꽃을 보듯 예뻤습니다. 빗방울이 힘겨웠던지 노란 꽃씨를 품고 다소곳이 고개 숙인 도라지꽃처럼 생긴 보랏빛 가지꽃도 예쁘거니와 초록잎 사이로 매달려 있는 자주빛의 실한 가지들이 어쩜 그리 예쁘고 기특하기까지 했던지….

그 때문일까요? 지금도 시장이나 마트에 주인을 기다리며 한 무더기로 쌓여 있는 가지를 보면 어린 시절 가지밭의 가지가 생각나 꼭 한두 개씩 사게 된답니다. **예쁘게 잘 자라주어 기특하기까지 했던 자색의 윤기 반지르르한 가지는 여름에 맛볼 수 있는 채소 중 하나예요. 다른 채소에 비해 영양 가치는 그다지 우수하지 않지만 식욕을 돋우는 고운 빛깔로 지친 여름 입맛에 생기를 불어넣기에 충분하죠.**

주로 나물이나 냉국으로 밥상에 올리지만 가지김치도 빠뜨릴 수 없습니다. 짭조름한 양념과 어우러진 부드러우면서도 산뜻한 감칠맛에 반해 '어서 여름이 되었으면…' 하고 은근히 가지의 계절을 기다리게 되죠. 더욱이 가지는 몸을 차갑게 하는 효과가 있어 여름에 먹기에 더없이 좋은 채소랍니다. 너무 큰 가지는 늙은 것으로 씨가 많으므로 피하고, 몸통이 쪽 고르고 꼭지가 너무 크지도 작지도 않으면서 까슬까슬한 가시가 붙어 있는 것, 색이 짙고 생기가 있어 보이는 것이 맛있습니다.

재료
가지 2개

절임물_ 물 1컵, 소금 1큰술
소_ 당근 채 반줌, 쪽파 1cm 길이 1줌, 어슷 썬 홍고추 ½개분
양념_ 멸치액젓 1큰술, 다시마국물 1큰술, 고춧가루 1큰술, 고추씨 1큰술

※ 다시마국물 41쪽 참고

김치, 이렇게 담가요

1_ 가지는 짙은 자줏빛의 몸통이 쪽 고르고, 꼭지에 가시가 있는 것으로 골라 꼭지를 따고 씻어요. 5cm 길이로 토막썰기 해요.

2_ 오목한 그릇에 절임물을 만들어 자른 가지를 세워 넣고 30분 정도 담가 절여요.

3_ 가지가 부드럽게 절여지면 꺼내어 끝이 떨어지지 않도록 1cm 정도를 남기고 절여진 쪽에 십자(+)로 칼집을 넣어요.

4_ 당근, 쪽파, 홍고추를 그릇에 담고 양념을 넣어 고루 버무려 소를 만들어요.

5_ 오이소박이 담듯이 가지의 칼집 사이로 소를 채워 넣고 속까지 간이 들도록 2~3시간 두었다가 먹어요.

 **종부의 노하우**

가지는 수분을 흡수하는 성질이 있으므로 소금물에 살짝 절여주는 것이 좋은데, 가지를 4~5cm 길이로 자른 뒤 세워서 절이는 것이 포인트. 절여진 부분에 십자(+)로 칼집을 넣고 양념한 소를 채워 넣어요.

> 작년 가을에 갈아 두었던 고춧가루가 해를 넘기면서 맛과 영양이 떨어지기 시작하니 학독에 마른 고추 갈아 맛과 영양을 더해가며 여름김치를 담급니다. 세상에 거저 얻어지는 것은 없는 법이니 수고스럽더라도 2~3일 잘 익혀 맛보는 그 김치맛 못 잊어 학독 고집하며 맛김치를 담그지요.

얼갈이 알배추김치

포기째 담가 익혀 먹는 김치
감칠맛이 좋아 한여름에

얼갈이걸절이(110쪽)가 더운 여름 즉석 겉절이로 후다닥 버무려 먹어야 맛있다면 포기김치로 담은 얼갈이 알배추김치는 감칠맛이 살도록 2~3일 정도 적당히 익혀야 제 맛이에요. 파릇하니 싱그러움이 입안 가득한 이 두 김치는 얼갈이가 출하되는 봄부터 여름 내내 학독에 고추 갈아가며 담가 먹는 김치죠. 이른 봄 단단하게 언 땅을 갈아 심었다 하여 '얼갈이'라 이름 붙여졌는데, 30~40일 정도면 다 자라는 수확이 빠른 배추로 물이 많아 아삭하게 씹는 맛이 아주 좋죠. 덕분에 별다른 양념 없이도 쓱쓱 버무려 김치를 담그면 봄이고 여름이고 입맛 살리는 풋풋한 김치로 둘째가라면 서럽죠. 살짝 데쳐 된장국을 끓여도 달착지근한 맛이 좋고요.

얼갈이는 수분이 많은 만큼 풋내가 나기 쉽죠. 가볍게 씻은 뒤 짜지 않게 절이고, 절인 후에는 어쩌다가 너무 짜게 절여졌다 싶을 때를 제외하고는 헹구지 않고 소쿠리에 담아 물기만 뺀 뒤 양념에 버무리죠. 버무릴 때도 풋내가 나기 쉬우므로 가볍게 양념을 발라가며 버무리고, 잎사귀보다는 간이 쉽게 안 드는 줄기 쪽에 양념을 발라 전체 간을 조절해요. 그리고 우리 집에서는 봄과 여름에 담그는 김치에는 학독에 마른 고추를 갈아 담그는 일이 많은데, 고춧가루만 넣고 담글 때보다 빛깔이 고울뿐더러 칼칼한 맛 또한 훨씬 풍부해지죠. 작년에 빻았던 고춧가루가 해를 넘기면서 맛과 영양이 떨어지기 시작하니 마른 고추로 보충하는 것인데, 번거롭고 힘들어도 맛있는 김치를 맛보기 위해서는 어쩔 수 없지요. 세상에 거저 얻어지는 것은 없는 법이니까요.

재료
얼갈이배추 3포기, 쪽파 3~4cm 길이 1줌, 부추 3~4cm 길이 1줌
절임물_ 물 5컵, 소금 ½컵
양념_ 마른 고추 10개, 다시마국물 또는 물 3큰술, 새우젓 1큰술, 멸치액젓 4큰술, 풀국 ½컵, 다진 마늘 1큰술, 고추씨 3큰술, 고춧가루 2큰술
※ 풀국 40쪽 참고, 다시마국물 41쪽 참고

김치, 이렇게 담가요
1_ 얼갈이배추는 포기째 다듬어 씻은 뒤 속대의 줄기 쪽에 소금(¼컵)을 뿌리고 나머지 소금(¼컵)으로 절임물을 만들어 담가 절여요.
2_ 얼갈이배추는 한두 번 뒤집어가며 1시간 정도 부드럽게 절인 뒤 체를 받쳐 물기를 빼요.
3_ 학독에 마른 고추를 3cm 길이로 잘라 넣고 다시마국물을 부어가며 곱게 간 뒤 나머지 재료를 넣고 고루 섞어 양념을 만들어요.
4_ 양념에 쪽파와 부추를 넣고 다시 섞은 뒤 물 뺀 얼갈이배추를 넣고 속부터 양념을 발라가며 고루 버무려요.
5_ 깨를 뿌려 겉절이처럼 먹어도 좋고, 실온에 두어 살짝 익혀 냉장고에 두고 숙성시켜 먹어도 좋아요.

얼갈이겉절이
잎안 가득 물기 배어나는 시원하고 아삭아삭한 맛

" 갓 버무린 얼갈이겉절이는 시원하고 상큼한 맛이 그만입니다. 새콤한 맛이 나도록 익혀 먹으면 감칠맛이 나 요즘처럼 여름 더위가 한창일 때 담가 먹기에 적당한 여름김치죠. 파릇하니 식욕이 절로 나는 얼갈이겉절이는 넉넉하게 버무려 겉절이로 바로 먹을 한두 끼 분량만 덜어 설탕을 약간 넣어 단맛을 내고, 나머지는 그대로 두고 먹어요. 익혀 먹는 김치에 설탕을 넣으면 군내가 날 수 있어 넣는 일이 없는데, 여름 김칫거리들은 단맛이 부족할 수 있기도 하고, 바로 먹는 것이므로 가끔 설탕을 가미하기도 해요. "

여름김치에는 고춧가루로만 버무리는 것보다 마른 고추를 직접 갈아 넣으면 빛깔도 곱고 맛과 영양을 더할 수 있어서 학독을 고집하죠. 학독이 없을 때는 약간의 물을 붓고 분쇄기에 거친 느낌이 나도록 갈아야 해요. 말리지 않은 홍고추를 사용하면 빛깔은 고운데 김치가 빨리 시어진답니다.

재료
얼갈이배추 1단(1kg), 쪽파 4cm 길이 1줌

절임물_ 물 5컵, 소금 ½컵

양념_ 마른 고추 8개, 다시마국물 또는 물 3큰술, 멸치가루 2큰술, 새우젓 건더기 1큰술, 풀국 8큰술, 다진 마늘 1큰술, 멸치액젓 4큰술, 새우젓국물 2큰술, 고추씨 3큰술, 고춧가루 1큰술

※ 풀국 40쪽 참고, 다시마국물 41쪽 참고

김치, 이렇게 담가요

1_ 얼갈이배추는 밑동을 자르고 다듬은 뒤 긴 것은 먹기 좋게 이등분하여 씻어요.

2_ 얼갈이배추는 금방 숨이 죽으므로 절임물에 넣고 1시간 미만으로 절인 뒤 부드러워지면 소쿠리에 건져 물기를 빼요.

3_ 학독에 마른 고추를 3cm 길이로 잘라 넣고 다시마국물을 부어가며 곱게 간 뒤 멸치가루와 새우젓 건더기를 넣고 다시 갈아요.

4_ 학독에 나머지 양념을 넣고 고루 섞은 뒤 물 뺀 얼갈이배추를 넣고 풋내가 나지 않도록 훌훌 털듯이 가볍게 버무려요. 쪽파를 넣고 다시 버무려 바로 먹을 것에만 약간의 설탕을 넣어요.

여름이 덥기는 해도

찬거리가 걱정인 주부들에게는 더없이 고마운 계절일 수 있습니다. 시장 어디를 가도 갓 수확한 싱싱한 채소들이 넘쳐나니 이것저것 한두 가지만 사도 푸짐한 건강 밥상을 차릴 수 있기 때문인데, 손바닥만 하게 자란 연한 잎 뚝뚝 끊어 묶어 파는 호박잎 한 단만 사도 까슬까슬한 솜털마저 정겹게 느껴지는 고향 밥상이 뚝딱이죠. 구수한 쌈장과 함께 보드랍게 찐 호박잎 푸짐하게 담아내면 그만이니까요. 밭에서 막 캐낸 올망졸망한 알감자도 반갑죠. 껍질째 씻어 넣고 고슬고슬 밥을 지어 큼지막한 그릇에 푸짐하게 담아내면 포슬한 감자 골라 먹어가며 '시골 기분 난다'며 좋아라합니다. 텃밭에서 나는 채소 후드득 뜯어다 차린 소박한 밥상이 고기 찬 가득한 기름진 밥상보다 맛있다는 것을 알고 있기 때문이겠죠.

더위에 장사 없다고 여름이 정점을 향해 치달을 때쯤이면 왕성한 식욕 자랑하는 사람 별로 없습니다. 뱃속 냉하게 시원한 것이나 찾아 쌌는데, '뭘 해주면 입맛 확 돌아올까?' 고민도 잠시 이럴 땐 칼칼한 양념에 쓱쓱 버무린 얼갈이겉절이만 한 게 또 있나 싶어 손이 또 바빠집니다.

나른한 봄, 고소한 봄동겉절이(48쪽)로 입맛 돋우었다면 여름엔 입안 가득 물기 배어나는 아삭아삭한 얼갈이겉절이가 최고죠. 얼갈이는 속이 꽉 차지 않고 잎이 성글게 자란 배추로 수분이 많아 파릇파릇하니 싱싱하고 씹는 맛이 그만이죠. 고춧물 빨갛게 들인 김치국물 넉넉하게 붓고 얼갈이물김치를 담아도 좋고, 학독에 마른 고추 거칠게 간 뒤 멸치액젓 넣고 짭조름하게 양념 만들어 조물조물 맛깔스럽게 겉절이로 버무려 놓으면 어서 밥 달라고 성화죠. 풋풋하고 상큼한 맛으로 입맛을 돋우는 얼갈이겉절이는 버무려 바로 먹어도 좋고, 새콤하니 신맛이 돌도록 익혀 먹어도 맛이 좋은데 신맛이 살짝 돌 때 뜨신 밥에 고추장 넣고 쓱쓱 비벼 먹는 맛이 여름 별미로 최고죠.

막김치

후다닥~ 버무려 먹는 밥반찬
절인 배추 또각또각 썰어

" 포기김치보다 모양은 없지만 손쉽게 쓱쓱 버무려 더위에 지친 입맛을 돋을 수 있어 좋지요. 막김치라는 이름 때문인지 아니면 절인 배추를 형식도 격식도 없이 먹기 좋게 대충 썰어 버무리는 것 때문인지 포기김치나 김치 담그는 것 자체에 대해 막연하게 어렵다고 느끼는 김치초년생들에게 가르쳐주면 쉽게 받아들이고 '나도 한번 해볼까?' 하고 자신감을 갖게 하는 김치이기도 하죠. "

막 썰어 버무렸다 해서

'막김치'라 이름 붙여진 김치입니다. 계절에 크게 구애받지 않고 담가 먹을 수 있는 김치이지만 우리 집에서는 더운 여름날 일하는 짬짬이 손쉽게 버무려 먹을 요량으로 담가 먹는 여름김치 중 하나죠. 손쉽게 버무려 먹는 김치로는 겉절이도 있지만 막김치는 배추를 충분히 절여 담그기 때문에 오래 두고 먹어도 물이 생기거나 하지 않고 감칠맛 또한 뛰어나요. 싱그럽고 풋풋한 맛으로 가볍게 즐기는 겉절이와는 또 다른 맛이죠.

고춧가루에 풀국 넣고 쓱쓱 버무려 막김치를 내면 '맛 비결이 따로 있는 듯하다'며 그 비결을 캐묻곤 하는데, "김치가 다 거기서 거기지" 하면서도 "배추를 절일 때 절대 잘라서 절이지 않는 것"이라 말해줍니다. 배추를 절인다는 것은 배추가 가지고 있는 수분을 빼 부드럽고 먹기 좋은 상태로 만들기 위한 것인데 수분만 빼야지 배추 자체가 가지고 있는 단맛과 영양분까지 뺄 필요는 없지요. 그런데 주부들에게 어떻게 절이느냐 물어보면 죄다 잘라서 절인다고 하니…. 자른 면으로 맛있는 성분 다 빠진 맹숭맹숭해진 배추로 김치를 담그니 거기서 벌써 맛의 차이가 나는 것은 당연한 것이죠. '뭐 그게 얼마나 차이가 나겠어?' 할지는 몰라도 제철을 맞아 물 많고 단맛 좋은 겨울 무와 수분도 적고 쓴맛 도는 여름 무로 무생채를 만들 때 어느 쪽이 더 맛있을까요? 김치는 그렇게 자연이 준 재료 자체의 맛을 살리는 것에서부터 맛의 비결이 시작되는 것입니다.

재료
배추 ½포기
절임물_ 물 2½컵, 소금 ⅓컵
양념_ 풀국 ⅔컵, 고춧씨 4큰술, 고춧가루 4큰술, 멸치진젓 4큰술, 멸치액젓 2큰술, 새우젓 2큰술, 다진 마늘 2큰술
※ 풀국 40쪽 참고

김치, 이렇게 담가요

1_ 배추는 시든 겉잎 등을 다듬어 절임물에 담가 줄기가 부드럽게 휘어지도록 3시간 정도 절여요.

2_ 부드럽게 절여진 배추는 1~2번 정도 헹구어 소쿠리에 받쳐 물기를 충분히 뺀 뒤 밑동을 잘라내요. 한 입에 먹기 좋도록 3~4cm 길이로 또각또각 썰어요.

3_ 그릇에 분량의 양념을 넣고 고루 섞은 뒤 잘라 둔 배추를 넣고 어우러지도록 조물조물 버무려요.

4_ 갓 버무린 막김치는 바로 먹어도 아삭하게 씹히는 맛이 좋고, 두고 익혀 먹으면 달착지근한 맛이 나 좋아요.

막김치는 배추를 썰어서 절이면 특유의 단맛이 빠져 김치가 맛없어지므로 반드시 통으로 절였다가 썰어야 해요. 수분이 빠져 줄기가 부드럽게 휘어지도록 절이는 것이 중요해요.

부추김치
영양 만점의 건강 김치

장 튼튼해지고 힘 쑥쑥!

"알싸하니 매운 듯 독특한 풍미가 있는 부추는 옛날부터 '영양부추'라 불리며 우리 밥상에 자주 올랐지요. 얼마나 영양이 풍부하면 그리 불렀을까 싶은데, 먹으면 힘 쑥쑥 솟아 스님들은 먹지 못하게 했다죠. 우리 집에서는 입맛을 돋우는 향미가 좋아 멸치액젓에 **마른 새우 넣고 겉절이처럼 버무려 먹지요.** 오래 두고 먹으면 시어지고 맛이 처음같지 않으므로 한여름에는 하루 저녁에 먹을 수 있을 만큼씩만 버무려 먹어요."

부추는 어릴수록 부드럽고 맛과 향이 뛰어나므로 잎이 야들야들하고 녹색이 선명하고 짙은 것이 좋아요. 잎이 연한 데다 단으로 묶여 있어 공기가 잘 통하지 않아 속에서부터 상할 우려가 있으므로 단을 풀어 공기를 통하게 하죠.

봄철 부추는 인삼보다 낫다죠? 땅을 뚫고 올라온 그해 첫 부추는 사위도 안 주고 먹는다는 말이 있습니다. 얼마나 몸에 좋으면 그런 말들이 다 나돌까 싶지만 아닌 게 아니라 부추는 '비타민의 보고'라고 할 만큼 비타민 A, B, C 등을 다 가지고 있다고 합니다. 뿐만 아니라 매콤한 듯 알싸한 맛은 장을 튼튼하게 하고, 스태미나를 좋게 하는 효과가 뛰어나 강장식품으로 분류되기도 하는데요. 그런 영양 가득한 부추를 안 먹고 넘길 수가 없겠죠. 말린 새우 넣고 멸치액젓에 조물조물 무쳐내면 짭조름하니 입에 착착 감기는 맛이 이거다 싶죠. 봄부터 싹을 틔우며 쑥쑥 올라오는 부추는 한 움큼 잡아 싹뚝싹뚝 잘라 먹어도 어느새 또 올라오고 또 올라오고 참 잘도 자라죠. 덕분에 맛도 좋고 건강에도 좋은 별미 김치를 자주 먹을 수 있어 좋죠.

스물네 살 어린 나이에 흙먼지 날리며 트럭 타고 먼 길을 달려 시집에 도착한 이후 하루 4시간 이상 잠을 잔 적도 보약 한 첩 먹은 적도 없지만 크게 아프거나 잔병치레 없이 어느새 육십을 훌쩍 넘겼습니다. 드라마에 나오는 S라인의 야리야리한 몸으로 쨍한 햇볕에 핑~하니 쓰러져 봤으면 하는 소녀 같은 상상도 해보지만 일하느라 다져진 튼튼한 몸에 아파도 전혀 아파 보이지 않는 얼굴까지…

아쉽지만 그저 무탈한 것에 감사하며 하루하루 건강한 것이 복이다 싶어 오늘도 씩씩하게 지내죠. 딱히 챙겨 먹는 것도 없는데 건강한 이유를 굳이 찾는다면 부추처럼 영양 많은 제철 채소 빠뜨리지 않고 챙겨 먹는 덕분이 아닐까 생각하지요. 싱싱하고 곧게 자란 부추 한 단 사다가 한 끼 먹을 만큼 다듬어 부추김치 담그고, 남은 것은 송송 썰어 고소하니 기름 냄새 풍기며 손바닥만 하게 전도 부치고…. 우리 입맛에 딱 맞는 소박한 건강 밥상 차려 볼이 미어지도록 양껏 먹어봅니다.

재료
부추 1단, 쪽파 3cm 길이 1줌
양념_ 풀국 2큰술, 고춧가루 1큰술, 고추씨 2큰술, 멸치액젓 3큰술, 마른 새우 20마리, 다진 마늘 1큰술
※ 풀국 40쪽 참고

김치, 이렇게 담가요
1_ 부추는 지저분한 밑동 부분을 잘라내고 시든 잎 등을 다듬은 뒤 엉키지 않도록 흐르는 물에 살살 흔들어가며 씻어요.
2_ 씻은 부추는 소쿠리에 받쳐 물기를 뺀 뒤 가지런하게 놓고 길이를 이등분해요.
3_ 그릇에 양념과 쪽파를 넣고 고루 버무린 뒤 부추를 넣고 엉클어지지 않도록 가볍게 뒤적이며 버무려요.
4_ 부추에 양념이 고루 어우러지면 바로 먹어도 좋고, 간이 들도록 실온에 반나절 정도 두었다가 먹어도 좋아요.

 종부의 노하우

부추는 선명한 녹색에 통통하고 짧은 것으로 골라야 맛있어요. 힘을 주어 다루면 멍이 들고 풋내가 나므로 가볍게 흔들어가며 씻고, 버무릴 때도 가만가만 뒤적이며 부드럽게 다뤄야 해요. 겉절이처럼 담가 먹는 김치로 그때그때 조금씩 담가 바로 먹어야 맛있어요.

배추백김치

가슴속까지 시원한 맛 더욱 그리운
무더위가 극성을 부리는 날

재료
배추 2포기, 무채 ¼개분, 송송 썬 갓 1줌, 쪽파 3cm 길이 1줌, 대추 3개, 석이버섯 1개

절임물 _ 물 10컵, 소금 2컵

양념 _ 풀국 ¾컵, 멸치액젓 2큰술, 다시마국물 2큰술, 다진 마늘 1큰술

※ 풀국 40쪽 참고, 다시마국물 41쪽 참고

김치, 이렇게 담가요
1. 배추는 시들거나 지저분한 겉잎을 다듬은 뒤 밑동을 자르고 십자(+)로 칼집을 넣어 두 쪽으로 나눠요.
2. 절임물을 만들어 줄기가 부드럽게 휘어지도록 5시간 절인 뒤 헹구어 소쿠리에 담아 물기를 빼요.
3. 석이버섯은 물에 불려 비벼 씻은 뒤 물기를 빼고 곱게 채 썰어요. 대추는 돌려깎기 하여 씨를 빼고 채 썰죠.
4. 그릇에 준비한 양념을 넣고 섞은 뒤 무채와 갓, 쪽파, 대추채, 석이채를 넣고 고루 섞어 소를 만들어요.
5. 배추에 버무려둔 소를 켜켜이 넣고 속이 빠지지 않도록 겉잎으로 감싼 뒤 용기에 담아 실온에 하루 정도 둬요. 국물이 익기 시작하면 냉장고에 넣어 숙성시켜 먹어요.

 종부의 노하우

어떤 김치든 잘 절이는 것이 중요한데 쉽지가 않죠. 배추 1포기에 물 5컵, 소금 1컵을 기준으로 절임물을 만들면 좋지만 소금의 염도나 배추의 크기에 따라 달라질 수 있어요. 이럴 때는 양념이나 부재료로 간을 맞추어야 하는데, 배추가 짜게 절여진 경우 무채는 따로 절이지 않아야 하고, 배추가 싱겁게 절여졌을 때는 무채도 절였다가 김치를 담가요. 그래야 전체 간이 맞는데, 소는 적게 넣고 은근하게 익혀야 시원하고 톡 쏘는 맛이 살아요.

뜨겁게 내리쬐는

태양에 푹푹 찌는 찜통 같은 무더위…. 여름 더위에 힘겹지 않은 사람이 어디 있을꼬 싶습니다. 이럴 때는 세상만사 다 팽개치고 시원한 물이 흐르는 개울가 한 구석도 좋고, 사방이 뚫려 제 맘대로 바람 들락날락하는 원두막도 좋고요. 폭신하게 찐 감자며 옥수수 푸짐하게 옆에 두고 먹어가며 두둥실 떠 있는 구름도 보고 졸리면 자고 재미난 책도 보고….

단 하루만이라도 그리 해 봤으면 하고 간절히 원하지만 꿈에서나 그리할까 종부가 날 덥다고 모시던 제사 마다할 수 없고, 제사 아니어도 당장 오늘은 무슨 국과 반찬으로 저녁상을 차릴지, 누구 하나 도와주지 않는 청소며 빨래는 어찌할지 더운 날 땀 흘릴 일만 가득합니다. 그래도 아내이고 엄마이다 보니 가족들 시원하게 먹을 수 있는 거 뭐 없을까 궁리하게 되는데, 여름 더위엔 가슴속까지 시원케 해주는 배추백김치가 최고다 싶죠.

날이 덥다 보니 막김치(112쪽)나 고구마줄기김치, 얼갈이겉절이(110쪽)와 같이 후다닥 버무려 먹을 수 있는 즉석 김치를 자주 담그는데, 가끔은 손이 많이 가도 정성을 다해 담근 김치로 입맛도 건강도 챙겨봅니다. 고춧가루 없이 하얗게 양념하여 담근 배추백김치는 시어른들과 시어머니 살아계실 때 자주 담가드리던 김치예요. 젊은 사람도 여름 나기가 힘든데 어른들은 얼마나 힘드실까 싶어 잠시나마 더위를 잊으시라는 마음에서 많이 담갔습니다. 김치에 과일을 잘 넣지 않는 편이지만 여름배추가 겨울배추보다 맛이 덜하므로 사과도 넣고 대추채에 석이채까지 얹어가며 정성스레 담그죠. 여름 제사 모시러 더운 날 먼 길 오시는 손님들께 대접하기에도 그만이거든요. 잘 익혔다가 냉장고에서 바로 꺼내 드리면 아삭아삭하면서도 가슴속까지 시원해지는 깔끔한 맛에 "기운이 번쩍 난다" 하시며 달게 드시던 시어머니. 하도 많은 일을 시켜 남몰래 원망도 많았지만 문득문득 그리운 날이 많아지는 걸 보면 나이가 들어가나 봅니다.

쌈배추김치

배추고갱이의 맛에 흠뻑 빠지게 되는
씹을수록 고소하고 달달한

여름이 더운 것이야
당연한 일이지만 어째 예전 같지 않게 더 더워지고 있는 듯합니다. 여름 볕도 그 옛날의 여름 볕이 아닌 듯 사람의 진을 쏙 빼니 여름 나기가 힘겹습니다. 이럴 때는 잘 챙겨 먹는 것이 최고다 싶어 한 상 딱 벌어지게 차려 남편과 함께 남기는 찬 없이 싹싹 비운 뒤 얼굴 마주보며 "우리 집이 잘 먹긴 잘 먹어 잉~" 하며 껄껄 웃습니다.

한 상 딱 벌어지게 차린다고는 하지만 고기 냄새 풍기며 잘 차려 먹는 집이 아닌 우리 집 밥상에는 그 흔한 고기반찬 하나 없이 소박한 시골 반찬들만이 가득하죠. 통마늘장아찌(267쪽)에 노릇한 단풍콩잎장아찌(263쪽), 콩쌈장에 푹 찍어 먹을 풋고추 몇 개와 상추 조금, 잘 익은 국물깍두기(52쪽)와 오이소박이(94쪽), 그리고 기본으로 달걀찜(218쪽)을 올리고, 김부각이 없을 때는 구운 김, 고기반찬이라봤자 멸치고추장무침(220쪽) 정도가 전부죠. 여기에 일 때문에 일주일에 한 번씩 집에 오는 남편을 위해 고소하니 씹는 맛 즐기라고 쌈배추김치 막 담가 올리면, 얼마나 집 밥이 그리웠는지 참 맛있게도 먹습니다. 가짓수는 많지만 온통 제철 푸성귀로 차린 반찬뿐인 밥상을 싹싹 비워주는 남편이 고맙죠.

쌈배추는 흔히 쌈이나 겉절이용으로 이용하는 여름배추로 알배추라고도 하죠. 모종 후 50~60일이면 출하되고 무게도 500~700g 정도로 김장배추보다 크기가 작고 노란 속잎이 씹을수록 고소해 김치를 담그면 맛이 그만이죠. 쓱쓱 버무리는 겉절이를 담가도 좋지만 가끔은 포기김치로 담가 먹음직스럽게 담아내면 정성스러워 보이기도 하고, 한여름에 맛보는 포기김치 맛에 저만치 달아났던 입맛이 절로 돌아옵니다. 여름이 덥기는 해도 건강한 땅에서 태양의 에너지 흠뻑 받고 자란 채소들이 많고 그것으로 소박하지만 싱그러운 밥상을 차릴 수 있어 행복합니다.

재료
쌈배추 2포기, 부추 4~5cm 1줌, 쪽파 4~5cm 1줌, 고춧가루 1큰술

절임물_ 물 3컵, 소금 ½컵

양념_ 풀국 2큰술, 새우젓 1큰술, 다진 마늘 1큰술, 다시마국물 4큰술, 고춧가루 2큰술

※ 풀국 40쪽 참고, 다시마국물 41쪽 참고

김치, 이렇게 담가요
1_ 쌈배추는 밑동을 자르고 시든 잎을 떼가며 다듬은 뒤 십자(+)로 칼집을 넣고 손으로 벌려 두 쪽으로 나눠요.
2_ 물에 소금의 반을 덜어 타 절임물을 만들고 나머지 반은 배추 줄기 쪽에 뿌려 절임물에 담근 뒤 3시간 정도 절여요. 부드럽게 절여지면 건져 씻고 소쿠리에 담아 물기를 빼요.
3_ 그릇에 양념을 넣고 가볍게 섞은 뒤 부추와 쪽파를 넣고 다시 섞어요.
4_ 양념 그릇에 절인 배추를 넣어 줄기 쪽부터 양념을 고루 바른 뒤 전체적으로 고춧가루를 살짝 뿌려요. 바로 먹어도 되고 실온에 반나절 정도 두었다가 냉장고에 두고 먹어요.

여름김치는 너무 빨갛게 담그면 맛이 덜하므로 고춧가루를 적게 넣고 담그는 것이 좋은데, 마지막에 고운 고춧가루를 살짝 뿌려주면 발그스름하니 색이나 먹음직스럽죠. 양념을 바를 때는 이파리보다 줄기 부분에 많이 발라야 간이 적절하게 맞아 맛있는 김치가 된답니다.

" 한겨울, 땅속에 묻어둔 50여 개의 김칫독 절반은 동치미로 가득 차 있습니다. 유별나게 국물김치를 좋아하는 가족 때문인데, 무 이외에 별다른 것 넣지 않고 담갔어도 톡 쏘는 맛이 사이다 같다며 매끼 한 사발씩 들이켜죠. 그러니 부족하게 담갔다가는 야단나지요. 상황이 이렇다 보니 우리 집 밥상에는 365일 국물김치가 오르지 않는 날이 없습니다. 칼칼한 맛으로 입맛 돋우고 싶을 때는 고춧물 발그스름하게 푼 나박김치를, 정월 대보름 시어른들 떡 드실 때 목 메일세라 장물물김치를, 죽 먹을 때는 천상궁합이리만치 잘 어울리는 백물김치까지…"

국물김치
밥상 위에 올리는 시원한 맛
365일, 하루도 거르지 않고

장물김치

간을 맞추어 진짓상에 올렸던
자극적이지 않게 간장으로 색을 내고

> "나씨 종가의 종부가 된 이후로 장물김치는 참으로 많이 담갔던 물김치입니다. 호랑이처럼 무서운 시어머니보다도 더 무서운 시할머니의 진짓상에 올리기 위해서였죠. 연세가 있으시니 소화력도 떨어지고 잡수시는 것도 예전 같지 않으니 진지라도 촉촉하게 많이 드실 수 있도록 자주 담가 올렸던 것이죠. 너무 차지도 미적지근하지도 않게 일일이 신경써가며 상에 올리면 밥 한 술 뜨시고 국물 한 순가락 떠드시며 천천히 밥 한 공기를 다 비우시던 시할머니셨죠."

재료
무 ⅓개, 배추속대 3장, 사과 1개, 쪽파 3cm 길이 ½줌, 밤 2개, 대추 2개, 홍고추 1개
김치국물_ 물 2½컵, 다진 마늘 1큰술, 국간장 4큰술, 멸치액젓 1큰술

김치, 이렇게 담가요
1_ 무는 다듬어 씻은 뒤 사방 2cm 크기로 납작납작하게 썰고, 배추속대는 씻어 무와 비슷한 크기로 썰어요.
2_ 사과는 껍질째 씻어 씨를 제거하고 사방 2cm 크기로 납작하게 썰고, 쪽파는 3cm 길이로 썰어요.
3_ 밤은 속껍질까지 말끔하게 벗긴 뒤 납작하게 썰고, 대추는 돌려깎아 씨를 제거한 뒤 돌돌 말아 납작하게 썰어요. 홍고추는 씨를 빼고 다지듯 작게 썰어요.
4_ 그릇에 물과 나머지 양념을 넣고 섞어 김치국물을 만들어요.
5_ 다른 그릇에 무 등 손질한 재료를 넣고 김치국물을 부어요. 그 위에 밤과 대추, 홍고추를 얹고 전체적으로 간이 들면 바로 먹어요.

 종부의 노하우

간장과 멸치액젓으로만 간을 맞추어 슴슴한 맛으로 먹는 물김치죠. 익히지 않고 바로 먹는 물김치로 과일이나 밤 등을 넉넉히 넣어 단맛과 씹는 맛을 더한답니다. 대추의 은은한 향이 좋은데, 잣을 띄워도 아주 좋지요. 실온에 두어 간이 들면 냉장고에 넣고 차게 먹으면 아주 맛있죠.

고춧가루나 진한 젓갈도

넣지 않고, 소금이 아닌 간장으로 색을 내고 간을 맞추는 장물김치. 지금은 가정에서 흔하게 담가 먹는 김치가 아니라서 '이런 김치도 다 있어?' 하고 생소해 할 수도 있는데, 장물김치는 예로부터 궁중에서 담가 먹었다하여 '궁중 김치'라고도 하죠. 궁중 김치에 걸맞게 밤과 대추, 잣, 석이 등 귀한 재료를 넉넉히 넣고 자극적인 맛 없이 담백하게 담아 정월 초하룻날 떡국이나 떡과 함께 하는 주안상이나 교자상 등에 올려졌다죠. 그런 장물김치를 우리의 전통 식문화를 고스란히 이어온 종가에서 그냥 모른 체할 리 없겠죠.

귀한 재료가 들어가는 만큼 보통은 설이나 추석 때에 담가 먹던 이 물김치를 시댁에서는 계절과 상관없이 수시로 담갔어요. 시댁은 나주에서 굉장한 부잣집으로 식재료가 항상 넉넉했지요. 때문에 나씨 종가의 종부가 된 이후로 장물김치를 그야말로 징그럽도록 많이 담갔습니다. 연세가 있으신 시할머니의 진짓상에 올리기 위해서였죠. 무탈하니 건강하시기는 하지만 잡수시는 것도 예전 같지 않으니 진지라도 촉촉하게 많이 드실 수 있도록 하기 위함이였죠.

시할머니는 지금의 기억 속에도 참으로 무서운 분으로 남아 있습니다. 나씨 종가의 23대 종부로 녹록지 않은 삶을 사셨을 시할머니는 어린 종부에게 유난히 엄하셨죠. 집안의 법도와 가풍을 빨리 제대로 익히길 바라는 마음에서였겠죠.

시할머니께선 매일 한 치의 오차도 없이 새벽 4시면 곰방대로 화로를 '톡톡' 두드리셨죠. 어쩌다 피곤에 지쳐 그 소리를 못 듣고 늦잠을 자는 날엔 크게 화를 내시고 아침 진짓상도 거르셨죠. 그러니 어린 종부에게는 그런 시할머니가 얼마나 무섭고 어려웠겠어요. 혹여 입맛에 안 맞으시면 어쩌나 모양이 밉다고 야단하시지는 않을까 온갖 정성을 다해 담그고 또 담갔던 장물김치. 그 맛이 입에 맞으셨는지 시할머니께서는 '맛있다' '맛없다' 한마디 없이 밥 한 공기를 비우시고 상을 물리시곤 하셨습니다.

"스물네 살에 종부가 된 이후로 60 중반을 훌쩍 넘긴 지금까지 4시간 이상을 자본 적이 없습니다. 다들 잠든 새벽에 조용히 일어나 장독대 항아리들을 반짝반짝 윤나게 닦은 뒤 잿물에 더러워진 행주 깨끗이 삶는 것으로 하루를 시작해 종일 종종걸음치며 다녀도 손 갈 곳이 많았던 시댁 살림. 밤 12시가 넘어서야 하루가 끝나 겨우 눈을 붙일 수 있었는데, 어찌나 고되던지 지금도 그때 생각만 하면 눈물부터 나죠. 40여 년이 훌쩍 지난 지금, 시할머니 곰방대 두드리는 소리 사라진 지 오래되었건만 새벽 4시면 자동으로 눈이 떠지니 습관이라는 것이 이토록 무섭습니다."

옛날 어른들께서 '대추는 안 먹으면 손해다' 하셨죠. 그만큼 우리 몸에 좋다는 건데, 우리 집에서는 김치에 넣어 맛과 영양을 즐깁니다. 특히 물김치에 넣으면 은은한 향이 너무 좋은데, '대추가 이런 향도 있었나' 하고 깜짝 놀랄 때가 있을 정도지요.

백물김치

깔끔한 맛이 제대로 우러난 소금으로만 간을 하여 순하고

재료
무 1개, 쪽파 5줄기, 대추 1개, 홍고추 ½개
김치국물_ 물 4컵, 다진 마늘 1½큰술, 생강즙 ⅛작은술, 다시마국물 1컵, 풀국 2큰술, 소금 1큰술
※ 다시마국물 41쪽 참고

김치, 이렇게 담가요

1. 무는 싱싱한 것으로 준비하여 5cm 길이로 토막을 낸 뒤 새끼손가락 길이로 길쭉길쭉하게 썰어요.
2. 쪽파는 다듬어 4cm 길이로 썰고, 대추는 돌려 깎아 씨를 빼고 돌돌 말아 썰어요. 홍고추는 씨를 빼고 작게 다져요.
3. 그릇에 물을 비롯하여 나머지 양념을 넣고 고루 섞어 김치국물을 만들어요.
4. 다른 그릇에 준비한 무와 쪽파를 담고 만들어 둔 김치국물을 부은 뒤 대추와 홍고추를 띄워요. 국물에 작은 거품이 생기도록 실온에 두어 익힌 뒤 냉장고에 두고 숙성시켜가며 먹어요.

찬바람이 불기 시작하면 제철 맞은 무와 배추는 그냥 먹어도 맛있죠. 그 맛 놓치지 않으려고 고춧물 풀지 않고 국물 하얗게 백물김치를 담가 먹습니다. 땅속에 묻어둔 동치미가 제대로 맛이 들기 전까지 밥상을 책임지며 제 몫을 톡톡히 하는데, 무 이외에는 별다른 것을 넣지 않고 소금으로만 간하여 맛을 내죠. 충분히 우러난 무의 시원한 맛 외에는 잡맛이 없어 깔끔하게 먹을 수 있어 참 좋아요.

수시로 떡을 하는 우리 집에서는 떡 먹을 때 목 메이지 않도록 함께 곁들이는데, 담백한 맛이 떡맛을 해치지 않아 좋죠. 몸이 아파 죽을 먹어야 할 때도 곁들이면 맛으로 보나 영양으로 보나 궁합이 잘 맞는데, 백물김치와 함께 죽 한 그릇 비우고 나면 기운이 번쩍 나죠. 우리 집에서는 주로 겨울 동치미 먹기 전에 많이 담가 먹지만 맛이 순하고 깔끔해서 어느 계절에나 맛있게 먹을 수 있는 물김치랍니다. 겨울에는 무가 맛있을 때이므로 굳이 풀국을 넣지 않고 담가도 맛있지만, 여름에는 반대로 무가 맛이 없으므로 꼭 풀국을 넣어 맛을 낸답니다. 맛이 순해서일까요. 우리 집 아이들이 어렸을 때도 곧잘 먹었는데, 연세 드신 분들도 참 좋아하는 물김치 중 하나죠.

나박김치

사계절 즐길 수 있는 물김치
찰칼하고 시원한 맛으로

" 어른들 모시고 사는 종부는 늘 찬거리가 걱정이었습니다. 특히나 여름에는 겨울처럼 저장 김치가 있는 것도 아닌지라 아침상을 차리면서 점심 찬거리를 걱정해야 했는데, 그나마 시어른들께서 나박김치 같은 물김치를 담가 드리면 별말씀 없이 잘 드셔서 한시름 놓곤 했죠. 하도 많이 담그다 보니 이제는 물김치 도사가 되었는데, 매의 눈처럼 잘못한 것을 바로 지적하시는 어른들 눈에 들기 위해 무는 너무 두껍지도 얇지도 않게 썰어야 했죠. 두꺼우면 식감이 떨어지고, 얇으면 김치 국물이 비쳐 색감이 예쁘지 않기 때문이죠. 물김치 하나에도 맛은 기본이고 무의 모양과 두께, 색감의 조화까지 따져가며 40여 년이 넘도록 솜씨내며 담갔습니다. "

신선한 맛이 좋아 옛날 살림이 넉넉한 집에서는 하루 걸러 담가 먹었던 나박김치. 어느 가정에서나 흔하게 담가 먹는 물김치가 되다 보니 국물이 자박하게 들어간 모든 김치를 '나박김치'로 부르곤 하지만, 실은 무를 네모지고 얄팍하게 즉, 나박나박하게 썰어 담근 물김치를 '나박김치'라 합니다. 옛 어르신들께서는 '무'의 옛말인 '나복'을 일컬어 나복저라고도 했지요. 고춧가루로 빨갛게 물들인 김치국물을 부어 맛을 내는데, 무와 배추의 맛이 충분히 우러나 시원하고 칼칼한 맛이 일품이랍니다. 나박김치는 주로 초봄에 담가 풋풋하고 싱그러운 맛으로 먹지만 사시사철 언제든 담가 먹을 수 있는 산뜻한 맛의 물김치예요.

무를 너무 얇게 썰면 무에 김치국물이 들어 색이 안 예쁘므로 약간 도톰하게 썰고 담가서 바로 먹으려면 사과 등 과일을 썰어 넣어도 좋은데, 두고 먹을 때는 쉬 물러지고 군내가 나므로 절대 금물이죠. 절이지 않고 담그는 국물김치는 바로 간을 맞추기가 쉽지 않으므로 2시간 후 맛을 보고 소금으로 간을 맞춰야 해요. 은은한 단맛과 톡 쏘는 국물 맛을 유지하기 위해 대추를 통째로 넣어 맛을 내지요. 고춧물을 들인 후 남은 고춧가루는 그냥 버리기 아까워 따로 두었다가 고춧가루를 넣어야 하는 김치나 찌개 등에 넣지요. 비록 적은 양이라도 그거 만들려고 여름 내내 고추 닦고 말리고 한 것 생각하면 절대 쉽게 못 버린답니다.

재료
무 ⅓개, 배추속대 3장, 쪽파 3cm 길이 ½줌, 대추 6개, 홍고추 1개
김치국물_ 물 3컵, 고춧가루 3큰술, 풀국 ⅓컵, 다진 마늘 1작은술, 다시마국물 3큰술, 소금 2큰술

※ 다시마국물 41쪽 참고

김치, 이렇게 담가요
1_ 무는 다듬어 씻은 뒤 사방 2cm 크기로 납작납작하게 썰고, 배추속대도 씻어 세로로 길게 자른 뒤 비슷한 크기로 썰어요.
2_ 홍고추는 어슷하게 썰고, 대추는 사이사이 먼지가 없도록 양손으로 살살 비벼가며 씻어 물기를 빼요.
3_ 그릇에 물을 담고 고운 체에 고춧가루를 얹은 뒤 촉촉이 적셔가며 숟가락으로 저어 고춧물을 들여요.
4_ 고춧물에 나머지 양념을 넣고 고루 섞어 김치국물을 만들어요.
5_ 김치국물에 무와 배추, 쪽파를 넣고 대추와 홍고추를 얹어요. 계절과 실내의 온도에 따라 다르지만 봄이라면 2~3일 정도 두고 익힌 후 냉장고에 넣어 시원하게 먹어요.

암전치 못하다 시어머니 야단하실까봐 고춧가루가 들어가지 않도록 체에 얹은 뒤 아랫부분을 살짝살짝 적셔가며 암전하게 고춧물을 들였습니다. 너무 빨갛게 우린 김치국물은 징그럽기도 하거니와 텁텁해 맛이 없지요. 연한 주홍빛으로 우려 나박나박 썬 무에 부으면 하얗고 발그스레한 색감이 어우러져 한결 먹음직스러워 보이죠.

사계절 김치 127

셋째 차고 넘치는 풍족함 속에 겨울을 준비하는
깊어가는 가을김치 이야기

초록이 무성했던 뜨거운 계절을 지나 맞이하는 가을은 수확의 계절이죠. 무르익은 오곡백과뿐만 아니라 땅속의 뿌리채소들과 해산물까지 제철을 맞으니 어느 것 하나 부족함이 없지요. 따라서 봄, 여름은 싱그럽고 파릇한 잎채소를 쓱쓱 버무려 먹는 김치가 주를 이루었다면 가을에는 계절만큼이나 깊고 화려한 김치가 많죠. 더불어 주부들의 손길이 바빠지는 계절이기도 한데, 차고 넘치는 풍족함 속에 겨울을 준비해야 하기 때문이죠. 뙤약볕에서 약 오른 고추며 나물 등의 가을 갈무리도 해야 하고, 김장김치가 익기 전 먹어야 하는 지레김치도 담가야 하고, 김장보다 앞서 겨우내 먹어야 할 비늘김치며, 게젓국지, 섞박지 등 앞김치도 넉넉히 담가야 하니까요.

130 김치명인 강순의의 계절 김치

따사로이 내리쬐는 가을볕이 할 일 없이 노는 듯 하여 붉게 물든 끝물 고추며 무청 시래기 바지런히 펼쳐 말려 봅니다. 따습기만 한 가을볕 숨어들기 전에 내년 대보름에 먹을 나물 갈무리도 서둘러야죠. 그러고도 손이 비거든 겨울 김장김치 담가둘 장독의 항아리도 바지런히 정리해 둡니다.

" 배추 소가 빠지지 않도록 겉잎으로 잘 감싼 뒤 속 부분이 위로 향하도록 놓고 국물을 부어 깔끔한 국물의 배추동치미를 담근답니다. 사과는 아삭함과 단맛을 위해 넣는 것으로 배추가 제철이면 자체 맛이 있으므로 생략해도 좋아요 담글 때 미리 넣으면 물러지고 군내가 나기 쉬우므로 먹기 이틀 전에 껍질째 4~6등분해서 넣고, 가급적 빨리 먹는 것이 좋지요. "

배추동치미김치

옛날 선조들의 방법대로 양념조차 아껴 담근 시원한 맛

우리의 밥상에 하루도 빠짐없이 오르는 김치. 채소 구하기가 쉽지 않았던 겨울철, 채소를 오래 저장하기 위한 방법으로 담가 먹기 시작했다는데, 그 원형에 가장 가까운 김치가 백김치나 배추동치미김치가 아닐까 싶습니다. 우리나라에 고춧가루가 들어온 것이 1590년대 말 임진왜란 이후라고 하니 그 이전에는 고춧가루를 넣지 않고 김치를 담갔으리라 짐작해 봄 직하죠. 먹을거리가 궁했던 시절 소금 훌훌 뿌려 담갔던 배추에서 우러난 시원하고 깔끔한 맛이 얼마나 달고 맛났을까 싶은데요.

점점 자극적인 맛에 길들여지는 입맛에 브레이크를 거는 심정으로 배추동치미김치를 담가 봅니다. 배추와 무가 제철을 맞으면 더욱 맛있겠지만 꼭 제철이 아니어도 자연이 키워낸 재료 자체에서 우러난 그 순수한 맛이 얼마나 귀하고 맛있는지를 맛보게 해주고 싶어서죠. 그로 인해 그 맛을 기억하고 자꾸 만들게 되면 점점 잊혀져가는 우리의 맛이 후대까지도 잘 전해질 것 아니겠나 싶죠. 우리 세대가 누렸던 소박하지만 건강한 우리의 맛과 문화가 계속 이어져야 하겠기에, 양념도 귀하게 조금씩 아껴 넣고 담그던 옛날 방식대로 백김치며 배추동치미김치, 고춧물 넉넉하게 푼 배추고춧물동치미(134쪽)까지 실패 이유와 맛 노하우를 꼼꼼히 적어가며 시원한 김치들을 담가 봅니다.

재료
배추 ½포기, 무 5cm 토막, 사과 ½개, 대추 5개
절임물_ 물 2½컵, 소금 ⅓컵
양념_ 풀국 ¾컵, 소금 1작은술, 다진 마늘 1큰술,
소_ 무채 1줌, 갓 1줌, 쪽파 3cm 1줌
김치국물_ 물 3컵, 다시마국물 3큰술, 다진 마늘 ½큰술, 소금 약간
※ 풀국 40쪽 참고, 다시마국물 41쪽 참고

김치, 이렇게 담가요

1_ 배추는 다듬어 밑동에 십자(+)로 칼집을 넣은 뒤 소금의 반은 줄기 사이사이에 뿌리고 나머지 반은 절임물을 만들어 푹 담가 5시간 정도 절여요.

2_ 줄기가 부드럽게 휘어지면 2~3번 헹군 뒤 밑동의 칼집 넣은 부분을 당겨 쪽을 나누어요. 소쿠리에 담아 물기를 빼요.

3_ 무는 1cm 두께로 두툼하고 길쭉하게 썰고. 대추는 씻어요.

4_ 그릇에 양념을 모두 넣고 섞은 뒤 소 재료를 넣고 버무려 절인 배추의 줄기 사이로 켜켜이 넣어요.

5_ 배추 소가 빠지지 않도록 겉잎으로 감싸 항아리에 담고 사이사이에 무와 사과, 대추를 얹어요.

6_ 다른 그릇에 김치국물 재료를 넣고 고루 섞은 뒤 배추가 담긴 항아리 가장자리로 가만히 붓고 실외에 두고 익혀 먹어요.

" 배추동치미는 톡 쏘는 맛을 유지시켜 주는 대추는 통으로 넣고, 배추 겉잎으로 잘 감싸야 물러지는 것을 막을 수 있답니다. 김치국물은 배추 가장자리로 살살 부어야 양념이 흩어지지 않아 깔끔하죠. 이렇게 맛깔나게 담은 배추동치미는 밥반찬은 물론 시원한 국물 넉넉하게 넣고 국수나 냉면을 말아도 별미요, 떡과 함께 곁들이면 환상의 궁합을 이룬답니다. 김치국물을 만들 때 고춧가루를 직접 풀면 국물이 탁해지고 김치에 묻어 지저분해 보이므로 체에 걸러 연한 주홍색이 나도록 물만 들여요. "

배추고춧물동치미김치

배추동치미의 또 다른 맛 고춧물 들여 칼칼하게 즐기는

임진왜란 이후로 우리나라에 고추가 들어오면서 음식에 엄청난 변화가 일어났다고 하죠. 그 대표적인 것이 김치일 텐데요, 김치를 많이 담그다보니 마땅한 김칫거리가 있으면 한 가지 맛에 그치지 않고 백김치로도 담가보고 고춧가루 양념 넣고도 담가보곤 하죠. 고춧가루나 풀국을 넣느냐 넣지 않느냐에 따라 개운한 맛의 정도는 어떻게 다른지, 또 발효에는 어떤 영향을 미치는지, 계절에 따라 멸치가루나 새우가루 중 어떤 맛이 좋은지 등 양념과 재료가 미치는 영향이 궁금하여 이렇게도 담그고 저렇게도 담가 가장 맛있는 것을 찾지요. 시원하고 개운한 맛이 그만인 배추동치미김치와 칼칼하고 깔끔한 맛의 배추고춧물동치미김치가 그 대표적인 예라 할 수 있는데, 고춧가루를 넣고 빼는 것에 따라 색다른 맛의 두 가지 김치를 맛볼 수 있으니 즐거운 일이죠.

재료가 가라앉지 않도록 절이지 않고 담가 산뜻하게 먹는 봄, 여름의 물김치와 달리 늦가을에 담가 한겨울에 꺼내 먹어야 제맛인 이 두 김치는 배추 줄기가 부드럽게 휘어지도록 배추 1포기에 물 5컵, 소금 1컵을 기준으로 잘 절여야 숙성되면서 깊은 맛이 우러나와 김치의 기본 맛이 좋답니다. 또 소를 많이 넣으면 아삭하고 깔끔한 맛이 덜하므로 줄기에 조금씩 넣는 정도가 좋고, 배추가 맛있을 때는 아예 소를 생략해도 좋지요.

재료
배추 1포기, 무 ¼개, 대추 8개
절임물_ 물 5컵, 소금 1컵
김치국물_ 물 4컵, 고춧가루 2큰술, 다시마국물 ½컵, 풀국 ⅓컵, 멸치액젓 ½큰술, 소금 2큰술, 다진 마늘 1큰술. 다진 생강 ¼작은술
※ 풀국 40쪽 참고, 다시마국물 41쪽 참고

김치, 이렇게 담가요

1_ 배추는 다듬어 밑동에 십자(+)로 칼집을 넣어 두 쪽으로 나눈 뒤 절임물용 소금 절반을 배추 줄기에 고루 뿌려요.

2_ 남은 절반의 소금으로 절임물을 만들어 배추를 푹 담가 5시간 정도 절여요. 줄기가 부드럽게 절여지면 2~3번 헹구어 마저 쪽을 나눈 뒤 소쿠리에 담아 물기를 빼요.

3_ 무는 껍질째 씻어 3x4cm 크기로 도톰하게 썰고, 대추는 가볍게 씻어요.

4_ 그릇에 물을 붓고 고운 체에 고춧가루를 담은 뒤 촉촉하게 적셔가며 숟가락 뒷부분으로 비벼가며 고춧물을 들여요.

5_ 고춧물에 나머지 김치국물 재료를 모두 넣고 고루 섞은 뒤 물기 뺀 절인 배추를 넣고 흠뻑 적셔 겉잎으로 감싸요.

6_ 항아리나 용기 바닥에 무를 깔고 배추의 안쪽 부분이 위로 오도록 차곡차곡 넣고 가장자리로 김치국물을 가만히 부어요. 대추를 얹고 실외에서 두고 익혀 먹어요.

"더덕김치는 봄, 가을에 주로 많이 담가 먹는데, 특별하게 차려낼 음식이 준비되어 있지 않을 때 오신 손님상에 후다닥 만들어 대추까지 올려 내면 '귀하디귀한 밥상 받았다', '보약 밥상 대접받고 간다' 하며 두고두고 칭찬하지요. 쌉싸래한 맛과 함께 계절감 물씬 풍기는 가을의 별미 김치입니다."

더덕김치

향긋하고 쌉싸름한 계절 김치
가을의 정취 한껏 즐기는

그윽한 향이 십 리 밖까지 난다고 하는 더덕은 맛과 영양이 더덕더덕 붙어서 '더덕'이라 했지 싶습니다. 그 옛날 고기가 귀했던 시절, '산에서 나는 고기'라 불릴 정도로 귀한 대접을 받기도 했는데, 특유의 쌉쌀한 맛과 향으로 여름내 더위와 싸우느라 지친 몸에 생기 팍팍 불어넣어 주는 기운찬 가을 보약입니다.

이른 봄에 나는 어린잎은 쌈이나 나물로 먹고, 봄 가을에 캐는 뿌리는 두고두고 먹을 요량으로 고추장에 박아 장아찌도 만들고, 고추장양념이나 간장양념 발라 얌전하게 구워 먹기도 하죠. 들깻가루를 넣고 무치는 생채, 자연 그대로의 맛을 살린 더덕회 등 산속에서 캐낸 더덕 덕분에 건강반찬 가득한 밥상을 차릴 수 있으니 절로 신이 나죠.

여기에 한 가지 더 보탠다면 흙 속 영양분 흠뻑 먹고 자란 진한 향의 가을 통 더덕을 칼등으로 자근자근 두드려 양념에 버무린 더덕김치죠. 사각사각 씹히는 맛도 좋을뿐더러 쌉싸래한 맛이 워낙 좋아서 더덕이 가지고 있는 향과 식감을 최대한 해치지 않는 양념으로 김치를 담가 먹는답니다. 더욱이 향이 진한 더덕은 인삼처럼 약효가 뛰어나다고 해 한방에서는 '사삼'이라 부르기도 한다는데, 실제로 사포닌이라는 인삼의 약효 성분이 풍부하다죠. 더덕이 더욱 맘에 드는 이유는 인삼과 같은 성분이 있지만 인삼과 달리 차가운 성질을 갖고 있어 열이 많은 사람이 먹기에 딱 좋다는 점입니다.

여름 내내 땀을 비오듯이 흘리고 몸이나 좀 보할까 싶지만 워낙 몸에 열이 많아 그 좋다는 인삼 한 뿌리도 제대로 먹지 못하니 꿩 대신 닭이라고 더덕이 반가울 수밖에요. 이처럼 재료 자체가 맛있고 건강하다 보니 조금만 솜씨를 부리면 가족이든 손님이든 귀한 대접받는 느낌을 안겨줄 수 있는 계절감 가득한 건강 별미 김치입니다. 더덕은 생으로도 먹는 식재료이므로 특유의 쌉싸래한 맛과 은은한 향을 살리기 위해 간을 세게 하지 않고 맛을 내는 것이 포인트입니다.

재료
더덕 1근(600g), 송송 썬 부추 1큰술, 대추 약간, 석이채 약간
양념_ 가자미젓 또는 멸치액젓 2큰술, 고춧가루 3큰술, 다진 마늘 1작은술

김치, 이렇게 담가요

1_ 더덕은 칼끝을 돌려가며 껍질을 벗겨 부드러워지도록 칼등으로 자근자근 가볍게 두드려요.

2_ 그릇에 가자미젓과 다진 마늘을 넣고 섞은 후 고춧가루를 넣고 버무려 양념을 만들어요.

3_ 부드러워진 더덕을 양념에 넣고 조물조물 버무려가며 빨갛게 물을 들인 뒤 송송 썬 부추를 넣고 살짝 버무려요.

4_ 갓 버무린 더덕은 바로 먹는 김치이므로 접시에 가지런히 담고 대추를 동그랗게 썰고 석이채와 함께 올려내요.

종부의 노하우

향이 십 리를 간다는 더덕은 국산의 경우 껍질을 벗기지 않아도 진한 향을 느낄 수 있죠. 너무 큰 것은 심이 박혀 있을 수 있으므로 피하고, 모양이 곧게 뻗고 몸통에 난 가로 주름의 골이 얕은 것, 껍질을 살짝 벗겼을 때 끈적끈적한 하얀 즙이 많은 것이 사각거리고 맛있어요. 향이 진할수록 진액이 많죠. 껍질을 벗길 때는 세로로 길게 칼집을 넣고 살살 돌려 가며 벗기면 잘 벗겨져요. 더덕김치는 처음에는 양념이 뻑뻑해도 더덕을 버무리면 어우러지면서 먹기에 적당할 정도로 물이 생기므로 젓국이나 물을 넣어 일부러 묽게 하지 않아도 된답니다.

우엉김치 — 자연의 맛 가득한 가을김치
경상도 지방에서 담가 먹던

"어느 때부터인가 김치가 획일화되어 요즘 젊은 사람들은 배추김치와 깍두기 등 쉽게 접하는 김치가 다인 줄 알지요. 하지만 이처럼 맛나는 우엉김치는 물론이거니와 장김치며 섞박지, 비늘김치, 석류김치 등 다양한 맛김치가 있음에도 불구하고 점점 자취를 감추고 있어 못내 아쉽고 마음이 아프답니다. 김치는 우리나라에서만 맛볼 수 있는 소중한 우리만의 전통 문화이자 자랑거리인데 말입니다."

땅속 영양분 흠뻑 머금고 자란 우엉은 '먹으면 늙지 않는다'는 말이 있을 정도로 영양의 보고로 손꼽히죠. 영양분이 달아나지 않도록 껍질 살살 벗겨내고 원하는 모양대로 채로도 썰고, 납작납작하게도 썰어 맛있게 김치를 담가 보아요.

"아삭아삭", "아작아작" 채소 중 섬유질이 가장 많다고 하는 우엉 씹는 소리입니다. 3월 상순쯤에 파종하여 찬바람이 불기 시작하는 가을부터 초겨울인 11월까지 수확, 이듬해 1~2월까지 밥상에 오르죠. 제철을 맞아 땅속에서 곧게 뻗은 우엉을 쑥쑥 캐내는 것을 보고는 "도대체 얼마나 깊게 뿌리를 내리는 거야? 내 키만 하네" 하다가도 "그러니 '영양의 보고'니 '일등 장수식품'이니 하는 거겠지" 혼잣말로 주거니 받거니 합니다.

뿌리채소가 건강식품으로 각광받는 이유는 땅속 깊은 곳까지 뿌리를 내려 오염되지 않은 땅속의 영양분을 먹고 자라기 때문이라죠. 덕분에 잎채소보다 섬유질이 풍부한데, 이 섬유소들이 성인병의 원인이 되는 콜레스테롤 수치를 낮추고 장 속에 쌓인 온갖 독소와 노폐물, 숙변 등을 몸 밖으로 내보내 대장암 등 암에 걸리지 않게 몸을 깨끗하게 해준다죠. 그 때문일까요? 우엉은 우리나라보다 건강을 최우선으로 생각하여 장수의 나라로 불리는 일본에서 더 많이 먹습니다. 일본사람들은 우엉을 '먹으면 늙지 않는 식품'이라고까지 이야기하며 전골이나 조림 등 다양한 음식으로 매끼 밥상에 올려 가족 건강을 챙긴다고 합니다.

그런 우엉을 우리 집에서는 조리고 볶아 밑반찬으로 먹는 것은 기본이거니와 가을철의 별미 김치로 자주 담가 먹습니다. 물론 이처럼 암에 좋으니 어쩌니 하는 것을 다 알고 먹지는 않았지요. 시어머니가 그러셨던 것을 배우고, 시어머니께서는 시할머니께, 시할머니께서는 증조시할머니께…. 거슬러 올라가면 결국 지혜로운 우리 선조들께서 먹던 음식인 셈이죠. 우엉김치는 경상도지방에서 담가 먹던 김치랍니다. 먹기 좋게 썰어 절인 뒤 고춧가루 넣은 양념에 버무려 놓으면 아작아작 씹는 맛과 함께 입안 가득 퍼지는 흙냄새 머금은 은은한 향이 어찌나 좋은지 '자연을 먹는다'라고 하는 표현이 이거구나 싶죠. 그런데 이렇게 건강에 좋은 우엉을 먹는 나라가 우리나라와 일본뿐이라니 그것도 참 재미있는 일입니다.

재료
우엉 250g, 부추 3cm 길이 1큰술

절임물_ 물 ½컵, 소금 1큰술

양념_ 다진 마늘 1큰술, 고춧가루 2큰술, 고추씨 1큰술, 풀국 1큰술, 멸치액젓 2큰술

※ 풀국 40쪽 참고

김치, 이렇게 담가요

1_ 우엉은 칼등으로 살살 긁어 껍질을 벗긴 뒤 씻어요. 반은 납작하게 어슷어슷 썰고, 반은 3cm 길이로 채 썰어요.

2_ 절임물을 만들어 각각의 우엉에 반씩 붓고 10분간 담가 절였다가 체로 건져 물기를 빼요.

3_ 그릇에 양념을 넣고 고루 섞은 뒤 납작하게 썬 우엉과 채 썬 우엉 순으로 넣고 조물조물 버무리다가 부추를 넣고 다시 버무려요.

4_ 안 익히고 먹는 김치이므로 버무려 바로 먹고 남은 것은 냉장고에 두고 먹어요.

 종부의 노하우

과하면 부족한 것만 못하다고 우엉 특유의 맛과 향, 질감을 해치지 않게 담그는 것이 맛의 비결로 간을 약하게 해서 담가야 맛있어요. 채를 썰거나 납작하게 썰거나 기호에 따라 썰고 양념에 버무리기 전 절임물에 10분 정도 절였다가 담가야 나중에 물이 생기지 않아요. 물이 생기면 싱거워진답니다.

연근김치

아삭아삭 건강한 뿌리채소 김치
땅속 영양분 고스란히 머금은

온 산이 불이 난 듯 단풍이 붉게 물들어 갈 무렵 땅속에서는 우엉, 연근, 고구마, 마 등의 덩이뿌리들이 실하게 영글어갑니다. 땅속 깊숙이 뿌리를 내려 토양이 가지고 있는 영양분 흠뻑 먹고 자란 뿌리채소는 비타민과 섬유질이 풍부하다죠. 늦더위가 한창인 9월 말부터 한겨울이 되기 전까지가 제철인 햇연근이 나오면 껍질 쓱쓱 벗겨 건강 김치를 담급니다. 연근은 연잎, 연밥, 화려한 연꽃을 피우는 연의 땅속 줄기로 뿌리채소가 그렇듯 몸을 따뜻하게 해주고 몸속의 어혈을 풀어 주는 등 질병에 걸리지 않고 기력을 왕성하게 하여 수명을 연장시켜 주는 손에 꼽히는 건강 채소로 유명하지요. 최근 TV 방송에서 보니 남자의 정자를 만드는 데 필요한 성분이 풍부하다고 하니 스트레스에 시달리는 젊은 남자들도 자주 먹으면 좋겠죠. 게다가 피까지 맑게 해준다니 참 고마운 채소지요.

많이 챙겨 먹는다고 해도 그나마 제철 놓치면 일 년에 맛있게 먹을 수 있는 기간이 얼마 되지 않아 싸고 맛있을 때 조림도 하고 김치도 담가 먹고 열심히 챙겨 먹지요. 간혹 연근으로 김치도 담그느냐고 묻는 분도 있지만 산사에서는 연근을 말갛고 개운하게 물김치로 담가 즐기는 사찰김치가 유명하죠. 우리 집에서는 고춧가루 양념에 갓 버무려 먹는 겉절이식으로 담가 먹는데요. 지금은 김치 하면 배추나 무가 주인공이지만 까마득한 옛날, 우리나라에 배추가 들어오기 전에는 오이, 가지, 죽순, 부추 등이 주된 김칫거리였다고 하는데 연근도 좋은 김칫거리였겠죠.

연못에서 캐낸 영양덩어리 연근은 아삭아삭 씹는 소리가 경쾌할수록 건강해지죠. 껍질을 벗겨 납작하게 썰어 파는 것은 표백 처리한 것이 많으므로 흙이 묻어 있는 껍질째로 사는 것이 좋아요. 조금 수고로워도 가족이 먹을 건데 안전한 것을 골라야죠. 몸통이 쭉 고르고 굵직하며 구멍의 크기가 일정한 것이 좋아요.

재료
연근 1개, 당근 채(없으면 생략) 1큰술, 송송 썬 부추 1큰술
양념_ 풀국 1큰술, 멸치액젓 3큰술, 다진 마늘 1큰술, 고춧가루 1큰술, 고추씨 1큰술

※ 풀국 40쪽 참고

김치, 이렇게 담가요

1. 연근은 흙을 털어 내고 씻은 뒤 필러로 쭉쭉 껍질을 벗겨요.
2. 껍질을 벗긴 연근은 동그랗게 모양을 살려 가능한 한 납작납작하게 썬 뒤 녹말기가 빠질 정도로만 물에 담갔다가 체에 건져 물기를 빼요.
3. 그릇에 풀국을 비롯한 양념을 넣고 고루 섞은 뒤 물기 뺀 연근을 넣고 어우러지도록 조물조물 버무려요.
4. 양념이 어우러져 연근에 빨갛게 물이 들면 당근 채와 부추를 넣고 다시 버무려 바로 먹어요.

 종부의 노하우

11월에 가장 맛이 좋은 연근은 대부분 녹말로 이루어져 있는데 물에 너무 오래 담가두면 맛과 향이 빠져 김치가 맛이 없어지므로 겉 부분의 녹말기가 없어질 정도로만 담갔다 꺼내요. 물에 담갔다 꺼내면 녹말기가 빠져 쉽게 갈변되지 않지만 어차피 양념에 붉게 버무리므로 크게 신경 쓰지 않아도 되지요. 부추는 김치를 더디 익게 하기 위해 넣지만 당근은 색감을 주기 위한 것으로 조금만 넣고 없으면 생략해도 좋습니다.

무생채, 가을무의 초간단 행복 반찬

달착지근하니 맛 제대로 든

"따뜻한 햇볕 받아가며 하루가 다르게 쑥쑥 자라는 잎 채소와 열매 등이 봄, 여름의 주된 김칫거리라면 가을, 겨울은 땅속 기운 받아가며 실하게 영글어가는 뿌리채소가 그 주인공이죠. 특히나 그냥 먹어도 달디 단 가을무는 별다른 양념 없이 누가 하더라도 맛난 반찬을 뚝딱 만들 수 있는 최고의 김칫거리랍니다."

무는 진흙에서 자란 무가 달고 맛있는데, 좋은 가을무는 들어 보면 묵직하고 단단하며 표면이 곱고 매끄럽지요. 크기가 큰 것보다는 자그마하고 잔털이 많지 않은 것, 당연히 무청이 달려 있는 것이 좋은데 잎은 짙은 녹색을 띠고 시들지 않은 것이 좋습니다.

재료
무 ½개
양념_ 멸치액젓 2큰술, 다진 마늘 1큰술, 고춧가루 2큰술, 멸치가루 1큰술, 소금 약간

김치, 이렇게 담가요

1_ 무는 껍질째 깨끗하게 문질러 씻은 뒤 얄팍하니 납작납작 썰어요.

2_ 납작하게 썬 무를 비스듬히 겹쳐 가지런하게 한 뒤 0.2~0.3cm 두께로 채를 썰어요.

3_ 그릇에 분량의 양념을 넣고 섞은 뒤 곱게 썬 무채를 넣고 양념이 고루 어우러지도록 살살 버무려요.

4_ 무생채는 겉절이식으로 갓 버무려 먹어야 맛있으므로 바로 먹어요.

 종부의 노하우

여름에는 무가 수분이 적고 쓴맛이 나 맛이 없어요. 그래서 무가 제대로 맛이 드는 초가을까지 기다렸다가 겉절이식으로 그때그때 담가 먹는 생채 김치죠. 절이지 않고 담가 남기면 물이 많이 생기므로 한 끼 먹을 양만큼만 담가야 맛있게 먹을 수 있고, 고춧가루는 많이 쓰면 지저분해지므로 무에 색이 들 정도로만 넣어요.

계절은 못 속인다고

좀처럼 수그러들 것 같지 않던 여름 더위도 언제 그랬냐는 듯 자취를 감추고 긴팔 옷을 꺼내 입어도 몸이 절로 움츠러들 만큼 기온이 뚝 떨어지면 '사각사각' 무 채 치는 친정엄마의 도마 소리가 그리워집니다. 삐죽이 나온 무 꽁지를 잘라내시며 "무 꽁지가 길어진 것을 보니 올겨울은 추울 모양이다" 하셨던 어머니. 팔뚝만 한 무를 순식간에 썰어 고춧가루 뿌리는 듯하더니 발그스름하니 보기에도 먹음직스러운 무생채를 진짜 눈 깜짝할 사이에 뚝딱 만들어내셨죠. 사각~사각~ 그 맛은 왜 또 그리 맛있던지….

음식 솜씨 좋으셨던 친정엄마는 "찬바람이 불면 무가 그냥 먹어도 달고 맛있다"시며 뭇국은 기본이고 무생채를 비롯하여 왁저지, 무새우조림, 무고등어조림, 깍두기, 무시루떡 등 다양한 맛의 무요리를 만들어 주셨죠. 그것도 모자라 과일처럼 깎아 주시며 "동삼冬蔘·겨울 인삼 **먹어라" 하셨죠.**

아마도 겨울무가 몸에 좋다는 것을 아시고 어떻게든 많이 먹이려고 달고 맛나다며 날로도 깎아주고, 이렇게 저렇게 솜씨도 부려보고 하셨던 것이 아닐까 싶어요. 그때의 기억 때문인지 찬바람이 불면 친정엄마가 그랬던 것처럼 무를 이용한 음식을 많이 하게 됩니다.

음식은 정성이라는 친정엄마의 말을 되새기며 물기 가득 머금은 가을무를 또각또각 길이 맞춰가며 가지런하게 채를 썰어 무생채부터 만들지요. 물론 채칼로 썰면 수월하겠지만 무가 짓눌러지면서 씹는 맛이 떨어지니 이것도 가족 위하는 마음이다 싶어 바지런히 손을 움직입니다. 무가 맛있어 별다른 양념 없이도 맛이 나는데, 채 썬 무는 절이지 않고 바로 겉절이처럼 쓱쓱 버무려 먹죠. 절이게 되면 천연소화제라고 불리는 무의 좋은 성분이 빠져버리게 되고 아삭거리는 식감도 떨어지게 되죠. 그렇게 되면 굳이 가을무를 찾아 먹을 이유가 없겠지요. 이제는 자신보다 더 늙어버린 딸내미가 친정엄마의 손맛을 그리워하며 발그스름하게 버무려낸 무생채를 보고 맛나구나 하실지….

" 석류김치는 시어른들을 위해 가을과 겨울철에 담그는 보양 물김치에요. 벌집 모양의 칼집을 넣을 때 끝이 떨어지지 않도록 일정한 깊이로 넣고, 재료는 가능한 한 길이를 맞추어 곱게 썰어야 보기에도 좋고 솜씨도 얌전해 보인답니다. 석이채와 실고추는 소와 함께 버무리면 색감이 죽게 되므로 고명으로 얹고, 풀국은 적게 넣는 것이 좋아요. 김장김치처럼 오래 두고 먹는 김치가 아니므로 차가운 바깥에 두고 국물이 새콤하게 익으면 꺼내어 차갑게 상에 올립니다. "

석류김치
장식을 한 종갓집 보양 물김치
딱 벌어진 석류처럼 갖은 고명으로

정갈하게 담긴 모양에서 드러나듯 마치 잘 익어 벌어진 석류를 닮았다 하여 '석류김치'라 이름 붙여진 무물김치예요. 종갓집 음식이라는 것이 손길 한 번 더 가고 덜 가는 것이 한눈에 드러나다 보니 어떤 음식이든 많은 시간과 정성을 쏟아야 하는 것이 예나 지금이나 종부에게 불변의 진리 같은 것이지요. 매일 차려야 하는 밥상도 예외가 있을 수 없는 법. 찬바람이 들어오지 못하도록 문풍지를 발라야 할 즈음이면 무가 참 맛있죠. 쪽 고른 무를 골라 도톰하게 토막 썰어 벌집처럼 가로세로 잔 칼집을 넣어 석류김치를 담급니다.

하루하루 반복적으로 차려내는 밥상에도 혹여 입맛 잃으실라 새로운 음식을 만들어 올리며 신경을 써야 하는 것도 종부의 몫이죠. 호랑이처럼 무섭게 훈육하시는 시할머니도 연로하신 데다 시부모님 역시 환절기에 잘 챙겨 드셔야 하기 때문이죠. 석이채, 대추채, 밤채, 실고추 등 정성스레 준비한 색색이 고운 재료로 만든 김치소를 채워가며 아름다운 한 송이의 석류와 같은 무물김치를 담근답니다.

은은한 대추 향이 어우러진 담백한 맛에 톡 쏘는 시원한 국물까지 자작하게 담아내면 손주며느리의 야무진 솜씨가 맘에 드셨던지 무겁던 입을 떼시어 "은은한 향도 좋고, 좋구나" 하셨지요.

재료
무 2개(1kg), 배춧잎 8장, 석이버섯 2개, 실고추 약간, 다시마국물 4큰술
절임물_ 물4컵, 소금 2큰술
소_ 무 ¼개, 대추 5개, 밤 5개, 갓 4cm 길이 1줌, 쪽파 4cm 길이 1줌, 홍고추 채 1개분
양념_ 풀국 1컵, 멸치액젓 4큰술, 다진 마늘 2큰술, 다진 생강 약간
※ 풀국 40쪽 참고, 다시마국물 41쪽 참고

김치, 이렇게 담가요
1_ 무는 단단하며 길이가 짧은 동치미 무로 골라 껍질째 씻어 5~6cm 두께로 동그랗게 토막 썰어요. 밑부분이 끊어지지 않도록 1cm 정도 남겨두고 가로세로 칼집을 내요.
2_ 절임물을 만들어 무의 칼집 넣은 부분이 아래로 향하도록 넣은 뒤 1시간 30분 정도 절여요. 이때 배춧잎도 함께 넣고 부드럽게 절여지면 소쿠리에 건져 물기를 빼요.
3_ 소 재료용 무는 4cm 길이로 잘라 곱게 채 썰고, 대추는 돌려깎기 하여 씨를 발라내고 채 썰어요.
4_ 석이버섯은 미지근한 물에 불려 비벼가며 헹궈 곱게 채 썰어요.
5_ 그릇에 양념을 넣고 고루 섞은 뒤 준비한 소 재료를 넣고 다시 섞어요.
6_ 절여진 무의 칼집 사이에 소를 꼼꼼하게 채워 넣고 위에 실고추와 석이채를 얹어 색감을 더해요. 배춧잎으로 감싸 항아리에 차곡차곡 담은 뒤 소 버무린 그릇에 다시마국물을 넣고 헹구어 부어요. 차가운 밖에 두고 국물이 익으면 꺼내 먹어요.

" 집안에 잔치가 있거나 해산물이 산란기를 맞아 가장 맛있을 때 시어른들 입맛을 돋우기 위해 담갔던 보김치. 여느 김치보다 안주인의 정성과 손길이 더해지는 김치로 보시기에 담긴 모습이 마치 꽃술을 머금고 활짝 피어난 한 송이의 꽃을 보는 듯하죠. 맛과 모양새가 좋아 칭찬을 꽤나 받은 김치입니다. "

해물보김치

잘 익힌 보김치에 싱싱한 해산물 얹어 차려내는

흔히 종가 음식에 대해 '세월이 빚어낸 맛이다' 라고들 합니다. 시대의 흐름이나 집안의 역사에 따라 다소 변모해 왔습니다만 수백 년 아니 수천 년의 맛을 지켜온 종가 음식은 아름다운 우리의 전통과 문화를 대를 이어 고스란히 전하고 있습니다. 이처럼 세대를 넘어 이어져 내려온 종가의 내림손맛은 가문의 권위를 내세우는 화려함도 격식도 아닌 만드는 이의 정성을 가장 중요하게 여겨 왔습니다. 예를 갖추어 차려야 하는 제례음식이나 손님 접대음식, 가족들의 통과의례음식 등에 구분을 두지 않고 지극정성을 다해야 함은 기본 중의 기본. 음식의 맛과 색, 형태는 물론이요, 서로를 돋보이게 하는 조화와 지나침이 없는 어울림까지 음식을 준비하고 담아내는 모든 과정에 만드는 이의 정성이 있어야 하죠. 또 드시는 분에 대한 따스한 애정과 배려가 담겨 있어야 하고, 음식의 담음새와 차림새에도 정성과 정갈함을 잊지 않아야 하지요.

나씨 종가의 해물보김치가 좋은 예죠. 해산물을 함께 넣고 버무려 담그는 여느 집과 달리 나씨 가문에서는 해산물 없이 양념한 소를 넣고 배춧잎으로 보자기 싸듯 싸 익히죠. 보김치가 먹기 좋게 익으면 채 썬 밤과 대추, 석이와 잣 등을 넣고 버무린 싱싱한 해산물을 듬뿍 얹어 낸답니다. 잣 등의 웃기를 먼저 넣고 익히면 눅진내가 나기 쉽고 해산물도 신선도가 떨어져 맛이 없어져요. 일 년에 몇 번, 조금은 손이 많이 가는 김치지만 그래서 더욱 즐거운 마음으로 정성을 다해 담가드리던 보김치입니다.

재료
배추겉대 9~10장, 짚 4줄, 해산물(전복, 굴, 낙지 등) 적당량, 고명(밤, 대추, 석이, 잣) 적당량

절임물_ 물 5컵, 소금 ½컵

소_ 무 ¼개, 사과 ½개, 배추속대 3장, 갓 3cm 길이 1줌, 쪽파 3cm 길이 ½줌

양념_ 풀국 ¼컵, 고춧가루 2큰술, 고추씨 ½큰술, 다진 마늘 1큰술, 다진 생강 ⅛작은술, 멸치액젓 2큰술

김치국물_ 다시마국물 1컵, 다진 마늘 1작은술, 풀국 1큰술, 멸치액젓 1큰술

※ 풀국 40쪽 참고, 다시마국물 41쪽 참고

김치, 이렇게 담가요

1. 배추겉대는 찢어지지 않은 큰 잎으로 준비하여 씻은 뒤 절임물에 담가 4시간 정도 부드럽게 절여 소쿠리에 건져 물기를 빼요.
2. 소 재료는 씻어 무와 사과는 껍질째 사방 2cm 크기로 납작하게 썰고, 배추속대도 비슷한 크기로 썰어요.
3. 그릇에 양념을 넣고 섞은 뒤 준비한 소 재료를 넣고 버무려요.
4. 오목한 보시기에 짚을 십자(+)로 얹고 그 위에 절인 배추의 안쪽 부분이 바깥으로 향하며 줄기가 포개지도록 십자(+)로 얹어요.
5. 보시기 안의 배추겉대 위에 버무린 소를 넣은 뒤 배추 이파리로 감싸 덮은 뒤 짚으로 묶고 여분은 짧게 잘라내요.
6. 항아리나 보관용기에 보쌈한 김치를 담고 김치국물을 만들어 부은 뒤 실온에 두고 익혀요. 김치가 익으면 짚을 잘라내고 배춧잎을 돌돌 말아 가장자리로 돌리고 해산물(전복, 굴, 낙지)과 고명(납작하게 썬 밤, 대추채, 석이채, 잣)을 버무려 얹어내요.

홍어김치

홍어의 본고장 나주지방에서 맛볼 수 있는 톡 쏘는 강렬한 맛

"사치스러운 음식 솜씨가 개성에 버금간다는 전라도, 그중에서도 홍어 실은 배들로 한때 북새통을 이루었던 영산포구가 있는 홍어의 본고장, 나주. 그곳에서는 잔칫상에나 올린다는 귀한 홍어를 더 맛있게 먹기 위해 김치로 담가 특별한 맛으로 즐기고 있습니다. 톡 쏘는 강렬한 맛에 중독되고 마는 나주의 홍어김치."

재료
삭힌 홍어 500g, 배추 ½포기, 무 ⅓개, 쪽파 3cm 길이 1줌, 갓 3cm 길이 1줌

절임물_ 물 3컵, 소금 ¼컵

양념_ 풀국 ⅗컵, 생새우 1큰술, 멸치가루 1큰술, 다진 마늘 2큰술, 고춧가루 6큰술, 고추씨 3큰술, 멸치액젓 2큰술

※ 풀국 40쪽 참고

김치, 이렇게 담가요
1_ 홍어는 잘 삭혀 먹기 좋은 크기로 자른 것으로 준비해요.
2_ 배추는 다듬어 밑동에 칼집을 넣고 두 쪽으로 나눈 뒤 절임물에 담가 6~7시간 절여요. 부드럽게 절여지면 2~3번 헹구어 소쿠리에 담아 물기를 빼요.
3_ 무는 다듬어 씻은 뒤 납작하게 썰어 다시 채 썰어요.
4_ 그릇 한켠에 절인 배추를 넣고 나머지 한켠에 양념 재료를 넣은 뒤 양념만 고루 섞어요.
5_ 양념을 반으로 나누어 홍어를 넣고 버무리고, 나머지 반은 무채와 갓, 쪽파를 넣고 버무려 소를 만들어요.
6_ 양념에 버무린 소를 배추에 전체적으로 고르게 발라가며 넣은 뒤 사이사이에 홍어를 끼워 넣고 빠지지 않도록 겉잎으로 감싸요. 항아리에 담아 실온에 두고 3~4일 익힌 뒤 먹어요.

 종부의 노하우

홍어김치는 톡 쏘는 맛이 살아야 제맛이므로 적당하게 삭힌 홍어로 준비해요. 양념을 버무려 반으로 나누어 채소와 홍어를 따로 버무린 뒤 배추에 소를 먼저 고루 바르고 홍어를 끼워 넣어야 양념 맛이 제대로 들어 맛있어요. 김치를 담글 때 그릇의 한켠에서 양념을 버무려 담그면 양념의 낭비도 줄이고 김치 담그기가 번잡스럽지 않아 좋으며, 설거지도 줄일 수 있어요.

예로부터 전라도 하면
음식 사치가 대단한 고장으로 유명합니다. 그 옛날 우리나라 제일의 곡창지대로 조기, 낙지, 전복 등의 해산물을 비롯해 인삼, 도라지 등은 물론 온갖 종류의 나물과 다양한 축산물까지 구하지 못하는 재료가 없었기 때문일 텐데요. 오죽하면 '사치스러운 음식 솜씨가 개성에 버금간다' 했을까요. 또한 전국에서 음식 맛이 가장 좋기로 소문난 곳이 전라도이기도 합니다. 좋은 재료에 양념을 아끼지 않고 쓰기 때문인데요, 음식의 고장답게 전라도에서는 옛날부터 그 귀하다는 해산물을 이용한 음식이 많습니다. 시댁에서 자주 담가 먹는 홍어김치 역시 그중 하나죠.

나주는 홍어의 본고장으로 옛날 영산포구에는 홍어 실은 배들로 북새통을 이루었답니다. 왜구를 피해 나주로 피란 온 흑산도 사람들에 의해 홍어가 흑산도에 전해진 것이라 하고요. 지금은 영산강변에서 해마다 4월이면 영산포 홍어축제가 열리지요.

나주사람들은 잔칫상에나 올린다는 귀한 홍어를 더 맛있게 먹기 위해 김치에 넣어 곰삭혀 먹으면서 음식 사치를 한 셈이죠. 적당히 삭혀 톡 쏘는 맛이 매력인 홍어를 양념에 조물조물 무쳐서 절인 배추 사이사이에 넣고 담근 홍어김치. 여느 김치와 마찬가지로 서늘한 실온에 3~4일 정도 두어 국물이 익기 시작하면 냉장고에 넣어 자연스럽게 숙성시켜 가며 익혀 먹는데, 김치 전체에 스며든 홍어의 맛과 향이 아주 특별한 별미라 할 수 있죠. 코를 찌르는 홍어의 톡 쏘는 맛은 김치와 어우러져 숙성되는 동안 한결 부드러워져 먹기에 부담이 없는데, 아삭한 김치와 함께 오독오독 연한 잔뼈들을 씹노라면 막걸리 한 잔 곁들이고 싶은 마음 간절해지죠. 특별한 날 담가 먹는 홍어김치는 나주 지방에서만 맛볼 수 있는, 한번 빠지면 헤어날 수 없는 특별한 김치임에 틀림없답니다.

게국지김치

게장젓의 진한 감칠맛을 제대로 즐길 수 있는 충청도의 맛 김치

" 게국지김치는 그 많은 젓갈 가운데 폭 삭힌 게젓을 넣고 충청도식으로 담근 가을김치입니다. 잘 절인 배추 숭덩숭덩 썰어 게젓을 넣고 잘 버무려 익혀 내놓으면 게 특유의 진한 감칠맛이 폭 배어 가을철 입맛을 사로잡기에 부족함이 없지요. "

우리나라를 자그마한 나라라고 합니다. 중국이나 미국에 비하면 작기는 작지요. 하지만 그 자그마한 나라 안에서도 지방마다 각기 다른 독특한 음식문화를 가지고 있는 점은 꽤나 흥미롭지요. 김치 하나만 보더라도 기후가 따뜻한 제주도에서는 김장을 따로 하지 않을뿐더러 김치 종류도 많지 않죠. 반면 날씨가 추운 함경도를 포함한 이북에서는 고춧가루를 적게 쓰고 간을 심심하게 한 슴슴한 맛의 김치가 발달했고요. 해산물이 풍부한 강원도에서는 생태나 오징어 등을 넣고 담그는 김치가 많은가 하면 전라도에서는 양념과 젓갈을 아끼지 않고 넣어 맵고 짠맛이 특징이죠. 이처럼 지방마다 서로 다른 맛의 김치가 발달한 것은 참 재미있는 일로 아마도 우리나라가 남북으로 길어 기후에 많은 영향을 받았기 때문이리라 생각합니다.

특히 전라도 지방에서 김치에 젓갈을 많이 넣는 것도 기후가 따뜻하다 보니 쉽게 변하지 않도록 하기 위함일 텐데, 덕분에 어느 지방에서도 맛볼 수 없는 진한 감칠맛의 빛깔 화려한 김치가 많이 발달한 것이고요. **처음 시댁인 나주로 시집을 와서 김치 담그는 것을 보고 많이 놀랐던 기억이 있습니다. 싱싱하고 다양한 김칫거리에서부터 아끼지 않고 넉넉히 쓰는 양념까지…. 양념을 소박하니 조금씩 넣고 김치를 담그던 친정 충청도와는 너무도 많이 달랐죠.**

젓갈만 해도 수십 종류를 직접 담그고 관리해가며 쓰고 있었는데, 게국지김치는 그 많은 젓갈 가운데 봄에 담가 여름에 먹는 게장젓을 넣고 담근 가을 김치입니다. 원래 게국지김치는 충청도에서 담가 먹는 별미 김치로 푹 익힌 뒤 뚝배기에 물을 붓고 찌개처럼 끓여 먹는데, 시원하고 담백한 맛이 그만이죠. 초겨울 천둥호박을 넣고 담가 하얗게 곰팡이가 슬도록 푹 삭혀 이듬해 봄 찌개를 끓여 먹는 호박게국지(206쪽)도 있지만 가을엔 배추만으로 담근 게국지김치가 익혀 바로 먹을 수 있고 찌개로도 끓여 먹을 수 있어 최고죠. 모양 말고 맛으로 따진다면 '전라도에서는 이런 김치를 담가 음식 사치를 하는구나' 하기에 충분한 맛이죠.

재료
배추 ½쪽, 무채 1줌, 쪽파 3cm 길이 1줌, 갓 3cm 길이 1줌
절임물_ 물 3컵, 소금 ¼컵
양념_ 풀국 ⅔컵, 게장젓 6큰술, 멸치가루 2큰술, 다진 마늘 2큰술, 다진 생강 ¼작은술, 새우젓 2큰술, 고춧가루 4큰술, 고추씨 2큰술
※ 풀국 40쪽 참고

김치, 이렇게 담가요
1_ 배추는 다듬어 밑동에 칼집을 넣은 뒤 쪽을 나누어 절임물에 5~6시간 담가 부드럽게 절여요.
2_ 줄기가 부드럽게 휘어질 정도로 절여지면 2~3번 헹구어 소쿠리에 담아 물기를 빼요. 밑동을 잘라내고 3~4cm 크기로 숭덩숭덩 썰어요.
3_ 무는 납작하게 썰어 채로 썰고, 쪽파와 갓은 3cm 길이로 썰어 준비해요.
4_ 그릇에 양념을 넣고 고루 섞은 뒤 무채와 쪽파, 갓을 넣고 버무려요. 여기에 배추를 넣고 어우러지게 버무린 뒤 푹 익혀 김치로 먹기도 하고, 바글바글 찌개를 끓여 먹기도 하지요.

 종부의 노하우
게국지김치의 맛을 살려주는 게장젓은 봄이나 가을에 간장게장을 담가 먹고 남은 것을 그대로 삭을 때까지 두었다가 먹는 것이 특징이죠. 게 특유의 감칠맛을 즐기고 싶거나 멸치젓의 비린내가 싫을 때 게장젓을 넣고 김치를 담급니다.

"'고기도 먹어본 사람이 안다'고 전라도 사람들은 젓갈에 따라 달라지는 김치의 미묘한 맛의 차이를 너무나 잘 알고 있죠. 그리고 그 맛을 즐기기 위해 집집마다 여러 종류의 젓갈을 담가두고 때에 맞게 다양한 김치를 담가 먹습니다."

가자미젓김치

개운하고 깔끔한 맛의 가을김치
3년 곰삭힌 가자미젓이 주는

전라도 김치라 하면 다른 지방에 비해 짜고 맵기도 하지만 깊고 진한 감칠맛으로 전국에서 가장 맛있기로 소문이 나 있습니다. 주로 고춧가루만 쓰는 다른 지방과 다르게 마른 고추를 학독에 갈고 풀국을 넣는 등 전라도만의 특징이 있지만 뭐니 뭐니 해도 곰삭은 젓갈을 넉넉하게 넣는 것을 빼놓을 수가 없죠. 세월의 깊이가 더해진 젓갈이 양념과 어우러지면서 남도 김치만의 감칠맛이 생기는 것이랍니다.

시댁의 장독에도 토하젓에 댐뱅이, 밴댕이, 황석어젓, 멍게내장젓, 게장젓, 조기젓, 가자미젓, 자하젓, 전어 내장의 돔배젓, 갈치속젓, 멸치젓, 전복창자젓, 고록젓(꼴뚜기) 등 수없이 많은 젓갈 항아리들로 가득했죠. 용도에 따라 5년은 기본, 10년 이상 삭히고 한지에 거르고…. 그 일조차도 어린 종부의 몫이라는 것을 시집간 이듬해에 알았습니다. 찬바람이 불고 가을이 깊어 가면 3년 이상 곰삭힌 가자미젓을 꺼내어 김치를 담가 먹습니다. 가자미와 소금을 1:1 비율로 섞어 항아리에 밀봉시킨 뒤 3년을 곰삭혀 뚜껑을 열면 말간 액젓을 얻게 되는데, 그 맛이 어찌나 깔끔한지요. 흰 구름 한 점 없는 파란 가을 하늘만큼이나 개운하고 깔끔한 김치 맛이 그리울 때 부드럽게 절인 배추에 가자미젓으로 양념한 소 쓱쓱 발라가며 포기김치를 먹음직스럽게 담근답니다.

가자미젓은 다른 젓갈에 비해 액젓이 말갛기 때문에 김치 맛을 시원하고 개운하게 만들어 주죠. 따라서 멸치젓의 거무스름함이나 특유의 비릿한 맛이 싫을 때 대신 넣고 김치를 담그는데, 김장할 때 넣기도 하고, 열무김치나 얼갈이김치와 같은 여름김치에 넣고 담그면 시원한 맛이 아주 좋죠.

재료
배추 ½포기, 무채 2줌, 갓 3cm 길이 1줌, 쪽파 3cm 길이 1줌
절임물_ 물 3컵, 소금 ¼컵
양념_ 풀국 ½컵, 다진 마늘 1큰술, 다진 생강 ¼작은술, 멸치가루 1큰술, 가자미젓 3큰술, 생새우 1큰술, 고춧가루 3큰술, 고추씨 2큰술
※ 풀국 40쪽 참고

김치, 이렇게 담가요
1. 배추는 다듬어 밑동에 칼집을 넣어 두 쪽으로 나눈 뒤 절임물에 담가 5~6시간 절여요.
2. 줄기가 부드럽게 휘어지도록 배추가 절여지면 2~3번 헹군 뒤 소쿠리에 얹어 물기를 빼면서 쪽을 나누어요.
3. 그릇에 양념을 넣고 고루 섞은 뒤 무채와 갓, 쪽파를 넣고 고루 버무려 소를 만들어요.
4. 버무린 소에 절인 배추를 넣고 줄기 부분에 속을 넣어가며 고루 바른 뒤 겉잎으로 잘 감싸요. 항아리나 용기에 담아 밖에 5~6일 정도 익혀 먹어요.

> "화려한 화장을 한 듯 울긋불긋 고운 단풍으로 치장하던 앞산의 나무들도 언제 그랬냐는 듯 잎들을 다 떨어뜨리고 가지가 앙상해질 무렵, 가난한 김치인 고추씨짠지를 담급니다. 호랑이처럼 무섭게 훈육하시던 시할머니께도, 참고 견뎌야 하는 종부의 삶을 가르치시던 시어머니께도 맛보여 드리지 않았던, 그래서 생전 한 점도 드시지 못했던 가난한 별미 김치 고추씨짠지."

고추씨짠지
짜게 절인 가난한 별미 김치
이듬해 여름을 위해 고추씨와 소금으로

재료
배추 ½포기, 웃소금 1컵, 물 2½컵
절임물_ 물 2½컵, 소금 ½컵
양념_ 고추씨 ⅓컵, 소금 ½컵

김치, 이렇게 담가요
1_ 배추는 쪽을 나누어 절임 소금의 반을 줄기에 뿌리고 나머지 반으로 절임물을 만들어 담가요. 줄기가 휘어지도록 7~8시간 담가 절인 뒤 2~3번 헹구어 물기를 빼요.
2_ 그릇에 양념용 고추씨와 소금을 넣고 고루 섞은 뒤 절인 배추 전체에 골고루 발라 겉잎으로 감싸요.
3_ 배추를 항아리에 담고 자작하게 물을 부어요. 그 위에 웃소금을 뿌리고 돌로 꼭꼭 눌러 두었다가 이듬해 봄부터 여름까지 꺼내 먹어요.

종부의 노하우
이듬해 여름까지 상하지 않게 두고 먹을 수 있도록 짜게 담근 별미 김치로, 배추의 속대가 노랗게 유지되도록 하는 것이 맛 제대로 살리는 비결이죠. 먹을 때 짠맛이 싫으면 찬물에 담가 우려도 좋고, 가볍게 헹구어 송송 썬 뒤 고춧가루 1큰술, 다진 마늘 ½큰술, 참기름 1큰술, 깨소금 약간, 송송 썬 홍고추 약간을 넣고 조물조물 버무려 먹어요. 짭짤하면서도 개운한 맛에 잊을 만하면 자꾸 생각나는 그런 김치죠.

시할머니 화로에
담뱃대 톡톡 두드리는 소리에 눈을 뜨면 아침식사 준비로 분주했습니다. 아침이라 고춧가루가 들어간 김치 대신 개운한 물김치를 올려야 했고, 고추장과 간장은 기본, 국과 밥 옆에는 한 사람씩 먹을 수 있도록 보시기에 야들야들하게 찐 달걀찜도 빠뜨리지 않았습니다. 생선도 아침이라 기름에 구운 것은 안 되고 불에 적당히 초벌로 구운 뒤 기름칠 살짝 하여 다시 한번 노릇하게 구워 올려야 했습니다. 제철 나물과 장아찌, 두세 가지 젓갈에 장조림이나 김 등도 빠뜨리지 않고 갖춘 정갈한 아침 진짓상을 차려 드리곤 엉덩이 보일세라 뒷걸음질로 나와 방문을 닫는 것으로 아침 준비 끝. 그러곤 부엌으로 들어가 일꾼의 아내들과 함께 차리고 남은 반찬들을 모아 놓고 밥을 먹었습니다. 울컥하고 솟구치는 서러움에 눈물도 많이 흘렸죠. 목이 메어 삼킬 수가 없어도 흐느끼는 소리 날까 볼이 미어지도록 맨밥을 먹고 또 먹었습니다. 어릴 때는 할머니 무릎에 누워 흰밥에 생선살 발라 얹어주면 냉큼냉큼 받아 먹어가며 귀하게 자란 외동딸이었건만….
고추씨짠지는 일꾼들의 아내와 부엌에서 먹기 위해 양념도 다른 부재료도 없이 오로지 배추와 고추씨, 소금만으로 담갔던 가난한 김치였습니다. 좋은 배추로도 못 담그고 씨를 받으려고 겨울 들판에 남겨 두었던 겉잎이 시퍼렇고 속대가 적은 허드레배추로 소금 듬뿍 얹어 짜디짜게 담가둡니다. 이듬해 여름, 아침부터 날은 덥고 아침 준비다 뭐다 해서 입맛조차 없을 때 꺼내어 송송 썰어 참기름과 깨소금으로 조물조물 양념하면 서러운 맘 싹 가시고 새벽부터 차린 아침 진짓상도 부럽지 않죠. 그래도 아쉽다 싶으면 점심 때 부드럽게 삶은 국수에 송송 썰어 넣고 버무려 짠지비빔국수까지 해서 먹으면 그 행복감은 무엇과도 바꾸고 싶지 않죠. 고추씨짠지는 그렇게 서러움도 잊게 한 행복한 맛입니다.

간이 싱거우면 물러져 김치를 망치로 물을 자박하게 붓고 웃소금을 얹어 짜게 절이고, 배추가 들뜨지 않도록 돌로 꼭꼭 눌러 두어야 무르거나 곰팡이가 피는 것을 막을 수 있어요.

배추보쌈김치

돌돌 말아 싱싱한 굴 얹어 먹는

좀 더 쉽고 간편하게 김밥 말듯

보쌈김치 하면 보시기에 배춧잎을 얹고 여러 가지 소를 넣은 뒤 보자기 싸듯 싸서 만든 개성식 김치를 떠올리게 되죠. 그만큼 이런 형태가 전국적으로 널리 알려져 있어서인데, 개성 배추가 속이 연하고 잎이 길기 때문에 이처럼 독특한 김치가 발달한 것이죠. 그리고 개성에서는 보쌈김치가 아니라 '쌈김치'라고 부르는데, 보쌈이라는 말은 사주팔자가 센 양반집 딸이 일부종사를 못하여 이를 액땜하기 위해 밤거리에서 총각을 납치해 와 딸과 함께 재운 뒤 총각을 죽여 버리는 풍습에서 유래된 말이라 하여 쓰지 않는다고 하니 재미있지요. 원래 보쌈이란 음식은 일꾼이 많은 양반집에서 김장하느라 지친 일꾼들의 기운을 북돋아 주기 위해 돼지 한 마리를 통째로 잡아 즉석에서 버무린 김치와 함께 동네 잔치를 하며 먹었던 풍습에서 유래했다고 합니다. 보쌈은 어떤 재료로 어떻게 만드느냐에 따라 맛과 모양이 달라질 수 있어요. 우리 집에서는 부드럽게 절인 배추에 속을 넓게 펴 얹은 뒤 김밥 말듯 돌돌 말아 배추 보쌈김치를 만들죠. 제철을 맞아 살이 통통하게 오른 굴을 씻어 얹으면 더욱 일품인데, 음식이라는 것은 이처럼 시대와 형편에 따라 조금씩 변해 가며 시대와 시대를 잇는 매개가 되는 것이 아닌가 싶습니다.

재료
배추 ½포기, 굴 적당량
절임물_ 물 2½컵 소금 ½컵
소_ 무 ⅓개, 쪽파 3cm 길이 1줌, 갓 3cm 길이 1줌, 대추 4개, 밤 6개, 통깨 ⅓컵
양념_ 풀국 ⅓컵, 고추씨 ⅓컵, 고춧가루 ⅔컵, 멸치진젓 4큰술, 다진 마늘 1큰술, 생강 ⅛작은술, 새우젓 ½큰술
※ 풀국 40쪽 참고

김치, 이렇게 담가요
1. 배추는 파란 겉잎은 한 잎씩 떼고 속대는 밑동에 칼집을 넣고 반으로 쪼갠 뒤 절임물에 담가 5~6시간 절여요. 부드럽게 절여지면 2~3번 헹구어 물기를 빼요.
2. 무는 채를 썰고 대추는 돌려깎기 하여 씨를 빼고 채 썰고, 밤은 껍질을 벗겨 납작하게 썰어요. 굴은 물에 흔들어 씻어 물기를 빼요.
3. 그릇에 양념을 넣고 섞은 뒤 무채와 쪽파, 갓을 넣고 버무려요. 양념이 고루 어우러지면 대추채와 밤, 통깨를 넣고 다시 버무려 소를 만들어요.
4. 절인 속대는 한 장씩 떨어지도록 밑동 부분을 잘라내고 양념에 고루 버무려요.
5. 따로 둔 겉잎은 2장씩 줄기 부분이 앞으로 오도록 놓고 그 위에 양념과 버무린 속대를 반대 방향으로 얹어요.
6. 속대 위에 소를 고르게 얹고 돌돌 말아 한입에 먹기 좋은 두께로 썬 뒤 씻어 둔 굴을 올려 먹어요.

종부의 노하우
김밥 말듯이 돌돌 말아 만드는 보쌈김치는 배추가 충분히 절여지지 않으면 모양이 예쁘게 나지 않아요. 절임물에 넣을 소금 반을 먼저 덜어 줄기에 뿌린 뒤 절이면 더 잘 절여지죠. 배춧잎은 겉 부분을 안쪽으로 향하도록 해서 말아야 모양이 매끈해 더 먹음직스러워 보이죠.

전복김치

화려하고 깊은 남도의 맛
맛과 영양이 가득한 가을의 푸른 바다처럼

" 속정 가득 담아 손수 음식을 만들어 보내는 마음도 기쁘지만
정성 가득한 김치를 받았을 때의 마음은 또 얼마나 흡족하고 풍요로울까 싶어
귀한 재료에 정성 가득 담아 마음을 전한답니다. "

재료
배추 ½포기, 전복(큰 것) 2개, 무채 5cm 길이 1줌, 쪽파 3cm 길이 1줌, 갓 3cm 길이 1줌, 소금 ½큰술

절임물_ 물 3컵, 소금 ¼컵

양념_ 풀국 3큰술, 멸치액젓 2큰술, 새우젓 2큰술, 다진 마늘 2큰술, 생강 ¼작은술, 고추씨 4큰술, 고춧가루 ½컵

※ 풀국 40쪽 참고

김치, 이렇게 담가요

1_ 배추는 밑동에 칼집을 넣고 쪽을 나눈 뒤 절임물에 담가 줄기가 부드러워지도록 6~7시간 절여요. 2~3번 헹구어 소쿠리에 담고 물기를 빼요.

2_ 전복은 싱싱하게 살아 있는 것으로 준비해 솔로 가장자리의 검은 부분을 문질러 닦아요.

3_ 전복의 껍데기와 살 사이에 숟가락을 넣어 살을 뗀 뒤 내장을 떼고 손질하여 씻어요. 납작하게 저며 소금을 살짝 뿌려 수분을 빼요.

4_ 그릇에 양념을 넣고 버무려 반은 전복을 넣고 버무리고, 반은 무채, 쪽파, 갓을 넣고 버무려 소를 만들어요.

5_ 배추 줄기 사이사이에 양념에 버무린 소와 전복을 넣어가며 고루 버무린 뒤 속이 빠지지 않도록 겉잎으로 감싸요. 항아리에 담아 5~6일 두어 익으면 냉장고에 두고 먹어요.

 종부의 노하우

전복은 가을에 맛이 들기 때문에 가을 전복을 최고로 치는데, 살이 꽉 차고 윤기가 나며 달고 바다향도 한결 짙어진답니다. 생물이어야 맛도 좋고 비린내가 나지 않아요. 가장자리의 검은 테두리에서 비린내가 나므로 솔로 꼼꼼하게 문질러 닦아요.

예로부터 전라도는 여러 대를 이어 토박이로 사는 부유한 양반들이 많은 곳이죠. '맛의 고장'이라 불리는 것도 생활 형편이 넉넉한 그들에 의해 화려하고 솜씨 좋은 음식들이 후대까지 그대로 전수되었기 때문인데, 오곡백과가 풍성한 가을이 되면 그 어떤 계절보다 솜씨 자랑이 대단해지죠. 기름진 평야와 깊은 산, 지척에 바다까지 끼고 있어 곡식에 해물, 산채 등 부족한 것이 없으니 아낙들이 뛰어난 손맛을 더하고 싶은 것은 당연한 일이 아닐까 싶지요.

남편의 사업실패로 종가는 돈 많은 이에게 팔려 기둥뿌리 뽑히는 신세가 되었지만, 사방 팔십 리 넓디넓은 문중의 땅을 거느리던 시댁에서도 가을이 되면 음식 맛이 깊어지고 화려해졌습니다. 특히나 가을철에는 인근의 청정바다와 갯벌에서 나는 전복, 해삼, 낙지 등 귀한 해산물을 이용한 고급 음식이 많았는데, 김치도 예외는 아니었습니다.

그 화려하고 깊은 가을 맛 중에 진미를 꼽으라면 단연 살아서 꿈틀대는 전복을 넣고 담근 전복김치이지요. 잘 발효된 김치의 아삭함과 함께 오돌오돌 입안 가득 터지는 쫄깃함이 그만인데, 이것이야말로 불로장생의 힘을 얻기 위해 중국의 진시황제도 기를 쓰고 찾아 먹었다는 우리 푸른 바다의 맛이구나 싶죠. 전복은 청정지역의 다시마와 미역만을 먹고 자란 우리나라 것이 최고인데, 천년을 살고자 했던 진시황제도 '동방의 불로초라 하며 우리 앞바다에서 딴 전복만을 먹었다고 하니 그 맛과 영양은 짐작할 만하지요.

화려한 맛과 영양이 그만인 전복김치는 시어른들께서 무탈하게 겨울을 나셨으면 하는 마음에 영양을 비축하기 위해 가을철에 미리 담가두지요. 집을 찾는 귀한 손님 대접이나 신세진 분들께 고마움의 표시로, 혹은 가까운 친척의 폐백이나 이바지음식 선물로 보내기도 하고요. 전복은 살아 있는 것이라야 살이 질기지 않고 맛과 향이 좋은데, 영양 가득한 내장은 따로 떼어 죽을 쑤어 나박김치와 함께 시어른들 식간 새참으로 드리지요.

> 무말랭이는 물에 푹 담가 불리면 무의 맛있는 성분이 빠져나가므로 불리면서 낀 먼지 등이 없도록 주물러가며 씻은 뒤 자작할 정도로만 물을 붓고 뒤적여 가며 불려요. 그리고 고추와 고춧잎은 10월 말경에 따 망자루에 넣고 무거운 것으로 꾹 누른 뒤 약간의 식초를 탄 짭짤한 소금물을 만들어 붓고 삭혀요.

골파김치
여러 가지 맛을 한번에 즐길 수 있는 야무진 밑반찬

잘 말린 오징어에 도톰하게 썰고 곰팡이 슬지 않게 볕 쬐어 가며 말린 무말랭이, 알싸한 맛의 쪽파, 노랗게 삭힌 고추와 고춧잎, 이것이 골파김치의 주재료죠. 마른 오징어가 들어가는 이 김치는 오징어가 많이 잡히는 강원도 동해안 지방에서 많이 담가 먹는 김치죠. 여름 끝물에 담가 노랗게 삭힌 고추와 고춧잎까지 넣고 전라도식으로 젓갈 넣은 진한 양념에 조물조물 버무려 먹는 맛김치랍니다. 칼칼하니 삭힌 고추 집어 먹는 맛도 좋고, 양념에 적당히 불어 부드럽게 씹히는 무말랭이와 오징어 맛도 그만이죠. 뜨끈한 밥 위에 쪽파 얹어 먹는 맛도 두말하면 잔소리고요. 이렇게 한 번에 여러 가지 맛을 볼 수 있으니 이렇다 할 찬이 없을 때 꺼내 놓으면 두세 가지 반찬 몫은 톡톡히 하는 김치랍니다. 주로 김장철 배추김치, 총각무김치, 갓김치 등 본격적인 김장이 끝난 후 무쳐 밑반찬으로 먹죠. 조물조물 버무려 바로 먹어도 되지만 두고 먹으면 각각의 재료에 양념 맛이 깊게 배어 더욱 맛있어지는데, 씹을수록 양념과 어우러진 진한 감칠맛이 배어나와 먹는 즐거움을 주는 효자 밥반찬이랍니다. 무말랭이와 오징어는 양념이 잘 배도록 손에 힘을 주어가며 조물조물 오랫동안 주물러야 하는 반면 쪽파는 나중에 넣고 살짝 버무린답니다. 김치에 넣는 무말랭이는 약간 도톰한 것이 씹는 맛이 있어 좋은데, 볕 좋은 가을날 새끼손가락 정도 굵기로 썰어 아침부터 저녁까지 열흘 정도 햇볕에 말려요.

재료
불린 무말랭이 100g, 쪽파 30줄기, 갓 5~6줄기, 삭힌 고춧잎 1컵, 삭힌 고추 30개, 말린 오징어 1마리
양념_ 풀국 ½컵, 새우가루 1큰술, 멸치가루 1큰술, 생새우 1큰술, 새우젓 1큰술, 다진 마늘 2큰술, 생강 ½작은술, 고춧가루 ½큰술, 고추씨 3큰술
※ 풀국 40쪽 참고, 삭힌 고추 254쪽 참고

김치, 이렇게 담가요
1_ 무말랭이는 먼지 등이 없도록 주물러가며 씻은 뒤 바특하게 물을 붓고 1~2시간 불려 물기를 꼭 짜요.
2_ 쪽파와 갓은 다듬어 씻은 뒤 쪽파는 뿌리 쪽을 칼등으로 두드려 7~8cm 길이로 썰고, 갓은 3~4cm 길이로 썰어요.
3_ 삭힌 고춧잎은 씻어 물기를 꼭 짜고, 삭힌 고추는 꼭지 끝부분만 살짝 잘라요.
4_ 말린 오징어는 한 입에 먹기 좋은 크기로 자른 뒤 물에 담가 30분 정도 부드럽게 불려요.
5_ 그릇에 양념을 넣고 섞은 뒤 불린 무말랭이와 오징어, 고춧잎을 넣고 양념이 잘 배도록 손에 힘을 주어 가며 버무려요.
6_ 양념이 어우러져 빛깔이 곱게 들면 쪽파와 갓, 삭힌 고추를 넣고 다시 버무려 바로 먹어도 좋고, 실온에 2~3일 정도 양념이 어우러지고 숨이 죽을 정도로만 두었다가 먹어요.

" 제철 맞아 싱싱하게 물 오른 생굴 듬뿍 넣고 매콤하게 버무려 바로 먹는 즉석 김치죠.
굴이 딱 제맛일 가을부터 봄까지 향긋하게 담가 먹는 진미인데요, 고슬고슬 갓 지은 따신 밥과 함께
한 상 차려내면 "어허~ 이런 김치에 막걸리가 빠지면 쓰간디?" 하며 남편의 젓가락이 바쁘게 움직입니다. "

향긋한 맛으로 입맛
돋우는 굴은 수컷이
되었다 암컷이 되었다
하는 생물이라죠. 눌렀을
때 탄력이 있고 통통한 것,
패주가 뚜렷하게 서 있는
것이 신선하고 맛도
좋아요.

굴김치

생굴 듬뿍 넣은 향긋한 김치
추울수록 맛과 영양이 깊어지는

깊은 맛이 특징인 남도의 김치는 찬바람 불기 시작하는 가을철이 되면 그 맛이 꽃을 피우듯 더욱 깊고 화려해집니다. 인근 청정바다와 갯벌에 서식하는 해산물들이 제철을 맞아 맛이 제대로 들기도 하거니와 이들 해산물들의 아낌없는 공세에 아낙들의 손맛까지 더해지니 그 맛이 차고 넘칠 수밖에요. 게다가 모든 음식의 맛은 재료가 좌우하는 법, 가까운 산지에서 바로 공급받은 신선한 '놈'들로 요리를 하니 그 맛이 좋은 것은 당연하겠죠. 쌀쌀해지기 시작한 초가을부터 남도에는 향긋하니 맛 좋은 굴김치를 담가 먹느라 야단들입니다. 바다의 우유라 불리는 굴은 날씨가 추울수록 그 맛이 으뜸인데 여기에 찬바람 맞아 더욱 맛있어진 배추까지 더해지니 그야말로 환상궁합이 따로 없죠.

탱글탱글한 굴의 향긋함과 신선한 맛이 아삭거리는 김치와 어우러져 그 어떤 김치에서도 맛볼 수 없는 독특한 풍미가 넘치는데, 특히 굴은 다른 어패류보다 소화가 훨씬 잘되기 때문에 어르신이나 아이들에게도 그만이죠. 막걸리 한 잔 걸치지 않고는 못 배긴다며 남편들 과음하게 만드는 깊고 진한 맛, 이것이 진정 남도의 가을김치 맛이지요. 굴은 양념이 잘 어우러지지 않으므로 양념을 덜어 먼저 버무린 뒤 다른 재료와 섞어야 맛도 좋고 모양도 좋아요. 이때 너무 힘을 주어 버무리면 굴이 으깨지므로 가볍게 살살 버무리는 것이 좋고, 굴이 오래되면 신선한 맛이 떨어지므로 버무려 바로 먹어야 맛있답니다.

재료
배추 1포기, 굴 1컵, 무채 4cm 길이 1줌, 갓 3cm 길이 ½줌, 쪽파 3~4cm ½줌
절임물_ 물 5컵, 소금 1컵
양념_ 풀국 1컵, 다진 마늘 1큰술, 다진 생강 ⅛작은술, 생새우 1큰술, 가자미젓 2큰술, 멸치가루 1큰술, 고춧가루 4큰술, 고추씨 2큰술
※ 풀국 40쪽 참고

김치, 이렇게 담가요

1_ 배추는 다듬어 밑동에 십자(+)로 칼집을 넣고 2쪽으로 쪼갠 뒤 줄기에 소금 반을 덜어 줄기에 뿌리고 절임물을 만들어 6~7시간 절여요.

2_ 배추의 줄기가 부드럽게 휘어질 정도로 절여지면 2~3번 헹구어 소쿠리에 얹어 물기를 빼요.

3_ 굴은 싱싱한 것으로 골라 연한 소금물에 껍질 등이 없도록 손질해가며 흔들어 씻은 뒤 체에 담아 물기를 빼요.

4_ 그릇에 양념을 넣고 고루 섞은 뒤 한쪽에 굴을 넣고 버무리고, 다른 한쪽에 무채와 쪽파, 갓을 넣고 버무린 뒤 굴과 섞어 소를 만들어요.

5_ 절인 배추의 줄기 사이사이에 소를 채워 넣고 속이 빠지지 않도록 겉잎으로 감싼 뒤 먹기 좋게 썰어 바로 먹어요.

"앞마당 나뭇잎이 단풍잎으로 옷을 갈아입을 즈음 담그면 김장철이 지난 후
딱 먹기 좋게 익는데, 조기 살이 말랑말랑해져 어르신들 드시기에도 좋고,
따로 젓갈을 넣지 않아도 조기가 젓갈 역할을 해 아주 맛있는 김치가 된답니다."

조기김치

깊고 진한 어육 별미 김치

조기 살 통째로 넣고 폭 삭혀 먹는

충청도 당진에서 전라도 나주까지는 자동차로 3시간이면 닿을 수 있는 거리입니다. 지금처럼 교통이 발달하지 않았어도 그리 먼 거리는 아닐진대, 처음 보는 각양각색 김치들은 담그는 법 또한 많이 달라서 그 거리감이 마치 자개장롱에 원앙금침, 재봉틀 등 바리바리 싣고 정든 친정을 떠나 시댁인 나주를 향해 황토먼지 일으키며 달리고 또 달리던 그 거리만큼이나 멀게 느껴졌던 적이 있었습니다. 충청도 김치는 아주 소박하죠. 고춧가루를 비롯한 양념을 맛이 날 정도로만 조금씩 넣고, 젓갈도 쓰지 않고 소금만으로 간을 맞추어 담백하게 담가 먹습니다. 하지만 시댁 나주에서는 간단한 김치에도 멸치젓, 새우젓, 황석어젓 등 2~3가지는 기본이고, 어떤 김치는 해산물까지 넣어 담그는 것을 보고 어린 맘에 많이 놀랐었죠. 그런데 그 깊은 맛에 빠져들어 이제는 때맞춰 척척 담가 먹지 않고는 못 배기니…

반건조 조기 살을 납작하게 썰어 넣고 담가 먹는 조기김치는 먹을거리가 궁한 겨울철에 양반집에서 담가 먹던 영양 가득한 김치입니다. 김치가 숙성되는 동안 해물에서 아미노산이 생성되어 독특한 맛과 향은 물론 감칠맛이 아주 뛰어난 영양 김치가 되는데, 시어른들 밥상에 입맛을 돋워드리기 위해 별미 김치로 많이 담갔던 깊고 진한 맛의 어육김치랍니다. 단백질과 무기질이 매우 풍부한 김치로 겨울철 부족하기 쉬운 비타민 등의 영양을 보충시켜 줄 수 있었죠. 전라도에서는 젓갈김치를 좋아하지만 굳이 젓갈을 넣지 않아도 조기가 곰삭으면서 그 역할을 해 맛이 좋아요.

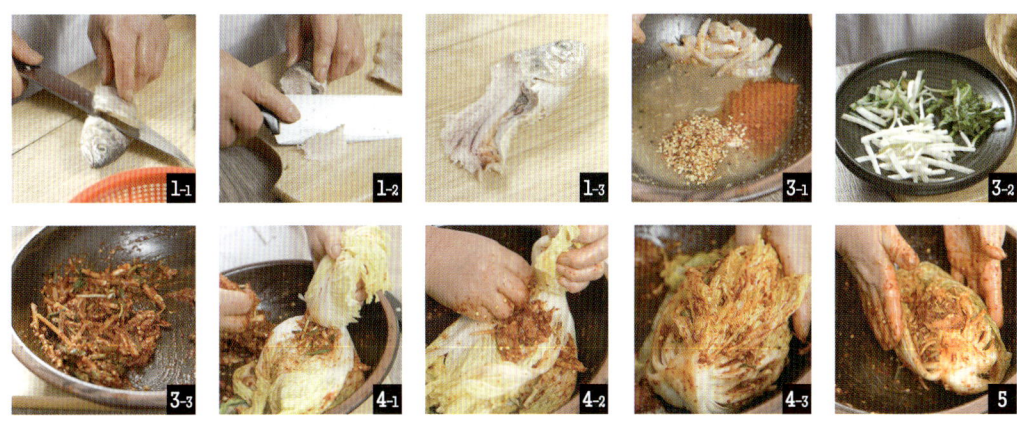

재료

조기 1마리, 배추 ¼포기, 무채 1줌, 쪽파 3cm 길이 ½줌, 갓 3cm 길이 ½줌

절임물_ 물 2½컵 소금 ⅓컵

양념_ 풀국 ⅓컵, 멸치가루 1큰술, 생새우 ½큰술, 진젓 2큰술, 멸치액젓 1큰술, 다진 마늘 1큰술, 고춧가루 4큰술, 고추씨 1큰술

※ 풀국 40쪽 참고

김치, 이렇게 담가요

1_ 조기는 반 건조된 것으로 준비해 비늘을 긁어내고 손질해요. 가운데 뼈를 따라 칼을 넣어 포 뜨듯 앞뒤로 살을 발라 낸 뒤 칼을 어슷하게 눕혀 납작하게 썰어요.

2_ 배추는 다듬어 절임물에 5시간 담가 줄기가 휘어지도록 절인 뒤 헹구어 소쿠리에 물기를 빼요.

3_ 그릇에 분량의 양념과 조기를 넣고 고루 버무린 뒤 무채와 쪽파, 갓을 넣고 다시 버무려 소를 만들어요.

4_ 절인 배추 사이사이에 소를 넣어가며 전체적으로 고르게 양념을 바른 뒤 소가 빠지지 않도록 겉잎으로 감싸요.

5_ 김치를 항아리에 담고 꾹꾹 눌러 공기를 뺀 뒤 곰삭도록 100일 정도 익혀 먹어요.

해물김치

차고 넘치는 남도의 깊은 맛
신선한 제철 해산물 아낌없이 넣은

> 조수간만의 차가 큰 서해안을 끼고 있어 해산물이 풍부한 전라도. 봄과 여름김치가 산과 들에서 나는 파릇파릇한 채소를 이용한 상큼한 맛이 주를 이루었다면, 지리산 단풍이 짙어지는 가을부터는 깊은 바다 속의 싱싱한 해산물을 이용한 깊은 감칠맛의 김치가 그 자리를 대신합니다. 좋은 재료가 좋은 맛을 내는 건 당연한 이치. 청정한 푸른 바다가 키워낸, 그래서 그 자체로 맛있는 싱싱한 해산물을 이용한 해산물김치가 절로 맛있어지는 것은 당연한 이치지요.

재료
배추 ½포기
소_ 전복 1개, 굴 1컵, 무채 1줌, 쪽파 2cm 길이 ½줌, 갓 2cm 길이 ½줌
절임물_ 물 2½컵, 소금 ½컵
양념_ 풀국 ⅓컵, 멸치가루 1큰술, 가자미젓 2큰술, 생새우 1큰술, 멸치진젓 2큰술, 멸치액젓 2큰술, 다진 마늘 1큰술, 고춧가루 ⅓컵, 고추씨 2큰술
※ 풀국 40쪽 참고

김치, 이렇게 담가요
1_ 배추는 밑동에 칼집을 넣고 절임물에 줄기가 휘어지도록 5시간 정도 절인 뒤 2~3번 헹구어요. 소쿠리에 엎어 포기를 쪼개어 물기를 빼고, 무채, 쪽파, 갓 등 소 재료를 준비해요.
2_ 전복은 솔로 문질러 닦은 뒤 껍질과 살 사이에 숟가락을 넣어 살을 떼어낸 뒤 내장을 떼어내고 씻어 납작납작하게 썰어요.
3_ 굴은 연한 소금물에 담가 흔들어가며 껍질 등이 없도록 씻은 뒤 체에 담아 물기를 빼요.
4_ 그릇에 양념을 넣고 섞은 뒤 반을 덜어 전복과 굴을 넣고 먼저 버무리고, 나머지 양념에 무채 등 소 재료를 넣고 버무린 뒤 해산물과 다시 버무려요.
5_ 절인 배추의 줄기 사이사이에 소를 채워 넣고 겉잎으로 감싸요. 오래 익히면 해산물이 물컹해지므로 실온에 3일 정도 익혀 싱싱할 때 먹어요.

 종부의 노하우
굴이나 전복 등의 해산물을 넣고 김치를 담글 때는 해산물이 미끈거려 양념이 잘 어우러지지 않고 겉돌기 때문에 채소와 섞기 전 미리 따로 양념에 버무려야 하고, 또 보통 김치보다 양념을 진하게 해야 전체 간이 잘 맞아요.

황톳길 흙먼지

바람 일으키며 내달리던 트럭에는 나주에서 내로라하는 고대광실 종택으로 외동딸을 시집보내는 친정엄마의 염려와 바람을 대변이라도 하듯 바리바리 챙겨준 신접살림으로 가득했습니다. 애지중지 키운 외동딸이 기죽지 않고 행복하게 살기를 바라는 간절한 마음까지 담았겠지요. 아마도 종부의 삶이 그토록 힘든 것을 미리 알았다면 시집보낼 생각이나 하셨을까요.

세상물정 몰랐던 스물네 살 어린 신부도 그 험한 길을 몰랐기에 종부 되는 것이 영광이라 생각하며 망설임 없이 종택의 문턱을 넘었지요. 그렇게 종부가 되어 손끝에 고춧물 들여가며 김치를 담그고 지낸 세월이 40여 년.

말로 표현할 수 없이 힘든 일도 많았지만 조상 대대로 이어져 내려오는 우리의 전통문화와 음식을 고스란히 배우고 익혔던 시간들이었습니다. 아쉬운 것이 있다면 공부를 더 했었더라면 하는 것이죠. 여자가 공부를 하면 연애편지나 쓴다며 다섯 남자 형제들은 공부를 시키면서도 외동딸은 학교 근처도 얼씬 못하게 하셨던 보수적인 아버지. 낮에는 어머니를 도와 집안일을 하고 밤에는 아버지 몰래 야간학교에 다니기도 했지만 그것만으로는 성에 차지 않아 16살 때는 수덕사로, 18살 때는 부천의 수녀원으로 두 번의 가출을 감행했었지요. 결국은 아버지 손에 도로 끌려오게 되었지만 왠지 그곳에 가면 원 없이 공부할 수 있을 것 같았어요.

그때 공부를 더 했더라면 좀 더 많은 우리 음식을 배우고 연구했을 텐데 하는 아쉬움이 지금도 크죠. 후대에 전해지지도 못한 채 역사 속으로 사라진 요리도 많을뿐더러, 지금 남아 있는 전통음식들도 점점 외면당하는 것 같아 속상하고 안타깝거든요. 젊은 사람들에게 좀 더 친숙하게 다가갈 수 있는 방법을 연구하여 다음 세대, 또 그 다음 세대까지 이어질 수 있도록 해야 하는데 말입니다. 특히나 화려한 맛이 그 어떤 요리에도 뒤지지 않는 남도의 깊은 김치 맛은 배워도 끝이 없는 듯한데 말입니다.

무오가리김치

가을볕에 꾸덕하게 말려 오독오독 씹는 맛이 으뜸인

"본격적인 김장에 앞서 제철을 맞은 무와 배추가 한창 맛이 들면 '앞김장'이라 하여 가을 김치를 담급니다. 김장하기 전까지 두세 번 담그는 앞김장에는 오독오독 씹는 맛이 그만인 무오가리김치를 빼놓을 수가 없는데, 질깃하면서도 아삭거리는 속맛이 그만인 그 맛을 요즘 젊은 사람들은 아마 모를 테지요."

김장철이 아직 이를 무렵, 앞김장을 위해 무오가리 만드는 일도 게을리할 수 없습니다. 무를 껍질째 도톰하게 썰어 채반에 얹어 이슬 맞지 않도록 아침저녁으로 널고 걷기를 반복하며 반그늘에 사흘 정도 꾸덕하게 말리죠. 고생스럽기는 해도 품 파는 만큼 돈 주고도 살 수 없는 귀한 맛을 얻을 수 있으니 행복합니다.

재료
무 1개

양념_ 풀국 ⅓컵, 멸치진젓 3큰술, 새우젓 1큰술, 다진 마늘 1큰술, 다진 생강 약간, 고춧가루 3큰술, 고추씨 2큰술

※ 풀국 40쪽 참고

김치, 이렇게 담가요

1_ 무는 껍질째 깨끗하게 씻어 3~4cm 두께로 동그랗게 토막 썰어요.

2_ 채반에 겹쳐지지 않도록 무를 넣어 앞뒤로 뒤집어가며 겉이 꾸덕꾸덕해지도록 반그늘에서 사흘 정도 말려요.

3_ 그릇에 양념을 넣고 버무린 뒤 말린 무를 넣고 비벼가며 고루 버무려요. 항아리에 담아 실온에서 4~5일 정도 두어 익기 시작하면 겨우내 두고 꺼내 먹어요.

 **종부의 노하우**

무김치는 잘못 담그면 물러져 맛이 없어져요. 이를 미연에 방지하기 위해 반그늘에 말려 수분을 적당히 없애고 담가 먹는 김치로, 무는 도톰하게 썰어 부드럽게 휘어질 정도로 반그늘에 3일 정도 말려야 하죠.
말린 무는 간이 잘 배어들지 않으므로 양념을 바르듯 비벼 가며 고루 버무려야 해요.

남편 하나 보고

시집을 왔건만 서울에 직장을 두고 있는 남편은 넓디넓은 종가에 어린 새색시 홀로 남겨두고 서울로 떠났습니다. 그리고 일 년에 한두 번 명절 때나 되어야 얼굴을 볼 수 있는 남편 대신 시할머니, 시부모님, 시누이, 집안일을 돌보는 사람들과 일꾼까지 30여 명이 넘는 사람들과 함께 하는 시댁 생활은 참 고되고 슬프고 힘들었습니다. 한 달에 2~3번씩 모셔야 하는 제사에 윗분 모시랴 아랫사람 돌보랴, 찾아오는 손님은 또 왜 그리 많은지 어린 종부가 감당하기에는 녹록지 않은 시간들이었죠. 모두가 잠든 것을 확인하고 자정이 넘어서야 겨우 방으로 들어가 잠을 잘 수가 있었는데, 그땐 참 많이 울었죠. 혹여 옆방에서 주무시는 시할머니 들을세라 소리 없이 흐느끼다 잠이 들어 언제나 베갯잇이 축축하게 젖어 있었죠. 그렇게 흘린 눈물 자국은 쉬 지워지지도 않아 삶아도 누렇게 얼룩으로 남곤 했지요.

넓디넓은 종가 안살림을 도맡아 매일같이 종종거리며 지내느라 꽃 피고 새 우는 앞산 한 번 제대로 보지 못했건만 가을은 빨리도 찾아옵니다. 종부에게 한가한 틈이 어디 있으랴마는 특히나 가을은 하루가 48시간이라도 모자랄 정도로 바쁜 계절이죠. 밖에서 농사일이나 밭일은 하지 않았지만 끝물 채소 손질하여 수십 가지의 장아찌를 담그고, 볕 쬐어 가며 가지, 호박, 오이, 토란대, 들깻대, 시래기 등을 갈무리해 겨울 식량을 비축하고, 고춧가루에 젓갈, 마늘 손질 등 김장 준비도 해야 하고….

한도 끝도 없는 일 속에서 본격적인 김장 1~2주 전부터는 앞김장이라 해서 무오가리며 섞박지(172쪽), 비늘김치(170쪽), 고추씨짠지(154쪽) 등을 담가야 하는데, 배추만 1천 포기 이상 담그는 김장과 한꺼번에 할 수 없으니 먼저 담가 두는 것이었죠. 무오가리김치는 미리 무를 껍질째 두툼하게 썰어 반그늘에 꾸덕하게 말렸다가 담그는 김치예요. 오독오독 씹는 맛이 좋을뿐더러 쉽게 물러지지 않아 겨우내 두고 먹기에 더없이 좋죠. 수분을 적당히 말려 질깃한 듯하면서도 속맛은 아삭거리고 씹을수록 양념과 어우러진 무의 달큰한 맛이 배어나와 다른 김치에서 맛볼 수 없는 귀한 맛이 숨어 있답니다. 무오가리는 무를 가늘게 또는 두껍게 썰어 가을볕에 말린 것으로, 가늘게 썬 것은 무말랭이라 하죠.

" 분주한 김장철에 앞서 미리 담가 땅속 항아리에 넣고 익혀 먹는 겨울 저장 김치로 한 입 베어 물면 '아삭~' 소리가 옆 사람에게 들릴 정도죠. 제철 맞은 무의 시원함과 아삭함을 오래오래 즐길 수 있는 것이 비늘김치의 장점이죠. "

비늘김치

무 본연의 시원한 맛을 오래오래 즐길 수 있는 저장 김치

재료
동치미 무 1개, 무채 3cm 길이 ½줌, 쪽파 2cm 길이 ½줌, 갓 2cm 길이 ½줌

절임물_ 물 1컵, 소금 ½컵

양념_ 풀국 2컵, 고춧가루 5큰술, 고추씨 2큰술, 멸치액젓 2큰술, 다진 마늘 1큰술

※ 풀국 40쪽 참고

김치, 이렇게 담가요

1_ 무는 주먹만 한 크기의 동치미 무로 준비하여 껍질째 깨끗이 씻은 뒤 세로로 반 갈라요. 껍질 쪽으로 비스듬하게 간격을 두고 가로 세로 칼집을 넣어요.

2_ 절임물을 만들어 칼집 넣은 껍질 부분을 아래로 놓고 1시간 정도 절인 다음, 뒤집어 1시간 정도 담가 전체적으로 부드럽게 절여 물기를 빼요.

3_ 그릇에 양념을 넣고 고루 버무린 뒤 무채와 쪽파, 갓을 넣고 버무려 소를 만들어요.

4_ 절인 무의 칼집 사이사이에 양념한 소를 얌전하게 채워 넣은 뒤 전체적으로 양념을 고루 발라 항아리에 차곡차곡 담아 익혀 먹어요.

종부의 노하우
가을무는 너무 짜게 절이지 않아야 아삭한 맛이 살아 맛있는 법이죠. 칼집은 소를 어느 정도 채울 수 있도록 깊게 넣어야 좋고, 소를 넣을 때 수월하도록 충분히 부드럽게 절여야 해요. 무채는 곱게 썰어야 김치 모양이 예뻐요.

동치미 담을 때 쓰는 길이가 짧고 끝이 둥그스름한 무, 즉 13~14cm 내외의 작은 여자 손바닥만 한 조선무를 골라 반 가르죠. 그리고 껍질 쪽에 생선비늘처럼 칼집을 넣고 거기에 무채 등 양념한 소를 채워 익혀 먹는 김치입니다. 어슷어슷 에인 모습이 마치 생선비늘 같다고 해 붙여진 이름인데 먹는 음식도 모양에 따라 이렇게 재치 있게 부르는 것이 참 재밌다 싶습니다. 주로 김장할 때 많이들 담그지만 우리 집에서는 김장철에 담가야 하는 김치가 많은 탓에 본격적인 김장에 앞서 미리 담그는 겨울철 저장 무김치인 셈이죠.

맛이 깊게 배어들도록 김장김치마냥 땅에 묻은 항아리에 차곡차곡 담아 익히는데, 한겨울 쌓인 눈 헤집고 곶감 꺼내 먹듯 한쪽씩 꺼내 먹으면 그 맛이 어찌나 시원하고 좋은지요. 무의 단단한 육질이 그대로 살아 한 입 베어 물면 '아삭~' 하는 소리가 옆 사람에게 들릴 정도인데, 그 맛 때문인지 궁중에서도 겨울김치로 담가 먹었다고 합니다.

무김치를 좋아하는 우리 집 역시 해마다 거르지 않고 담가 먹는데, 비늘김치는 제철 맞은 무의 시원함과 아삭함을 오래오래 즐길 수 있는 장점 많은 김치임에 틀림없습니다. 비늘김치의 무는 조선무라고 불리는 길이가 짤막하니 작고 단단한 재래종 무를 쓰는데, 특유의 매운맛이 있지만 김치를 담가 놓으면 익혀도 아삭할 뿐더러 시원한 단맛이 우러난답니다. 궁중김치인 만큼 무채를 일정한 길이로 곱게 썰어야 정갈한 모양새에 솜씨가 더욱 돋보인답니다.

섞박지
손바닥만 하게 썬 무의 시원한 맛이 그만인 전통김치

" 어른 손바닥만 하게 큼직큼직하게 썰어 담가 익힌 섞박지를 먹으며 "아무튼 김치는 강 선생이 최고여" 하는 남편의 칭찬에 내심 으쓱하기도 하지만, 고되게 시집살이하던 시절이 생각날 때면 '아니 이 고생 시키려고 남들은 한 번만 올리는 결혼식을 두 번씩이나 올려 가며 요란을 떠셨나?' 생각도 해 봅니다. 나주의 부잣집 7대 독자의 결혼은 참으로 대단했는데, 마을 사람 누구 하나 빠지지 않는 큰 잔치를 벌였었죠. 결혼식도 서울에서 웨딩드레스 입고 신식으로 한 번, 나주에서 전통혼례로 또 한 번, 그렇게 두 번의 결혼식을 올려주더니 그 값을 하느라 그랬는지 아주 요란하게 종부의 삶을 살았고 지금도 살고 있답니다. "

섞박지 역시 무오가리김치(168쪽)와 마찬가지로 앞김장 중 하나죠. 찬바람이 불기 시작하면 무에 맛이 들어 그냥 먹어도 달고 맛나요. 오죽 맛있었으면 인삼보다 낫다는 말까지 생겨났을까요. 그런 무를 어른 손바닥만 한 크기로 큼직큼직하게 썰어 양념에 촉촉하게 버무려 놓으면 심심하면서도 시원한 맛이 그만이에요. 땅 속 항아리에 묻어두고 겨우내 밥반찬으로 꺼내 먹는 넓적한 섞박지 한쪽이면 밥 한 공기 뚝딱 비우는 건 시간 문제죠.

섞박지는 옛맛을 고수하는 설렁탕이나 곰탕집에 가면 먹을 수 있는데, 지금은 김치에 양념들을 많이 넣어 시원한 맛이 덜하지만 옛날에는 양념을 적게 넣고 무 자체의 시원한 맛이 살도록 담갔더랬지요. 이것저것 넣으면 맛이 더 좋아지는 줄 알지만 자고로 김치란 양념을 많이 넣으면 넣을수록 텁텁한 맛만 남게 되는데, 그걸 아는지 모르는지 TV의 요리 프로에서도 많이 넣는 것만 가르치니 안타까운 일이죠.

'섞박지'는 섞는다는 뜻의 '섞'과 김치를 뜻하는 우리말 '지'가 합쳐진 이름으로 섞어서 만든 김치라는 뜻인데, 늦가을에서 초겨울에 담가 김장김치가 익기 전에 먹습니다. 문헌에는 1700~1800년대 궁궐에서도 담가 먹었다고 하는데, 모시로 유명한 한산에서부터 시작되어 '전국에서 가장 맛있는 김치'로 문헌에 기록될 정도로 인기가 높았던 김치입니다.

시어른들과 함께 살던 때도 그랬지만 지금도 그 시원한 맛이 좋아 김장을 전후로 하여 2~3주 간격으로 서너 차례 담가 겨우내 차례차례 꺼내 먹지요. 집안 자체가 무김치를 좋아해 남편이나 아이들이나 크게 한 입씩 베어 가며 맛나게 먹는답니다.

재료
무 1개

절임물_ 물 3컵, 소금 ½컵

양념_ 풀국 4큰술, 다진 마늘 1큰술, 생강 ¼작은술, 멸치액젓 2큰술, 멸치가루 2큰술, 고춧가루 4큰술, 고추씨 2큰술

※ 풀국 40쪽 참고

김치, 이렇게 담가요

1. 무는 껍질째 깨끗이 씻은 뒤 8cm 정도의 길이로 토막을 낸 뒤 1cm 정도의 두께로 길게 토막을 내요.
2. 절임물에 무를 넣고 낭창낭창해지도록 3시간 정도 절인 뒤 소쿠리에 건져 물기를 빼요.
3. 그릇에 풀국을 비롯한 양념을 넣고 고루 섞은 뒤 절인 무를 넣고 양념이 고루 어우러지도록 비벼 가며 버무려요.
4. 항아리에 차곡차곡 담아 공기가 빠지도록 위를 꼭꼭 누른 뒤 밖에 두고 17~20일 정도 후에 익기 시작하면 먹어요.

 **종부의 노하우**

섞박지는 너무 짜면 맛이 없으므로 은은하게 간을 하고, 무 자체가 맛있기 때문에 다른 재료를 넣지 않아야 시원한 맛이 살지요. 고춧가루를 많이 넣으면 시원한 맛이 떨어지므로 주홍빛이 날 정도가 적당하고 양념이 잘 배지 않으므로 대신에 멸치가루를 넣어요. 멸치가루는 양념이 무에 달라붙게 해주고 익으면 감칠맛을 살려주거든요. 오랫동안 싹싹 비비면서 버무려야 해요.

깍두기김치

보약보다 나은 건강 김치
달착지근하니 밥상이 절로 건강해지는

친정도 떵떵거릴 정도는 아니지만 괜찮게 살던 집이었습니다. 한데 시댁은 대단했습니다. 사방 80리 드 넓은 문중 땅에 자리 잡은 종택은 고대광실이었고 일하는 사람만 30명이 넘었습니다. 그때는 나주가 무척 풍족하고 잘사는 고을이었습니다. '전라도가 전주全州의 전全 나주羅州의 나羅를 따서 전라도全羅道 가 될 정도이다 보니 맛있고 좋은 음식이 많이 발달했고 식재료도 부족함이 없었죠. 시댁에서도 영산 포가 가까우니 홍어가 수시로 상에 올랐고, 가마솥에는 귀하다는 쇠고기 넉넉하게 넣고 푹 무르게 곰 탕을 끓이느라 아궁이에 불 꺼질 날이 없었죠. 식구가 많으니 매 끼가 잔치 치르는 듯 했었는데, 맑고 개운한 곰탕이 상에 오르면 그것에 맞는 김치, 먹기 좋게 익은 깍두기를 함께 올렸습니다. 곰탕엔 국물 까지 떠먹을 수 있는 국물깍두기를, 시조모님과 시증조모님 진짓상에는 숙깍두기를, 인근 영산포에서 싱싱한 굴이 들어오는 날엔 향긋한 굴깍두기를…. 음식에 따라 입맛에 따라 궁합을 맞춰가며 입맛을 돋우기 위해 여러 종류의 깍두기를 담가 두어야 했는데요. 봉숭아와 키를 나란히 하는 장독대 작은 단 지에는 다양한 맛의 깍두기들이 익어가고 있었습니다.

굴깍두기김치

싱싱한 바다를 통째로 먹는 듯 향긋함 가득한 가을 김치

> 나주가 고향인 남편은 지척에 있는 영산포구 덕에 싱싱한 해산물을 많이 먹고 자란 사람이죠. 그래서 그런지 김치도 홍어김치나 전복김치, 굴김치, 굴깍두기처럼 해산물이 들어간 김치를 좋아하는 편입니다. 특히나 싱싱한 맛으로 먹는 굴이나 전복이 들어간 김치는 향긋한 향 때문에 벌써부터 군침이 도는지 양념에 쓱쓱 버무리는 동안에도 "아직 멀었는가" 해가며 본인은 아니라고 하지만 무척이나 재촉합니다.

굴을 돌에 핀 꽃 '석화'라고 하지요. 바닷가 바윗돌에 붙어 자라 그리 부르는데, 돌꽃이라는 이야기지요. 자연산 굴은 작고 양식굴은 조금 큰 편인데, 향이 좋고 테두리 색이 진하고 탄력이 있는 것이 싱싱하고 맛있어요. 영양이야 말할 것도 없지요.

재료
무(큰 것) 1개, 굴 200g, 굵은 소금 약간, 쪽파 2cm 길이 약간
절임물_ 물 2큰술, 소금 2큰술
양념_ 풀국 ⅓컵, 다진 마늘 1큰술, 멸치액젓 3큰술, 고추씨 3큰술, 고춧가루 4큰술
※ 풀국 40쪽 참고

김치, 이렇게 담가요
1_ 무는 껍질째 문질러 깨끗이 씻은 뒤 사방 2cm 크기로 깍둑썰기 해요.
2_ 그릇에 무를 넣고 소금을 뿌린 뒤 고루 뒤적여요. 여기에 물을 뿌리고 1시간 30분 절여 소쿠리에 건져 물기를 빼요.
3_ 굴은 싱싱하고 자그마한 것으로 골라 연한 소금물에 껍질이나 불순물 등이 없도록 손질해가며 흔들어 씻은 뒤 체에 담아 물기를 빼요.
4_ 그릇에 양념을 넣고 고루 섞은 뒤 반 정도를 덜어 한쪽에서 굴을 넣고 버무려 담아내요.
5_ 남은 양념에 무를 넣고 고루 버무린 뒤 미리 버무려둔 굴과 고루 섞어 담아내요.

TV를 켜면 앉아서
구만 리는 보는 듯합니다. 철따라 산지 찾아다니며 고향 소식과 함께 특산물도 소개하고, 제철 재료도 소개하고 덤으로 요리법까지…. 덕분에 앉아서 산으로 들로 바다로 전국 구석구석 안 다니는 곳이 없죠. 특히나 제철 재료를 소개할 때 귀가 쫑긋해지는데 봄에 향긋한 산나물이 소개되면 "아이고 쌉싸름하니 맛있겠다" 싶고, 여름에는 물이 뚝뚝 흐르는 시원한 수박이며 참외가 입에 막 들어오는 듯도 하죠. 찬바람이 부는 가을이 오면 해산물이 제철을 맞아 맛이 들 대로 들어서인지 주로 바닷가 소개를 많이 하는데, 갓 잡아 올린 싱싱한 오징어는 그냥 먹어도 맛있겠다 싶고, 노릇하게 구운 전어는 해마다 집 나간 며느리 타령을 하며 빠지지 않고 나오죠.

무안 사람들이 서해안의 드넓은 갯벌 숨구멍에 손 집어 넣어가며 맨손으로 낙지 잡아 올리는 모습은 참으로 대단하다 싶으면서도 '얼능 씻어 나무젓가락에 빙빙 말아 낙지호롱 해 먹으면 꿀맛이겠다' 싶죠. 그런가 하면 물 빠진 바닷가에 플라스틱 바구니 하나 들고 들어가 바위에 붙은 굴 따는 모습을 볼 때면 비싸다 싸다 할 것 없이 그저 맛있게 먹을 수 있는 것만으로도 감사하게 생각해야 하는 맘이 절로 생깁니다. 손놀림이 어찌나 빠른지 끝이 고부랑한 쇠갈고리로 툭툭 쳐가며 너럭바위에 붙은 굴을 따다 보면 어느새 바구니 가득인데, 향긋하니 어리굴젓 담그면 얼마나 맛있겠나 싶은 생각에 군침이 절로 돕니다. 그러다가 '저 싱싱한 자연산 굴 한 보시기 넣고 쓱쓱 버무려 깍두기 담가 놓으면 가뜩이나 굴 좋아하는 남편이 얼마나 좋아하겠나' 생각이 미치자 도저히 못 참고 장을 보러 간 적도 있습니다.

탱글탱글하니 향 좋은 굴이 제대로 맛이 든 가을부터 담가 먹기 시작하는 굴깍두기는 갖은 양념에 쓱쓱 버무려 놓으면 빛깔도 곱고 맛도 좋은데, 뭐니뭐니해도 싱싱한 굴의 향긋함에 취할 수밖에 없지요. 그 향으로 먹는 김치이기에 조금씩만 담아 맛있게 먹는 게 좋지요. 남아서 냉장고 들어갔다 나오면 젓가락 안 가게 되니까요.

숙깍두기 김치
시어른들을 위한 살캉한 맛
씹는 것조차 쉽지 않은

"옛날처럼 '예쁘다 밉다, 싱겁다 짜다' 하실 어른들도 안 계신데 대충 하면 뭐 어떠랴 하며 숙깍두기를 담습니다. 그런데 마음은 그리 먹었는데 손은 좀 더 예쁘고 반듯하게 썰기 위해 움직이고, 입으로는 "아이고 살캉하니 씹는 맛이 있도록 데치려면 투명하게 색이 변할 때 바로 꺼내야지" 하고 혼잣말을 합니다. 그 숱한 세월을 지내오면서 뼛속까지 종부가 되어 버렸으니 어쩔까요. 계시나 안 계시나 한결같은 마음으로 짜지도 맵지도 않게 국물 자작하니 허옇게 숙깍두기 담가 봅니다. 자극적이지 않은 맛이 어르신들 드시기에는 더없이 좋은 참 지혜로운 김치다 싶습니다."

우리 음식에서 나물이나 채소 등을 끓는 물에 데치거나 삶은 것을 '숙熟'이라고 합니다. 따라서 숙깍두기는 팔모썰기 한 무를 끓는 물에 무르게 삶아 버무려 담근 깍두기김치죠. 주로 치아가 약해 씹는 것이 편치 않은 나이 드신 어른이나 어린 아이들을 위해 담근 김치였는데요, 우리가 늘 먹어왔던 아삭아삭 씹는 맛이 좋은 보통의 깍두기와는 또 다른 맛을 즐길 수가 있답니다. 지금은 집에 어르신들이 안 계시니 담글 기회가 많지는 않은데, 시할머니 살아계실 때와 시어머니 연세 드신 후에 조석으로 진짓상에 올리던 김치죠.

시할머니께서는 97세, 시어머니께서는 89세에 돌아가셨으니 치아가 안 좋아지신 후로 오래도 많이 담갔던 깍두기입니다. 연세는 드셨어도 음식에 관한 한 깐깐하고 엄격하셨던 두 분이신지라 무척 신경 쓰며 담갔던 기억이 떠오릅니다. 너무 물러도 안 되고 덜 익혀도 안 되었죠. 어르신들 한 입에 쏙 들어갈 만한 크기로 예쁘고 반듯하게 잘라 끓는 물에 살캉히 씹히도록 데쳐내야 했습니다.

밥상 들이고 나갈 때 자칫 엉덩이 보이게 걸었다가는 불호령 하시며 마음에 드실 때까지 몇 번이고 나갔다가 다시 들어와 조심조심 걸어 나가라 시키시던 분이셨지요. 그러니 음식은 오죽했겠어요. 정성껏 음식을 만들어 드리면서도 혹시 맘에 안 드시는 부분이 있지는 않을지, 또 아예 젓가락 대지 않을 음식은 없는지 물릴 때까지 아무 말씀 없기를 바라며 마음 졸이곤 했죠. 시할머니, 시어머니 눈치 보며 지내는 세월이 참 쉽지 않았습니다. 지금은 두 분 모두 돌아가시고 안 계시니 그렇게까지 반듯반듯하게 썰어가며 담그지 않아도 되련만 배운 게 도둑질이라고 두 어른 계신 그때처럼 손이 저절로 움직이니 어찌합니까.

재료
무(큰 것) 1개, 다진 쪽파 1큰술
양념 _ 풀국 4큰술, 멸치액젓 3큰술, 다진 마늘 1큰술, 다진 생강 ¼작은술, 다시마국물 2큰술, 고춧가루 3큰술, 고추씨 2큰술
※ 풀국 40쪽, 다시마국물 41쪽

김치, 이렇게 담가요
1_ 무는 자그마한 것으로 골라 문질러 깨끗이 씻은 뒤 껍질을 살짝 벗기고 사방 2cm 크기로 깍뚝썰기 해요.
2_ 냄비에 물을 붓고 펄펄 끓인 뒤 무를 넣고 겉이 투명해지도록 삶아지면 체로 건져 물기를 빼요.
3_ 그릇에 양념을 넣고 고루 섞은 뒤 살캉하게 익힌 무를 넣고 고루 버무려 바로 담고 다진 쪽파를 솔솔 뿌려내요.

 종부의 노하우

무 외에는 별다른 것 없이 담가 맛을 내는 김치이므로 무 자체가 물이 많고 맛있어야 해요. 제철 맞은 가을무를 씻어 단단한 껍질을 살짝 벗겨내고 썰어 끓는 물에 넣어 겉이 투명해지면서 속은 살캉하니 덜 삶아지게 끓여요. 자극적인 맛이 없도록 담가야 하므로 국물을 자작하게 잡아 허옇게 담가요. 그렇게 담가두면 무 자체에서 또 물이 나와 양념이 살짝 씻기면서 조금 더 하얗게 된답니다.

정깍두기김치

바라며 담가 먹던 태교김치
바른 생각과 바른 마음 갖고 자라길

> 나주는 그 옛날 '작은 한양'이라 불릴 만큼 지세가 좋은 곳이죠. 그 때문인지 이름난 인재가 많이 난 곳이었고 시어른들 또한 나씨 가문에 이름을 빛내고 자자손손 이름을 떨칠 자손이 태어나길 얼마나 바라시고 계셨던지요. 시어른들의 많은 기대와 바람 속에 태어난 세 아들은 잔병치레 없이 건강하고 정직하게 자랐습니다. 남에게 피해 안 주고 부모에게 효도할 줄 알고요. 나라의 부름 받아 군인이 되어 자신의 맡은 바 임무에 충실하니 잘 살고 있죠. 남은 한 가지는 할머니의 바람처럼 이름을 빛내줄 일만 남았는데 인생은 마라톤이라고 하니 기다려 봐야죠.

손 귀한 나씨 종가에 시집와 아들만 셋을 낳았습니다. 시어머니께서는 무척 기뻐하셨지요. 당신께서는 슬하에 아들 하나밖에 얻지 못하여 혹시나 잘못될까 싶어 노심초사하며 남편을 키우셨는데, 듬직한 손자 녀석이 셋씩이나 되니 든든하셨던 게죠. 물론 종부로서 손을 이어야겠기에 아들 하나쯤은 낳았어야 했지만, 아들들 들으면 서운하겠으나 딸을 낳고 싶었습니다. 그런데 내리 시키면 아들 녀석 셋을 낳고 보니 아쉬운 마음이 무척 컸죠. 그것도 남편과 매일 함께 생활하는 것도 아니고 서울에 직장을 두고 있어 명절 때나 얼굴을 볼 수 있었던 남편이죠. 기껏해야 일 년에 한두 번 고향에 내려오는데, 그것도 새색시는 제쳐두고 밤이면 시어머님과 함께 잠을 잤던 남편이었죠. 그래도 명절 때 남편만 다녀가면 머지않아 배가 불룩하게 불러오니 신기할 따름인데, 그렇게 아들만 낳으니 언제 딸을 낳을지도 모르고 간절함만 가득했죠. 결국 딸은 얻지 못하여 지금도 삶의 큰 아쉬움으로 남아 있죠. 며느리의 마음이야 어찌되었건 시댁 어르신들은 장손 소식에 무척 기뻐했고, 그 뒤를 이어 낳는 아들의 출산을 무척 기뻐했습니다.

그러곤 임신을 할 때마다 좋은 것만 먹고 바른 생각만 하시라고 당부하셨습니다. 깍두기 하나에도 정성을 다하여 담근 정깍두기를 먹으라 하셨는데, 정깍두기는 궁중이나 사대부 집안에서 태교 음식으로 먹던 무김치죠. 뱃속의 아기가 바른 생각과 바른 마음을 품고 건강하게 자라기를 바라는 마음을 가득 담아 무도 커도 작아도 안 되게 한입에 들어갈 수 있는 크기로 잘라야 했죠. 무의 귀퉁이는 모두 잘라내고 속 부분만 네모반듯하게 잘라서 담가야 했습니다. 엄마가 맵지도 짜지도 않은 반듯한 음식을 먹으면 뱃속 아이 역시 반듯하고 정직한 성품을 가질 것이라는 옛날 어르신들의 바람을 담은 우리의 전통 태교 음식인 셈입니다.

재료
무(중간 크기) 1개
절임물_ 물 2큰술, 소금 2큰술
양념_ 풀국 ⅓컵, 고추씨 1큰술, 고춧가루 3큰술, 멸치액젓 3큰술, 다진 마늘 1큰술, 다진 생강 ¼작은술
※ 풀국 40쪽 참고

김치, 이렇게 담가요
1_ 무는 속이 단단한 것으로 껍질째 문질러 깨끗이 씻은 뒤 사방 2cm 크기로 반듯하게 깍뚝썰기 해요.
2_ 그릇에 무를 담고 소금을 뿌리고 훌훌 털어가며 섞은 뒤 물을 넣고 1시간 정도 절여요.
3_ 무가 부드럽게 절여지면 소쿠리에 건져 물기를 빼요.
4_ 그릇에 양념을 넣고 고루 섞은 뒤 부드럽게 절인 무를 넣고 고루 버무려요. 실내나 실외에 두었다가 국물이 뽀글뽀글 거품이 막 일기 시작할 정도로 익혀 냉장보관해 두고 먹어요.

 종부의 노하우

깍두기용 무는 속이 단단하며 매운맛이 있지만 김치를 담그면 아삭한 식감과 시원한 단맛이 나는 자그마한 재래종이 좋아요. 달려 있는 무청은 잘라 삶아 시래기로 말려도 되고요. 정깍두기는 익으면 물이 많이 생겨 양념이 국물에 씻기므로 양념 양을 조금 넉넉하게 해야 익어도 먹음직스럽답니다.

넷째 자연이 거들어 맛을 내주는
한겨울의 김장김치 이야기

겨울에는 사계절이 뚜렷한 나라에서만 즐길 수 있는 맛이 있습니다. 그 어느 계절보다 많은 종류의 김치를 담그고 또 맛볼 수 있는 계절이 겨울입니다. 한파가 몰려오기 전 11월 중순부터 입동 사이, 이집 저집 잔치 하듯 집안 식구 모두 모여 시끌벅적하니 김장김치를 담그느라 분주합니다. 땅속 깊숙이 항아리 묻고 배추김치며 시원한 동치미, 알싸한 갓김치에 파김치, 초록무김치에 알타리김치, 칼칼한 고추씨백김치까지…. 갖은 양념하여 차곡차곡 담고 공기 빠지도록 꾹꾹 눌러만 주면 그 다음은 자연과 시간이 맛을 내줄 차례지요. 오랜 시간 숙성과 발효를 거치면서 양념들이 빚어내는 오묘하고 깊은 맛이 가득한 계절, 겨울은 자연과 시간까지 담아낸 기다림의 맛이 있기에 마음까지 풍요롭지요.

입동을 전후로 집집마다 한바탕 잔치가 벌어집니다. 시끌벅적하니 동네 아주머니들이 서로 품앗이를 하며 겨우내 밥상을 책임질 김장을 하기 때문이지요. 코끝 빨개지도록 추위가 기승을 부려도 어른 아이 할 것 없이 한껏 들떠 싱글벙글…. 배추김치에 알타리김치, 갓김치 등등 빛깔 고운 김치가 마무리되면 푹 삶은 돼지고기와 싱싱한 굴, 떡, 동태찌개 등을 나누며 고단함을 풀고 정을 쌓았지요. 그래서 그랬을까요?

사계절 김치 185

김치의 기본 배우기 ❻

배추 절이기

1 다듬기
배추는 밑동을 자르고 누렇게 뜨거나 상한 겉잎을 떼어내요.

2 칼집 넣기
밑동에 5cm 깊이의 십자(+)로 칼집을 넣어요.

3 두 쪽 나누기
칼집을 넣은 사이로 엄지손가락을 넣어 힘있게 벌려 두 쪽으로 나눠요. 손으로 쪼개야 배추가 덜 부서져요.

4 절임물 준비하기
배추 1포기에 물 5컵, 간수 뺀 굵은 소금 1컵을 준비해요.

5 절임물 만들기
그릇에 물을 붓고 소금의 ½분량을 덜어 넣은 뒤 충분히 저어 소금을 녹여요.

6 배추 적시기
절임물에 배추의 자른 면을 먼저 넣고 푹 적신 뒤 뒤집어 배춧잎 사이사이에 스며들도록 절임물을 끼얹어 적셔요.

7 소금 뿌리기
남은 소금 ½분량을 배춧잎 2~3장씩 들추어 잘 절여지지 않는 줄기 사이에 드문드문 뿌려요.

8 소금 문지르기
줄기에 뿌리면서 손에 묻은 소금으로 배추의 자른 단면에 쓱쓱 문질러 발라요.

9 절이기
중간 중간 배추를 뒤집어가며 줄기가 부드럽게 휘어질 정도로 절여요. 절이는 시간은 계절에 따라 차이가 있는데, 여름에는 4~5시간, 겨울에는 8~9시간 정도 절여요.

10 헹구기
소금기로 김치국물이 미끈거리지 않도록 3~4번 정도 헹군 뒤 배추의 자른 면이 밑으로 향하도록 엎어 물기를 충분히 빼요. 이때 배추의 쪽을 나누어 네 쪽을 만들어요.

절임물 만들기

김치 담그기 중 가장 어려운 것이 절이기죠. 알맞게 절여야 간이 맞아 김치가 맛있는데, 배추나 무 등 재료의 수분 정도나 집집마다 소금의 염도가 달라 "이것이 정답이다"라고 말할 수 없지만 기본적으로 배추가 1포기일 때 물 5컵에 간수 뺀 굵은 소금 1컵이면 적당하죠.

알맞게 절이기

배추는 소금의 염도에 따라 날씨에 따라 절여지는 정도가 다를 수 있어요. 대체적으로 더운 여름에는 보통 4~5시간, 날씨가 차가운 가을에는 8~9시간 정도 절이고, 아주 추운 겨울에는 10시간 정도 절여야 하죠. 이때 1~2시간마다 위아래를 뒤집어주면 1시간 정도 단축할 수 있지요. 절이는 것은 시간도 중요하지만 가장 중요한 것은 배추의 줄기가 부드럽게 휘어질 정도로 절이는 것이에요. 너무 절이면 수분이 빠져 질겨지고, 덜 절여지면 김치가 쉽게 물러지므로 주의해야 하죠.

무는 제철이냐 아니냐에 따라 어떤 김치를 담그느냐에 따라 절이는 방법이 달라지죠. 기본적으로 자그마한 동치미 무는 1단에 물 10컵에 소금 2컵으로 절임물을 만들어 겉이 부드러워지도록 절이죠. 알타리무 2단일 때 물 5~6컵에 소금 ⅔컵, 깍두기용 무는 중간 크기 1개일 때 소금 2큰술을 깍둑 썬 무에 넣고 섞은 뒤 물 2큰술을 붓고 슴슴하게 1시간 정도 절이죠. 열무나 연한 배추처럼 줄기가 연한 재료는 오래 절이면 수분이 빠져 질겨지고 쓴맛이 나므로 숨이 죽을 정도로 30분 내외로 절이죠.

알맞게 익히기

김치는 어떻게 익히느냐에 따라 맛이 좌우되므로 무척 중요하죠. 하지만 요즘은 아파트, 단독주택 등 주거환경이 달라 "어디서 어느 정도 두고 익혀라"고 말하기 어렵습니다. 단 김치를 담그면 먹기 좋게 익혀 냉장고에 보관하고 먹는 것이 좋은데, 담근 후 실온에 두고 익히세요. 김치는 국물이 먼저 익기 시작하는데, 김치국물에 작은 거품이 보글보글 생기기 시작하면 익기 시작한 것으로 그때 냉장고에 두고 숙성시켜가며 먹으면 되죠.

김치의 기본 배우기 ❼

학독에 양념 만들기

1 재료 준비하기
담그려는 김치에 따라 필요한 재료를 준비해요.

2 마른 고추 준비하기
마른 고추는 2~3cm 길이로 적당히 썬 뒤 잘 갈아지도록 물에 촉촉하게 적셨다 건져요. 멸치가루도 준비해요.

3 마른 고추 갈기
학독에 촉촉하게 적신 마른 고추를 넣고 한 방향으로 공이를 돌려 갈아요. 이때 뻑뻑하지 않도록 물(2~3큰술)을 조금씩 부어가며 갈아요.

4 멸치 갈기
마른 고추가 껍질이 얇아지도록 충분히 갈리면 마른 멸치나 멸치가루, 마른 새우 등을 넣고 곱게 갈아요.

5 풀국 넣기
풀국을 넣은 뒤 마른 고추와 잘 어우러지도록 가볍게 갈아가며 섞어요.

6 양념 넣기
준비한 양념을 넣고 건더기가 있는 생새우나 새우젓 등이 갈리도록 다시 한번 갈아요.

7 고춧가루 넣기
양념이 고루 어우러지면 고추씨와 고춧가루를 넣고 섞어요. 고춧가루를 미리 넣으면 젓갈과 섞여 색이 탁해지므로 이때 넣어요.

8 양념 섞기
모든 양념이 고루 어우러질 수 있도록 고루 저어가며 충분히 섞어요.

9 부재료 넣기
양념이 고루 어우러지면 준비한 무채, 갓, 쪽파 등의 부재료를 넣고 가볍게 버무려가며 고루 섞어요.

10 버무리기
완성된 양념에 배추나 무, 알타리 등을 넣고 고루 버무려요. 배추의 경우 줄기 쪽만 속을 넣고 전체적으로 고루 양념을 발라가며 버무려요.

11 우거지 덮기
버무린 배추는 흐트러지지 않게 겉잎으로 감싸듯 잘 아무려 차곡차곡 담고 위를 꾹꾹 눌러 공기를 빼고 우거지 등으로 덮어 숙성시켜요.

※학독은 일반 가정에서 갖추고 있기 어렵고 믹서는 영양파괴가 많으므로 분마기를 이용하여 마른 고추나 마른 멸치, 마른 새우 등을 갈고, 새우젓 등은 칼로 다져 넣고 보통 김치 담그듯 양념하면 돼요.

" 세상을 조금은 편히 살아도 좋으련만 융통성 없이 평생을 살아왔습니다. 비록 한쪽의 김치일지언정 제대로 된 맛 보이고파 학독에 마른 고추 쓱쓱 갈아가며 김치를 담갔습니다. 40여 년의 세월 동안 학독에 공이 돌리던 어깨는 엉망이 되었고, 닳을 대로 닳아 반질반질 제 소임을 다한 공이들은 김치의 역사를 말해주는듯 부엌 한켠에 자리 차지하고 있습니다. "

학독은 '확독', '돌확' 등으로 불리는 전통 그릇이죠. 큰 방아나 절구에 찧지 못하는 작은 곡식이나 양념 등을 찧을 때 쓰던 것으로 안쪽이 울퉁불퉁하고, 공이라고 하는 동그란 것을 돌려 재료를 곱게 갈지요. 주로 전라도 지방에서 김치 담글 때 많이 썼답니다.

전통 방식대로 마른 고추 갈아 담가

고추씨배추김치

이듬해 봄까지 아삭하게 즐기는

" 음식을 배우고 시집을 오긴 했지만 큰 살림은 처음이라 1~2년은 시어머니께 꾸중도 많이 들었습니다. 손맛 좋으신 시어머니 음식에 익숙해진 시어른들 입맛 맞추는 일이 보통이 아닌데, 해를 넘기며 먹어야 하는 김장김치가 제일 걱정이었죠. 시어머니 담그시면 전통방식 그대로 학독에 마른 고추와 멸치 갈아 정성스럽게 담갔습니다. 특히 감칠맛의 생명인 젓갈은 끓이면 시원하고 구수한 맛이 없어지므로 생 젓을 넣어가며 담가 고운 빛깔, 깊고 진한 감칠맛의 고추씨배추김치를 맛보게 되었습니다. "

재료
배추 2포기, 무 5cm 1토막, 쪽파 10줄기, 갓 10줄기
절임물_ 물 10컵, 소금 2컵
양념_ 마른 고추 15개, 풀국 1컵, 마른 멸치 10마리, 다진 마늘 3큰술, 다진 생강 ¼작은술, 멸치진젓 2큰술, 새우젓 3큰술, 멸치액젓 3큰술, 고춧가루 1½컵, 고추씨 2컵
※ 풀국 40쪽 참고

김치, 이렇게 담가요

1_ 배추는 상한 겉잎을 떼고 밑동에 십자(+)로 5cm 정도 칼집을 넣은 뒤 엄지손가락으로 벌려 두 쪽으로 나눠요.

2_ 소금의 반을 물에 넣고 휘휘 저어 녹이고 배추를 넣어 적셔요. 나머지 반의 소금은 배추 줄기에 뿌려 가끔씩 뒤집어가며 5~6시간 정도 절여요.

3_ 무는 너무 가늘지 않게 채 썰고, 쪽파와 갓은 다듬어 씻은 뒤 3~4cm 길이로 썰어요.

4_ 배추의 줄기가 휘어지도록 절여지면 3~4번 헹군 뒤 소쿠리에 자른 면이 아래로 오도록 놓아 물기를 빼요.

5_ 마른 고추를 2cm 길이로 잘라 물에 적셔 학독에 넣고 충분히 간 다음 풀국과 멸치, 새우젓을 넣고 다시 갈아요. 나머지 양념을 넣고 섞어요.

6_ 양념에 무채와 갓, 쪽파를 넣고 섞어 소를 만든 뒤 절인 배추를 넣고 줄기를 중심으로 채워 넣고 반 접어 겉잎으로 감싸요.

7_ 배추를 용기에 담아 실외에 두고 익히거나 베란다에서 1~2일 정도 익혔다가 냉장고에서 숙성시켜 먹어요.

 **종부의 노하우**

학독이 없다면 마른 고추 대신 고춧가루를 ½컵 더 넣고 멸치도 갈아서 넣어 담그면 되죠. 배추는 전체 길이가 짧고 통통하며 겉은 푸르고 속이 노랗게 익은 것이 좋아요. 절이는 틈틈이 위아래를 뒤집어주고 절인 배추는 충분히 헹궈야 미끈거리지 않아요. 양념이 너무 싱겁거나 배추를 덜 절였거나 너무 따뜻한 곳에서 익히면 김치가 물러지므로 주의하세요.

'학독'이란 단어 자체를 모르는 사람들이 많은 요즘이지만, 김치를 담글 때면 으레 학독부터 물에 부시고 손에 힘주어 가며 마른 고추 가는 일부터 시작합니다. 결혼할 때 친정엄마께서 일곱 개의 학독을 챙겨주셨죠. 두세 개는 개구진 아들 녀석들이 야구방망이로 깨고 나머지는 닳을 대로 닳아 제 소임을 다한 지 오래 되었습니다. 학독 한 개면 평생을 쓴다는데 이 정도면 얼마나 많은 김치를 담갔을까 싶죠. 시집와 이틀 동안은 시어머니를 따라 넓은 집을 구석구석 다니며 위치와 구조를 익혔습니다. 사흘째 되던 날부터 아침밥 짓는 것으로 음식을 만들기 시작해 학독 다섯 개가 닳도록 김치를 담갔죠. 손 크신 시어머니께서는 김장을 종류별로 20~30가지 정도는 담가야 만족해 하셨는데, 배추만 1천 포기 넘게 담갔지요.

솜씨 뛰어난 시어머니 입맛에 흡족할 리 없을 텐데도 "잘한다", "맛 좋다" 하시며 모든 일을 맡겨 두셨죠. 덕분에 이듬해 봄까지 아삭한 맛 그대로 살아 있는 나씨 종가를 대표하는 고추씨배추김치를 맛볼 수 있게 되었어요. 친정인 충청도와 달리 젓갈도 많이 쓰고 감칠맛 나게 담그는 시댁의 김치 맛을 내기가 처음엔 많이 힘들었죠. 궁리 끝에 깊은 감칠맛이 특징인 시댁 전라도 김치 맛에 친정 충청도 김치의 담백한 맛을 더하고 고추씨를 넣어 김치를 담갔습니다.

그렇게 40여 년 동안 얼마나 많은 김치를 담갔을까요. 어느 해인가 해외 교포들에게 김치 강의를 해달라는 초청을 받고 여권 등 서류 문제로 지문을 찍을 일이 있었는데, 지문이 안 찍힌다고 거절을 당했었습니다. 이런 경우 처음이라며 무슨 일을 하시냐고 묻는 말에 "허긴 뭘 해유, 암것도 안 해유" 얼버무리고 나왔습니다. 집으로 돌아오는 길에 물끄러미 손을 바라보니 왜 그렇게 서글프던지…. 지문은 닳아 없어지고 손가락 관절은 제멋대로 휘고 늘상 찬물에 담그고 살다 보니 불그죽죽 볼품없이 변해버린 손. "주인 잘못 만나 너도 고생이 많구나" 했지만 마음이 짠했습니다. 충격이 심했는지 그 날 이후 며칠간은 통 기운이 없었습니다. 한데 그렇게 많이 담근 김치는 누가 다 먹은 건지….

고추씨백김치

나주 나씨 종가에서만 맛볼 수 있는 시원한 백김치

> "200여 가지도 넘게 담가 먹는 김치 중 가장 가난하게 담근 고추씨백김치. 무채나 갓 등의 부재료와 고춧가루는 일절 넣지 않는 대신에 고추씨만 듬뿍 넣고 담그죠. 톡 쏘는 시원하고 개운한 맛과 함께 고춧가루 넣은 것 못지않은 칼칼한 맛이 특징인데, 한번 맛을 보면 잊지 못하겠다 하죠. 덕분에 이 김치로 김치대회에 나가 최고상도 받고, 김치여왕으로 뽑히기도 했으며 일본에 강의도 가는 등 웃는 일도 많았습니다. 우리 집에서는 기후에 따라 양념을 조절해 가며 일 년 내내 담가 먹기도 하지만 진짜 맛은 김장철에 담가 이듬해 봄까지 먹는 것으로 독을 다 비울 때까지 아삭아삭한 맛이 살아 있죠."

결혼을 하고 이듬해인가 그 다음해부터 담가 먹기 시작한 고추씨백김치. 가을볕 쪼여 가며 일일이 손질해 말린 태양초의 씨를 버리지 않고 모아 두었다가 양념 겸 고명으로 넣고 담근 백김치인데, 그렇게 담은 우리 집 고추씨백김치가 맛있긴 맛있나 봅니다. 집에 오시는 손님들마다 "나씨 종가의 시원한 고추씨백김치 먹으러 왔어요"가 인사죠. 어쩌다 딴 김치를 내놓기라도 하면 서운하다고 야단나죠.

고추씨백김치는 일꾼들과 먹기 위해 담갔던 김치입니다. 좋은 고춧가루 넣고 담근 김치는 시댁 어른과 손님께 내야 하니 일꾼들과 먹을 김치는 따로 담갔었죠. 좋은 배추는 생각할 수도 없고 고춧가루 역시 아까워 차마 쓰지 못하고, 제일 마지막에 딴 분홍색 고추의 씨를 모아 두었다가 무채나 갓도 넣지 않고 그냥 쓱쓱 버무려 담갔던 김치입니다.

나중에 먹으려 하면 씨만 가득 보이는데, 처음부터 맛있었던 것은 아니고 더 좋은 맛을 위해 양념을 더하고 빼가며 담그고 또 담갔습니다. 하면 안 되는 일이 없다더니 결국은 이듬해까지 무르지 않는 나주 나씨 25대 종부 강순의만의 고추씨백김치가 만들어졌지요. 입맛 까다로운 시어른들께서도 맛있다며 찾으셨고 손님상에 올리라 하셨던 김치인 것을 제자라고 곁에 두고 있는 노하우 다 일러주며 가르쳐 놨더니, 자신이 개발했다고 광고까지 내가며 강의하고 사업하지를 않나, 자신의 집안 대대로 내려오는 김치라며 책을 내지를 않나….

그 김치 맛이 그렇게 욕심이 났던 모양입니다. 가슴 아픈 시집살이 해가며 피나는 노력 끝에 찾아낸 맛을 배워가 멋 모르는 사람을 상대로 자신 또는 집안의 김치인 양 기만해서는 안 될 일이지요. 아무리 종가 살림만 하느라 세상물정 모르는 사람이라고 해도 너무들 하는 거 아닌가 싶어 울기도 참 많이 울었습니다. 그저 남에게 폐 안 끼치고 진실하게 살면 되는 줄 알았는데, 이게 다 많이 배우지도 똑똑하지도 못해 일어난 일 같아 속병까지 생겼지요. 이렇게 하면 속이나 좀 시원할까 해서 "우리 집 고추씨백김치가 맛있긴 맛있나벼요", "강순의가 김치 하나는 끝내주나벼. 왜 내 김치 가지고 그려" 해봅니다.

재료
배추 2포기
절임물_ 물 10컵, 소금 2컵
양념_ 풀국 1컵, 멸치액젓 3큰술, 다진 마늘 2큰술, 다진 생강 ¼작은술, 고추씨 2컵
※ 풀국 40쪽 참고, 다시마국물 41쪽 참고

김치, 이렇게 담가요
1_ 배추는 상한 겉잎을 떼고 밑동에 십자(+)로 5cm 정도 칼집을 넣은 뒤 엄지손가락으로 벌려 두 쪽으로 나눠요.
2_ 소금의 반을 물에 넣고 휘휘 저어 녹이고 배추를 넣어 적셔요. 나머지 반의 소금을 줄기에 뿌려 가끔씩 뒤집어가며 5~6시간 정도 절여요.
3_ 배추의 줄기가 휘어지도록 절여지면 3~4번 헹군 뒤 소쿠리에 자른 면이 아래로 오도록 놓아 물기를 빼요.
4_ 그릇에 풀국을 비롯한 양념을 넣고 고루 섞은 뒤 절인 배추를 넣고 줄기를 중심으로 양념을 고르게 발라요.
5_ 겉잎으로 잘 감싸 용기에 담아 실외에서는 1주일 정도 두고 익혀 냉장고에 보관하고 먹어요.

 종부의 노하우

고추보다 비타민C가 더 많은 고추씨를 사용해 영양 면에서도 훌륭한 고추씨백김치죠. 별다른 부재료 없이 배추와 고추씨 등의 양념으로만 맛을 내요. 때문에 수분이 적고 단맛이 강하며 저장성이 뛰어난 가락배추가 좋지요. 보통 김치보다 살짝 덜 절이는 것이 좋은데, 줄기가 탄력 있게 휘어질 정도가 적당하고, 양념은 줄기 부분을 중심으로 넣어야 익었을 때 맛이 시원해요.

동치미김치

김장 전에 담가 겨우내 즐기는 사이다처럼 톡 쏘는 시원한 맛

" 김장김치 중 배추김치 못지않게 중요한 것이 동치미김치랍니다. 매끼 한 사발씩 들이키며 속 다스리고 건강 다지는 남편 때문인데요, 그 옛날 할머니가 담그시던 맛 그대로 사이다처럼 톡 쏘고 한 모금 들이켜면 속이 뻥 뚫리는 듯 시원한 맛의 비결은 의외로 맛을 내려고 이것저것 넣지 않는 데 있지요. "

재료
무 1단(중간 것 5~8개), 쪽파 6~7줄기, 청갓 ½줌, 삭힌 고추 5~6개, 대추 10개
절임물_ 물 10컵, 소금 2컵
국물_ 다시마국물 1컵, 소금 3큰술, 물 20컵, 다진 마늘 1큰술, 다진 생강 ⅛작은술, 풀국 2큰술
※ 풀국 40쪽 참고, 다시마국물 41쪽 참고, 삭힌 고추 254쪽 참고

김치, 이렇게 담가요

1_ 동치미 무는 무청이 붙어 있는 상태로 껍질째 깨끗하게 문질러 닦아요.

2_ 절임물을 만들어 담근 뒤 무 겉이 부드러워질 때까지 약 하룻밤 정도 절였다가 소쿠리에 담아 물기를 빼고 무청을 돌돌 말아 묶어요.

3_ 쪽파와 갓은 손질하여 씻은 뒤 물기를 빼고, 대추는 물에 헹구는 정도로 가볍게 비비듯 씻어요.

4_ 다시마국물에 소금, 물을 넣고 휘휘 저어 소금을 녹이면서 2시간 후에 간을 확인해요. 싱거우면 소금을 더 넣어 간을 맞춘 뒤 풀국과 다진 마늘, 생강을 넣고 국물을 만들어요.

5_ 용기에 절여진 무를 통째로 넣고 삭힌 고추와 대추를 무 사이사이에 넣은 뒤 쪽파, 청갓을 위에 얹고 국물을 부어요. 실온에서 어느 정도 익힌 뒤 냉장고에 보관해요.

우리 집에는

김장 전에 담가 겨우내 밥에 오르는 물김치가 두 가지 있어요. 동치미물김치와 홍갓동치미김치(196쪽)가 그것이죠. 남편의 시원한 속풀이 해장국, 바쁜 날 국물 대용, 이가 시리도록 차가운 동치미국수 국물, 뜨끈하게 찐 고구마나 떡 먹을 때 곁들이 등…. 남편이 무김치를 좋아해 담그지만 이래저래 입맛 돋우고 건강 챙겨주는 우리 집 겨울 물김치입니다. 요즘은 다들 아파트 생활을 해서인지 제맛 내기가 어렵다며 점점 동치미를 안 담가 먹는 듯합니다. 그래서인지 우리 집 동치미를 내면 '이런 맛 처음이다', '옛날 할머니가 담가 주던 시원한 맛 그대로다' 하며 한 대접 금방 비우죠. 그리고는 와이프에게 담그라고 하겠다며 비법을 가르쳐 달라고 합니다. 비법 가르쳐 주는 거야 어렵지 않지만, 아파트에 살면서 담가 먹었던 경험이 있어 얼마든지 맛을 낼 수 있는데도 자꾸 맛이 안 난다고 하니 그게 안타깝죠. 맛 낸다고 식초 타고 설탕 넣고 하면 니 맛도 내 맛도 아니게 되지요.

우리 집 동치미의 특징은 속이 뻥 뚫릴 만큼 톡 쏘는 맛을 내기 위하여 이것저것 넣지 않고 담그는 것이랍니다. 우선 무는 너무 크지 않은 것으로 준비해 아기 엉덩이처럼 부드러운 느낌이 나도록 절인 뒤 깔끔한 국물 맛을 위하여 설탕 등을 일절 넣지 않죠. 국물 맛을 한층 깊게 만들어주는 다시마 우린 국물에 톡 쏘는 맛을 오래 유지시켜 주는 대추, 칼칼한 맛을 살려주는 삭힌 고추를 넣어 쨍하면서도 톡 쏘는 시원한 국물을 만든답니다. 여기에 곰팡이 등의 이물질이 생기는 것을 막아주는 방부제 역할을 하는 갓을 덮어 50일 이상 충분히 숙성시키면 그 옛날 시골 할머니께서 담가 주시던 개운하면서도 톡 쏘는 맛의 동치미가 된답니다. 청갓을 덮으면 맑고 개운해 좋고, 홍갓을 덮으면 진한 분홍색이 우러나 또 다른 느낌의 홍갓동치미김치가 되죠.

동치미에 대추를 넣으면 톡 쏘는 맛이 오래가죠. 잘라 넣으면 물러져 지저분해지므로 통째로 넣지요.

"고향에 내려오면 시어머니 눈치 보느라 그랬는지 어린 각시 본체만체하고 시아버님과 총을 들고 꿩 사냥을 즐겼고 밤이면 시어머니와 함께 잠을 잤던 남편. 그런 바보 같은 남편을 위해 그때나 지금이나 항아리 가득가득 동치미를 담급니다. 수줍게 달아오른 처녀의 볼처럼 발그스레하니 붉은빛을 내는 홍갓. 그 붉은 색감이 너무 예뻐 동치미 좋아하는 남편 기분 좋게 먹으라고 항아리 몇 개는 아예 홍갓동치미로 가득 담아두고 끼니 때마다 올립니다. 맛있게 먹는 모습만으로도 흐뭇해하니 정작 바보는 따로 있다 싶습니다."

홍갓동치미김치

발그레하니 홍갓 넣어 곱게 우려낸 속이 뻥 뚫리는 시원한 맛

동치미를 자꾸 실패하는 이유가 시원한 맛을 내기도 어렵지만 자꾸 물러지고 위에 하얀 곰팡이 같은 이물질이 끼기 때문이죠. 그것을 방지하기 위해 마지막으로 항상 갓을 얹지요. 갓이 방부제 역할을 해 세균 번식을 막아 이물질이 생기지 않게 하고, 특유의 톡 쏘는 매콤한 맛과 향이 배어들어 시원하고 깔끔한 동치미 맛을 더해 주거든요. 갓도 색깔에 따라 청색인 '청갓', 붉은 색인 '홍갓'으로 나뉘는데, 배추김치나 깍두기 등과 같이 고춧가루를 넣고 빨갛게 버무리는 김치에는 향이 진한 홍갓을, 동치미나 백김치 등에는 시원한 맛을 내는 청갓을 주로 쓴답니다.

특히나 홍갓은 인공적으로 만들기 어려운 발그스레하니 붉은 빛을 내는데, 수줍게 달아오른 처녀의 볼처럼 어쩌면 그리도 예쁜지요. 그저 햇볕 먹고 쑥쑥 자라는 채소에 불과한데 고운 빛을 내는 것도 기특하고, 또 우리 조상들은 그 색을 허투루 보지 않고 물김치를 만들어 먹었다는 것이 참으로 놀랍습니다. 그 색감이 좋아 아예 항아리 몇 개는 홍갓동치미로 가득 담아둡니다. 동치미는 김장 시기에 따라 만드는 방법을 달리하고 있는데, 11월 초에는 총각무, 11월 중순 이후에는 작고 단단한 김장용 무로 담그죠. 입안에서 톡 쏘는 맛을 내주는 것은 삭힌 고추로, 고추가 삭으려면 보름 정도 걸리므로 미리미리 청양고추를 손질해 삭혀 두었다가 다른 집보다 많은 양의 동치미를 담그죠. 그것도 청갓 넣은 동치미, 홍갓 넣고 예쁘게 색 우린 홍갓동치미 구분해 가면서요. 동치미 담그느라 몇 날 며칠을 찬물에 담가 퉁퉁 부은 손, 그 손 한 번 따뜻하게 잡아 주지도 않는 남편을 위해 참 지극정성입니다.

재료
무 1단(중간 것 5~8개), 쪽파 6~7줄기, 홍갓 ½줌, 삭힌 고추 5~6개, 대추 10개
절임물_ 물 10컵, 소금 2컵
국물_ 다시마국물 1컵, 소금 3큰술, 물 20컵, 다진 마늘 1큰술, 다진 생강 ⅛작은술, 풀국 2큰술,
※ 풀국 40쪽 참고, 다시마국물 41쪽 참고, 삭힌 고추 254쪽 참고

김치, 이렇게 담가요
1_ 동치미 무는 무청이 붙어 있는 상태로 껍질째 깨끗하게 문질러 닦아요.
2_ 절임물을 만들어 담근 뒤 무 겉이 부드러워질 때까지 약 하룻밤 정도 절였다가 소쿠리에 담아 물기를 빼고 무청을 돌돌 말아 묶어요.
3_ 쪽파와 갓은 손질하여 씻은 뒤 물기를 빼고, 대추는 물에 헹구는 정도로 가볍게 비비듯 씻어요.
4_ 다시마국물에 소금, 물을 넣고 휘휘 저어 소금을 녹이면서 2시간 후에 간을 확인해요. 싱거우면 소금을 더 넣어 간을 맞춘 뒤 풀국과 다진 마늘, 생강을 넣고 국물을 만들어요.
5_ 용기에 절여진 무를 넣고 삭힌 고추와 대추를 무 사이사이에 넣은 뒤 쪽파, 홍갓을 위에 얹고 국물을 부어요. 실온에서 어느 정도 익힌 뒤 냉장고에 보관해요.

 종부의 노하우

대추는 동치미가 익으면서 생기는 잡내를 없애 주는 역할을 하므로 총각무 1단에 10개 정도씩 넉넉하게 넣죠. 동치미에 배를 큼직하게 썰어 넣으면 단맛을 더할 수 있지만, 한 달 이상 두고 먹는 경우에는 배가 물러져 국물이 텁텁해질 수 있으므로 넣지 않는 게 좋죠. 땅에 묻은 항아리에 넣고 익히면 맛있지만 그럴 여건이 안 된다면 밀폐용기에 담아 실온에서 7~10일 정도 익힌 다음 냉장 보관해 두고 먹어요.

홍갓동치미는 그냥 동치미 담그는 방법과 똑같고 청갓 대신 홍갓을 넣는 것뿐이죠. 단, 홍갓은 물이 빠져 국물이 발그스름해지면 바로 건져내야지 안 그러면 물러진답니다.

초록무김치
익을수록 깊어지는 무 자체의 시원한 맛

10~11월 사이 반짝하고 나오는 초록무로 늦가을에 부지런히 담가 이듬해 봄까지 먹는 초록무김치. 흙의 기운을 받을 수 있도록 땅에 묻은 항아리에 차곡차곡 담아 충분히 숙성시켜 먹는데, 무 자체에서 우러나온 국물 한 방울까지 버리기 아까울 정도로 익을수록 깊어지고 시원해진 맛이 그만이지요. 듬직한 세 아들 결혼해 각자 가정 꾸리고, 돌부처 남편은 이제 사업 자리 좀 잡혀 가는지 지방으로 돌아다니느라 한 달에 4~5번 올까말까 합니다. 세월은 유성처럼 빨라 24살 새색시가 어느새 60을 훌쩍 넘긴 할머니가 되어 산에서 내려오는 고양이와 눈 마주쳐 가며 겨울 준비하는데, 수돗가에서 초록무를 닦다 보면 '말벗할 딸내미 하나 없고…. 참 쓸쓸한 인생이구나' 싶습니다.

세상에서 제일로 부러운 것이 있다면 딸 가진 엄마입니다. 딸과 엄마는 늘 싸운다고 한다지만 맛있는 것도 해주고, 예쁜 치마도 사주고, 서로 도란도란 이야기 나누며 친구처럼 잘 지낼 것 같습니다. 만약 딸이 있었다면 엄마의 뒤를 이어 요리 일을 한다고 할지 어떨지 모르는 일이지만 "엄마, 초록무가 뭐야?" 하면 "총각무보다는 무가 크고 통통하고 무청의 색이 좀 더 진해 초록무라고 하지. 일 년 중 10~11월 한두 달 반짝 나오니까 그때 놓치면 못 먹으니 부지런해야지. 달큼하고 아삭한 무맛도 좋지만 질깃한 무청이 얼마나 맛있는 줄 아니? 네 아버지 보기 싫을 때 꼭꼭 씹으면 그 맛이 끝내주지" 할 것입니다.

"그럼 엄마, 어떻게 담가야 맛있는 거야?" 하면 눈 한번 슬쩍 흘기며 "넌 엄마가 담그는 거 늘 보면서도 그걸 모르니? 눈은 뒀다 뭐 하는겨" 하며 "왜 자그마한 초록무로 담그는지 알아? 무가 크면 속까지 간이 잘 배지 않아 맛이 덜할 뿐만 아니라 유산균이 잘 번식하지 않아 깊은 맛이 안 나는겨. 그리고 간수 충분히 뺀 소금으로 절여야 쓴맛이 안 돌고, 단맛 낸다고 설탕 넣으면 느른해지고 군내 나고 잡내 나서 못 먹어" 할 겁니다. 상상이라도 입가에 웃음 짓게 하는 즐거운 광경인데, 딸 없는 게 늘 아쉬워 누가 "선생님, 선생님 댁에 뭐 있어요?" 하면 항상 "우리 집에 딸만 없고 없는 거 없이 다 있다고 했지?" 하고 투정을 부려봅니다.

재료
초록무 1단, 물 1컵
절임물_ 물 5컵, 소금 1컵
양념_ 풀국 1컵, 멸치액젓 3큰술, 멸치진젓 4큰술, 멸치가루 2큰술, 다진 마늘 1큰술, 다진 생강 ¼작은술, 고춧가루 2컵, 고추씨 5큰술, 그린 스위트 ½큰술
※ 풀국 40쪽 참고

김치, 이렇게 담가요
1_ 초록무는 잎사귀와 잎사귀가 달린 부분을 잘 다듬어 씻은 뒤 통째로 절임물에 담가 3시간 정도 절여요.
2_ 이파리와 함께 무가 부드럽게 절여지면 소쿠리에 건져서 물기를 뺀 뒤 끊어지지 않게 길게 4등분하듯 깊게 칼집을 넣어요.
3_ 그릇에 분량의 양념을 넣고 고루 섞은 뒤 절인 초록무를 넣고 어우러지게 살살 버무려 항아리나 용기에 담아요.
4_ 양념한 그릇에 물을 넣고 양념을 헹구어 초록무 한쪽으로 붓고 실외에 두고 익혀 먹거나 베란다에서 1~2일 정도 두어 국물이 익기 시작하면 냉장고에서 숙성시켜 먹어요.

종부의 노하우
초록무는 짜지 않게 절여야 시원하고 개운한 맛이 좋은데, 절일 때는 무의 단맛이 빠지지 않도록 통으로 절이고 자꾸 만지면 풋내가 나므로 한 번만 뒤적여가며 절여요. 그리고 칼집 사이에만 양념을 넣고 전체를 고루 어우러지게 버무려야 해요.

" 3년 이상 곰삭힌 멸치젓갈 넣고 깊고 진한 남도의 맛 제대로 내기 위해 학독에 거칠거칠 입자 살도록 마른 고추 갈아가며 가을 입맛을 제대로 자극하는 쪽파김치를 담급니다. 제철을 맞은 가을 쪽파는 맛과 향이 차고 넘칠 정도로 최고조에 다다라 특별한 양념 없이도, 또 간을 세게 하지 않아도 충분히 맛있으므로 액젓으로 깔끔하게 간하여 맛을 내지요. 갓 버무려 뜨거운 밥에 쓱 걸쳐 먹어도 좋고, 갓김치와 함께 넣어 오래 묵히면 입안에 착착 감기는 깊은 맛을 즐길 수 있어 더욱 입맛 당기죠."

김장처럼 오래 두고 먹는 김치에는 멸치진젓을 넣고 담그죠. 익으면서 양념끼리 어우러져 깊은 맛을 내기 때문인데, 파김치에는 멸치가루를 넣어야 쪽파 특유의 향이 유지된답니다.

쪽파김치
밥도둑이라 불리는 남도 김치
오래 묵힐수록 깊은 맛이 나 가을철

지루한 장마가 끝나면 볕이 좋아 밭의 쪽파가 쑥쑥 잘도 올라오죠. 그렇게 자란 쪽파가 가을 제철을 맞으면 알싸하니 톡 쏘는 맛과 향이 그 어느 때보다 좋아 파김치를 담그면 특별한 양념을 하지 않아도 아주 맛이 좋습니다. 특히 쪽파김치는 감칠맛이 뛰어난 남도의 맛 김치라고들 하는데 아마도 구수한 멸치젓국을 넣고 담그기 때문이겠죠. 전라도 김치에서 가장 많이 사용되는 젓갈은 단연 멸치젓이라 하겠습니다. 그 옛날 시어머니께서는 솜씨가 좋으신 만큼 재료 고르는 것 하나에도 무척 신경을 쓰셨지요. 집에 일꾼들이 30여 명이 넘었어도 모든 부엌일은 손수 챙기셨고 당신이 그러하듯 며느리도 그러길 바라셨습니다. 어쩌다 장에 같이 나가면 시장에서 파는 젓갈만 봐도 "저걸 어떻게 사다 먹냐"시며 집에서 일일이 담기를 권하셨습니다.

그리 깐깐하신 시어머니 덕분에 삶이 두 배, 아니 몇 십 배는 힘들었지만 살아오면서 찬찬히 곱씹어보고 뒤돌아보니 모든 음식 맛의 기본은 정성이었던 것이죠. 재료 하나마다 들이는 정성으로 음식 맛이 결정되니 젓갈 하나에도 공을 들이고 정성을 다하는 것이 당연한 일이었음을 깨닫게 됩니다. 남도의 김치는 깊은 감칠맛이 특징으로 그만큼 젓갈의 쓰임새가 중요합니다. 3년은 기본, 5~10년 곰삭힌 젓갈도 부지기수인데, 일일이 한지에 걸러 김치를 담갔습니다. 그렇게 담근 김치는 익었을 때 붉은 보랏빛이 돌아 더욱 맛깔스러워 보여 없던 입맛도 단번에 되살립니다. 남도의 맛이고 남도의 음식을 지탱하는 힘인 것이죠.

하도 학독에 마른 고추를 많이 갈아 이제 인대가 늘어날 대로 늘어나 수술하지 않으면 안 될 지경에까지 이르렀어도, 몰랐으면 모를까 조금 수고하면 더 좋은 맛을 낼 수 있다는 것을 알기에 학독을 꺼내어 마른 고추부터 갈아 쪽파김치를 담급니다. 거칠거칠한 입자로 식감을 살려 줄 고추가 충분히 갈렸으면 천연 조미료 역할을 하는 마른 멸치를 넣고, 5년 이상은 곰삭힌 멸치진젓과 한지에 걸러 더 맑은 맛을 내는 멸치액젓을 3:2 비율로 넣어 깊고 구수한 감칠맛은 물론 톡 쏘는 시원한 맛이 오래 가도록 담근답니다.

재료
쪽파 1단
절임물_ 물 1컵, 굵은 소금 ½컵
양념_ 마른 고추 6개, 마른 멸치 5마리, 멸치액젓 3큰술, 멸치진젓 2큰술, 고추씨 2큰술, 고춧가루 4큰술, 다진 마늘 1큰술

김치, 이렇게 담가요

1_ 쪽파는 뿌리를 자르고 시든 잎을 다듬어 씻은 뒤 절임물에 담가요. 중간에 2~3번 뒤집어 가면서 30분 정도 절인 뒤 소쿠리에 받쳐 물기를 빼요.

2_ 마른 고추는 어슷하게 썰어 물에 적신 뒤 학독에 넣고 입자가 거칠거칠해지도록 충분히 갈아요.

3_ 학독에 마른 멸치를 넣고 다시 간 뒤 나머지 양념을 넣고 고루 버무려요.

4_ 양념에 쪽파를 넣고 고루 어우러지도록 버무린 뒤 쪽파를 한 번에 2~3개씩 잡고 줄기를 돌돌 말아 항아리에 차곡차곡 담아요. 바로 먹어도 좋고, 실온에 하루 정도 익혔다가 냉장 보관해 두고 먹어요.

 종부의 노하우

겨울 쪽파는 억센 맛이 있으므로 살짝 절여 담그는 것이 좋은데, 절임물에 푹 잠기도록 절이면 파의 향이 날아가 맛이 없으므로 물을 적게 붓고 소금에만 절인다는 생각으로 살짝만 절여요. 반대로 여름에는 쪽파가 연하므로 절이지 않고 바로 담가야 맛있어요.

알타리무김치

아작아작 씹는 소리까지 입맛 돋우는 겨울김치

> 똑같은 김칫거리라도 계절에 따라 모양과 맛이 달라 김치 맛 자체를 다르게 하는 법. 겨우내 밥상에 오르며 입맛을 돋우는 알타리무김치는 우리나라 토양에서만 재배되는 토속무로 담지요. **살이 단단하고 겨자처럼 콧등이 찡해오는 매운맛이 강해 익었을 때 아작아작 씹히는 맛과 함께 젓갈과 어우러진 진한 감칠맛이 최고랍니다.** 무청과 함께 슴슴한 절임물에 충분히 절인 뒤 학독에 마른 고추 갈고 3년 묵은 멸치액젓과 고춧가루, 고추씨 듬뿍 넣고 버무려 맵고 진한 맛이 나는 젓국겨울김치. 특히 김치 속의 유해균을 죽이는 살균력 뛰어난 고추씨를 넣어 유산균이 풍부하고 해를 넘겨도 무르지 않아 아작아작 씹는 맛이 살아있답니다.

알타리무는 단단하고 매운 맛이 나는 것으로 담가야 익었을 때 아삭아삭 맛이 좋답니다. 뿌리 쪽이 약간 퍼지면서 굵고 무청은 연하고 길이가 짤막한 것이 좋아요.

재료
알타리무 2단

절임물_ 물 5~6컵, 소금 ⅔컵

양념_ 마른 고추 10개, 멸치가루 2큰술, 풀국 2컵, 고춧가루 2컵, 멸치진젓 2큰술, 멸치액젓 1큰술, 새우젓 2큰술, 다진 마늘 2큰술, 다진 생강 1작은술, 고추씨 적당량

※ 풀국 40쪽 참고

김치, 이렇게 담가요

1_ 알타리무는 잔뿌리와 시든 잎을 다듬고 껍질째 씻어 절임물에 담가 중간에 위아래 뒤집어가며 4~5시간 절여요.

2_ 무가 부드럽게 절여지면 그대로 소쿠리에 건져 물기를 뺀 뒤 무가 큰 것은 길게 이등분해요.

3_ 학독에 마른 고추를 적당한 크기로 썰어 물에 적신 뒤 넣고 힘주어 곱게 갈아요.

4_ 마른 고추가 갈아지면 마른 멸치와 생새우를 넣고 다시 한번 간 뒤 풀국을 비롯한 나머지 재료를 넣고 고루 섞어요.

5_ 양념에 절인 알타리무를 넣고 버무린 뒤 항아리에 담고 실외에서 익힌 뒤 냉장고에 두고 숙성시켜 먹어요.

 종부의 노하우

'총각무'라고도 불리는 알이 작고 엄지손가락 모양으로 생긴 무로 담근 알타리무김치. 젓갈 넉넉하게 넣고 감칠맛 나게 담가 두었다가 겨우내 먹는 저장 김치인데, 절일 때는 무를 통으로 절였다가 물기를 충분히 뺀 뒤 양념에 버무리기 직전에 먹기 좋게 쪽을 나눠요. 물론 무의 단맛이 빠지지 않게 하기 위함이랍니다.

'흥보면서 배운다'더니

딱 그 짝입니다. 시어머니께서는 너그러우시고 인심도 좋으신 데다 씀씀이도 크셨죠. 때문에 명절은 물론 평소에도 떡이며 음식이며 김치, 장아찌 등 뭐든 많이 하셨고 그것을 두루두루 베푸셨습니다. 그 일은 고스란히 며느리의 몫인지라 하늘같은 시어머니께 말은 못하고 속으로 '어머니는 조금씩만 하시지 남 위하다가 며느리 죽는 것도 모르시나봐' 하며 많이 미워하고 원망했죠.

그런데 어느 날 시어머니보다 더하면 더했지 덜하지 않은 일련의 내 모습들에 깜짝 놀랐습니다. 시장에서 파는 양념은 믿을 수 없다며 젓갈이고 고춧가루고 산지로 다니며 일일이 다 사다가 담그고 만들고…. 손은 왜 그렇게 큰지 뭐든 했다 하면 20~30인분은 기본, 며느리들까지 다 쳐 봐야 10명이 안 되는 식구인데 매년 2만 포기가 넘는 배추김치에, 항아리마다 때맞춰 담가 놓은 동치미를 비롯한 다양한 김치에 장아찌까지….

한 해 겨울, 동치미 맛있게 담그는 법을 배우겠다고 남동생이 집에 와 달포쯤 있었는데, "아니 누나, 누가 먹는다고 이랴. 좀 조금씩만 햐", "그렇게 허니께 몸이 아프지. 그래놓고 아프네 마네…. 이제 좀 조금씩만 햐." 딴엔 엄청 참았다가 더는 못 보겠는지 한마디 던진 것이죠. 마침 정월 대보름이 끼어서 19가지의 나물에 오곡밥 등 여러 음식을 했었는데 종류도 그렇고 양도 좀 많아 보였던 모양이죠.

종부의 삶 대부분이 제사 모시기와 손님 접대로 소모된다 해도 과언이 아닌데, 비록 종택은 아니지만 대문 활짝 열고 오는 손님마다 마다하지 않는 종가인지라 언제 손님이 찾아올지 모르기에 종부는 항상 준비를 해야 하죠. 손님 대접에 소홀함이 없도록 하라는 시어머니의 당부가 귓가에 들리는 듯도 하니, 돌아가는 손에 뭐라도 들려 보내며 정성껏 모시려 늘 넉넉하게 준비하는 것이거늘…. 아마 시어머니도 그런 마음이셨을 텐데요. 이제는 김치까지 담가 마음을 전하기 바쁘죠. 특히나 눈 내리는 겨울에는 김장 때 담가 둔 아작아작 씹는 맛 좋은 알타리무김치가 빠지지 않는데, 살이 단단하고 쩡하니 매콤한 맛 강한 알타리무김치는 동치미 못지않은 음식 선물 중 하나랍니다.

이름도 생소한 무김치 '뻐개지'. 통무를 연필 깎듯이 불규칙하고 큼직하게 썰어 담근 경상도식 무김치로, 비져 썰었다고 해서 '비지미'라고도 합니다. 시댁에서는 무를 뻐개듯 큼직큼직하게 썰어 담갔다고 해서 '뻐개지'라고 부르죠. 통무를 한 손에 잡고 이리저리 돌려가며 다른 한 손으로 비져 썰어야 하는데 손힘이 좋아야 해요.

설 이후에 담가 김장김치가 맛이 없어질 때부터 먹는 김치로 큼직하니 들쑥날쑥하게 썰어 담가서인지 보기에 무척 먹음직스럽죠.

학독에 마른 고추 갈아 담그면 더욱 맛있겠지만 쉽고 간편하게 담가 먹기 위해 고춧가루로 버무려 익혀 먹는데, 겨울철 콩나물국이나 무국, 설렁탕과 같이 맑은 국물에 아주 잘 어울린답니다. 김치는 매일 우리의 밥상에 오르며 입맛을 돋우고 있는데, 양념들이 빚어내는 오묘한 맛의 조화가 뛰어나죠. 그 오묘한 맛 때문에 많은 김치를 담그다 보니 솜씨가 좋아지고 그것을 바탕으로 한때 하숙을 하기도 했었는데 그때도 학생들이 우리 집 김치를 무척이나 좋아했었죠. 그게 좋아 다양한 김치를 담가 선보이기도 했는데, 뻐개지도 그중 하나였습니다.

음식 솜씨 때문인지 우리 하숙집은 사람들이 예약했다 들어올 정도로 학생들에게 인기가 많았는데, 갑자기 이곳저곳 몸이 아파 그만두었죠. 병원에서는 중이염이라고 했는데, 의사 선생님 말로는 찬물에 손을 너무 많이 담가서 항상 감기를 달고 살다시피 한 상태이고, 그 상태가 오래 되어 수술을 해야만 한다고 했죠. 그때 수술을 하고 나왔더니 남편과 큰아들이 엄마 돌아가셨다고 난리가 났고, 군대에 있던 막내아들은 엄마 임종 본다고 특별휴가 받아 오고 있는 중이라고…. 이야기인 즉슨 수술하는 동안 간호사가 다른 환자 '강순희' 부르는 것을 남편이 '강순의'로 잘못 알아듣고 갔는데, "개복을 했는데 가망이 없으니 마음의 준비를 하라"고 해서 벌어진 일이었어요. 당시 남편은 아내를 너무 고생시켜 생긴 일이라며 착잡해 하고 있었던 찰나에 비슷한 이름을 듣고 그리 되었다고 했죠. 그땐 강순의 없이 내가 어떻게 사나 싶어 정신이 없었다는데, 무뚝뚝한 남편이 이제야 와이프 귀한 줄 아셨는지….

뻐개지김치

연필 깎듯 불규칙하게 비져 썰어 시원하게 담가 먹는 경상도식 무김치

재료
무 1단, 쪽파 4cm 길이 1줌, 갓 4cm 길이 1줌
절임물_ 물 5컵, 소금 ½컵
양념_ 풀국 2컵, 멸치액젓 4큰술, 새우젓 3큰술, 멸치가루 1큰술, 다진 마늘 2큰술, 다진 생강 약간, 고추씨 2큰술, 고춧가루 2컵
※ 풀국 40쪽 참고

김치, 이렇게 담가요

1_ 무는 자그마한 동치미무로 준비해 껍질째 깨끗이 씻은 뒤 연필 깎듯 큼직하고 불규칙하게 비져 썰어요.

2_ 절임물에 비져 썬 무를 넣고 겉이 부드러워지도록 1시간 담가 절인 뒤 소쿠리에 건져 물기를 빼요.

3_ 그릇에 양념을 넣고 고루 섞은 뒤 쪽파와 갓을 넣고 다시 한번 섞고 비져 썬 무를 넣고 고루 버무려요. 실외에 두어 국물이 익으면 냉장 보관해가며 숙성시켜 먹어요.

호박게국지

바글바글 끓여 먹는 찌개용 김치

게젓국으로 담가 푹 익혀 뚝가리에

재료
청둥호박 500g, 알배추 2포기

절임물_ 물 2컵, 소금 2큰술

양념_ 게젓국 ½컵, 새우젓 1큰술, 다진 마늘 1큰술, 고춧가루 5큰술

김치, 이렇게 담가요

1_ 알배추는 다듬어 먹기 좋은 크기로 자른 뒤 절임물에 담가 3시간 정도 절여요. 헹구어 소쿠리에 담아 물기를 빼요.
2_ 호박은 필러로 껍질을 벗긴 뒤 씨를 긁어내고 1cm 두께로 납작납작하게 썰어요.
3_ 그릇에 양념을 넣고 버무린 뒤 절인 배추를 넣고 줄기 부분에 색이 잘 어우러지도록 버무려요.
4_ 전체적으로 고루 어우러지면 호박을 넣고 고루 버무린 뒤 항아리에 담고 푹 익혔다가 꺼내어 찌개로 끓여 먹어요.

 종부의 노하우

청둥호박(31쪽)은 흔히 늙은호박이라고 하는 토종 호박으로 씨가 여물고 살이 단단해 김치를 담가도 아삭한 맛이 유지되죠. 하지만 시장이나 마트에서 팔리는 자그마한 단호박은 대부분이 수입하고 있는 것으로 김치를 담가두면 나중에 무르고 흐물흐물해져 못 먹게 되죠.
오래 두고 먹는 것이므로 짜게 담가야 맛이 좋은데, 싱거우면 호박이 물러지고 맛이 떨어져요.

지방에 따라서

'갯국지', '깨꾹지' 등으로 불리는 김치죠. 배추나 무 말린 시래기마저도 아깝던 시절, 지방마다 주변에서 흔하게 구할 수 있는 갖은 재료와 시래기를 게장젓과 함께 버무려 항아리에 담가뒀다가 적당히 간이 배고 익으면 '투가리'라 불리는 뚝배기에 담아 끓여 먹는 찌개용 김치라고 할까요. 게 특유의 콤콤하고 짠 냄새가 은근히 입맛을 돋우게 하는 깊은 감칠맛이 특징이죠. 싹 나지 않게 광에 잘 보관해 둔 고구마 포실포실하게 찌고, 큰 솥 가득 자글자글하게 게국지 지져 곁들이면 진짜 옆에 사람 쓰러져도 모르는 척 먹는 맛입니다. 그것도 부족하다 싶으면 돼지고기, 고등어, 꽁치 등을 넣고 지지면 그 맛이 어디다 비할 바가 없는데, 겨울에 한 항아리 담아 놓고 고구마나 감자 등을 삶아 시어른들 간식으로 드릴 때 함께 곁들이면 "맛이 아주 좋구나. 잘 끓였어" 하고 칭찬해 주셨죠.

종부의 일 가운데 중요한 것 하나가 식사 시간 사이사이 간식을 챙기는 일입니다. 쑥떡이나 인절미는 기본이고, 얼려 놓은 홍시, 식혜 등도 빠뜨릴 수 없죠. 간식거리가 없다고 그냥 넘어갈 수 없고 하다못해 찰밥이라도 쪄내야 했지요. 그때 호박게국지김치가 한몫 단단히 했죠.

간식 이야기가 나왔으니 어란을 빼놓을 수가 없지요. 손도 많이 가고 정성을 쏟아야 하기 때문에 힘은 들어도 꾸덕꾸덕하니 말려 놓으면 솜씨 참하다 소리 많이 들었습니다. 어란 중에는 최고로 치는 게 숭어, 둘째가 민어, 그 다음이 동태알, 대구알, 청어알 순이죠. 큰아들은 장손으로 할머니 귀여움 무척 받고 자란 덕에 어란을 지금 아이들 과자 사 먹듯 간식으로 챙겨 먹고 자랐는데, 툭하면 "엄마, 어란" 합니다. 그게 그리 귀하고 고급 요리인 줄은 아는지….

그렇게 좋은 것, 건강한 제철 재료들을 잘 챙겨 드셔서 그럴까요. 시어른들 모두 장수하셨는데요, 시어머니께서는 89세까지 사셨고, 시조모께서는 97세, 시증조모께서는 103세까지 사셨죠. 입으로 들어가는 것이 곧 약이라는 말이 맞는 모양입니다.

이야기 둘

강순의 종부의 종가음식

우리 집 밥상은 시간이 멈춘 듯 옛날 어머니가, 또는 할머니가 먹었던 촌스러운 음식들로
가득합니다. 가을볕에 말려 두었던 우거지로 끓인 구수한 우거지찌개를 비롯하여 바지런 떨지
않으면 맛볼 수 없는 죽순이며 호박고지, 고사리, 곤드레 등을 말린 각종 나물, 여기에 자연이 주는
바람과 햇살 맞아가며 오랜 시간을 기다리고 견딘 후에야 그 참맛을 볼 수 있는 장아찌까지…
투박하고 거칠고 하나같이 시간이 오래 걸리는 음식들뿐이지요. 소박하게 차려지는
그 맛이 참 좋습니다. 수고스럽기야 하지만 오랜 기다림 끝에 맛보는
깊은 맛을 종부의 손으로 얌전하게 만들어 봅니다.

첫째 시골밥상처럼 오래전부터 먹어왔던
소박하고 정겨운 토속음식 이야기

종가의 맏며느리가 되는 것을 영광스럽게 생각하며 결혼을 했습니다. 그 자리가 그리도 힘든 줄 몰랐기에 할 수 있었던 생각이었습니다. 혹독한 음식 시집살이 덕에 좀처럼 구경하기 힘든 요리도 척척 만들 수 있게 되고 보니 종부되길 잘했다 싶기도 합니다. 솜씨 내어 차려야 하는 근사한 요리도 있지만 우리 집 밥상은 참으로 소박한 찬으로 차립니다. 팔딱팔딱 뛰는 생새우 듬뿍 얹고 푹 무르게 조려낸 무조림에 자글자글 조려낸 시래기찜, 달걀 3개면 한 그릇 가득 채워지는 달걀찜에 후다닥 볶아내는 잡채까지 늘 우리가 먹고 자라왔던 정겨운 음식들이 그 주인공입니다. 매양 하던 대로 할머니, 어머니께서 예전부터 먹어온 음식들로 차려지는 종부의 밥상이지요.

" 시골스럽게 투박한 된장찌개를 끓일 때는 구수한 맛이 진해지도록 청국장을 된장과 1:2 비율로 넣고 뭉근하게 끓이죠. 남편은 거들떠도 보지 않아 혼자 건져 먹어야 하는 멸치도 넉넉하게 넣어 건져내지 않고 끓이죠. 보기에 안 좋을지 모르지만 영양 가득한 귀한 멸치를 단물 빠졌다고 홀대할 수 없기 때문인데, 대신에 머리와 내장은 꼭 손질해서 넣고 충분히 우러나도록 오래 끓이죠. "

된장찌개
시골스럽게 끓여낸 참한 맛
구수한 청국장 풀고 바특하니

거리에 낙엽이 지고 아침저녁으로 서늘하니 찬바람 불면 구수한 맛 그립겠다 싶어 아침부터 넘칠랑 말랑하게 뚝배기 가득 된장찌개 끓여 상에 올립니다. 무슨 큰 일이라도 난 듯 상 위에서 바글바글 야단스럽게 끓고 있는 찌개 소리 때문인지 집안 가득 번진 구수한 냄새 때문인지 남편은 "으흠~" 하는 짧은 헛기침과 함께 얼른 수저를 들고 한술 떠 삼키더니 "에헷!" 합니다. 뜨거운 것을 모르지는 않았을 텐데 급했던 모양입니다. 간간이 뜨신 밥 위에 부드럽게 쪄낸 단풍콩잎장아찌(263쪽) 얹기도 하고, 뜨거운 국물 입안 이리 저리 굴려가며 밥 한 공기 뚝딱 비워내는 남편을 보니 나이가 들어가는구나 싶습니다. 손 귀한 집안의 7대 독자로 태어나 좋은 것 맛있는 것 먹어가며 귀하게 자란지라 입맛이 유별났지요. 아침상에도 항상 붉은색, 푸른색이 들어간 정식으로 끓인 찌개가 차려져야 수저를 들곤 했는데, 뚝배기에 투박하게 끓여낸 된장찌개 하나로도 행복해 하니….

같이 늙어가는 처지에 상차림이야 격 없다 한들 맛까지 대충할 순 없는 노릇이기에 장독으로 달려가 메주 노랗게 띄워 담가 두었던 묵은 집된장 푸죠. 여기에 냄새나지 않도록 여름 내내 땀띠 솟아가며 정성스레 띄운 청국장 넉넉히 풀고 진하고 구수하게 된장찌개를 끓입니다. 머리와 내장을 손질한 멸치 듬뿍 넣고 충분히 우러나도록 오래 끓이죠. 호박 등의 재료를 넣어 물러지지 않게 끓여내야 씹는 맛이 있는 구수하고 진한 된장찌개가 된답니다.

재료
두부 ½모, 애호박 ¼개, 새송이버섯 1개, 부추 3cm 1줌, 청·홍고추 1개씩
양념_ 된장 2큰술, 청국장 1큰술, 다시마국물 ½컵, 물 2컵, 멸치 25~30마리, 고춧가루 1큰술
※ 다시마국물 41쪽 참고

이렇게 만들어요
1_ 두부는 씻어 사방 1.5cm 크기로 네모지게 썰고, 애호박은 1cm 두께로 동그랗게 썬 뒤 다시 4등분해요.
2_ 새송이버섯은 4cm 길이로 납작하게 썰고, 청·홍고추는 어슷어슷하게 썰고, 멸치는 머리와 내장을 떼어내요.
3_ 뚝배기에 된장과 청국장을 넣고 섞은 뒤 다시마국물을 넣어가며 덩어리지지 않도록 풀어요.
4_ 뚝배기에 물을 붓고 멸치와 고춧가루를 넣은 뒤 끓여요. 멸치 맛이 시원하게 우러나도록 거품을 걷어가며 충분히 끓여요.
5_ 구수한 냄새와 함께 어느 정도 맛이 우러나면 애호박과 새송이버섯을 넣고 끓이다가 두부를 넣어요. 마지막에 부추와 어슷 썬 청·홍고추를 넣어요.

김치찌개

어려운 생계 책임져주었던 기특하고 맵기까지 한 진한 맛

" 김치가 맛있어야 찌개도 맛있는 법. 입안에 침이 살짝 고일 정도로 잘 익은 김치 숭덩숭덩 썰고, 참기름과 식용유 둘러 볶아 부드러운 맛 살려 끓이죠. 김치가 물러졌다 싶게 충분히 끓인 뒤 비계가 적당히 섞인 돼지고기 따로 양념하여 얹고 뒤집거나 휘젓지 않고 그대로 끓여 익혀낸 우리 집 김치찌개. 남편의 사업 실패로 셋이나 되는 아이들 데리고 빚 감당하며 살아야 했는데, 한때 우리 가족의 생계를 책임져주던 참 기특한 김치찌개입니다. "

재료
배추김치 ¼포기, 비계 섞인 돼지고기 300g, 홍고추 1개, 대파 ⅓대

양념_ 식용유 2큰술, 참기름 1큰술, 후춧가루 약간, 다진 마늘 1큰술, 다시마국물 2컵, 물 2컵

고기양념_ 다진 마늘 1큰술, 다진 생강 ¼작은술, 참기름 ½큰술, 고춧가루 ½큰술, 후춧가루 약간

※ 다시마국물 41쪽 참고

이렇게 만들어요
1_ 김치는 밑동을 잘라내고 한 입에 먹기 좋게 3~4cm 길이로 숭덩숭덩 썰어요.
2_ 냄비에 김치를 넣고 식용유와 참기름, 다진 마늘, 후춧가루를 넣고 달달 볶다가 다시마국물과 물을 넣고 충분히 끓여요.
3_ 국물이 끓고 있는 사이 돼지고기는 먹기 좋게 썰어 양념을 넣고 고루 버무려두고, 대파와 홍고추는 어슷어슷하게 썰어둬요.
4_ 국물이 충분히 끓어 김치가 물러지면 양념한 돼지고기를 얹고 뚜껑을 연 채 젓거나 하지 않고 그대로 끓여요.
5_ 국물이 끓어 고기가 하얗게 익으면 대파와 홍고추를 얹어 살짝 끓여내죠.

종부의 노하우
김치는 적당히 익은 것이 깊은 맛이 나서 좋은데, 물러지도록 충분히 끓인 뒤 양념한 고기를 얹고 뒤적이지 않고 끓여 내는 것이 특징이지요. 고기를 미리 넣고 끓이면 국물에 좋은 맛이 다 빠져 나중엔 맛없는 고기만 남게 되는데, 나중에 넣고 끓이면 고기도 국물도 맛있게 끓여 주부들이 남은 고기 억지로 먹어야 하는 일 없지요. 마늘은 많이 넣을수록 찌개 맛이 좋아요.

나주를 떠난 지 오랜 세월. 그 옛날처럼 너르고 깊은 종가의 품이 아니어도 예나 지금이나 손님의 발길이 끊이지 않습니다. 김치로 소문난 집에 걸맞게 손님에게 커피나 차 대접은 못하지만 뜨신 밥에 김치는 드시고 가도록 합니다. 땅속에 묻어둔 김치 꺼내 차린 소박한 찬에도 한 그릇씩 뚝딱 비워주니 고맙기 그지없는데요, 손님 대접에 소홀함이 없도록 가르쳤던 시어른들 살아계셨다면 야단하실 일이지만 가끔은 바글바글하니 김치찌개 끓여 대접도 하죠. 고기반찬에 비하면 볼품없어 보이는 건 사실인지라 종부로서 미안한 맘 앞서지만 은근히 '한번 잡숴보셔' 하는 맘도 있지요.

실은 일반 사람들에게 어느 정도 검증을 받은 맛이죠. 한때 사업에 실패한 남편을 대신해 명동에서 작은 식당을 했었는데, 지금의 김치찌개와 된장찌개 딱 두 가지만 팔았었죠. 큰 빌딩 사이에 작은 가게였지만 손님이 줄을 이었고, 가게 문을 닫고 나면 졸린 눈을 비벼가며 돈을 셀 정도였죠. 그렇게 3년을 하다 보니 제법 큰 집도 장만할 수 있었습니다. 물론 그 집도 남편의 사업 실패로 결국 남의 손에 넘어갔지만…

내친김에 남편 흉보자면 거짓말 조금 더해 땅에 발 한 번 안 딛고 자라서 사회 적응도는 빵점이었습니다. 좋은 말만 듣고 좋은 것만 보고 자라다보니 세상 사람이 다 자기 맘 같았던 게죠. 맘까지 여리다보니 주위에 모여드는 많은 사람들 챙기기는 기본이고, 무턱대고 믿고, 의심 없이 도장 찍어주고…. 번번이 당한 후에는 "어허 그럴 사람이 아닌디 뭔 사정이 있겠제" 합니다. 신광여고 서무과에 있었던 남편은 별도의 사업을 했었는데, 아홉 번의 실패를 맛봤죠. 그때 우리 가족에게 힘이 되었던 기특한 김치찌개입니다.

김치찌개는 오래 끓여야 제맛이 나므로 밑이 두꺼운 스테인리스 냄비에 끓여요. 국물이 쉬 졸아들지 않기 때문인데, 식당에서처럼 양은 냄비에 끓이려면 국물이 빨리 졸아들므로 물을 넉넉히 붓고 끓여야 해요.

우거지찌개
볼품없지만 어머니의 품처럼 정겨운 구수한 우리네 시골 먹을거리

재료
우거지 250g, 시래기 250g, 다시마국물 2컵, 디포리(말린 밴댕이) 10마리, 송송 썬 대파 1줌, 홍고추 2개
양념_ 된장 2큰술, 고추장 2큰술, 다진 마늘 2큰술, 후춧가루 약간, 국간장 2큰술, 참기름 2큰술, 고춧가루 3큰술
※ 다시마국물 41쪽 참고

이렇게 만들어요
1_ 우거지와 시래기는 잡티 등이 없도록 손질하여 끓는 물에 부드러워지도록 삶은 뒤 찬물에 하룻밤 정도 담가 묵은 맛과 씁쓸한 맛을 우려내요.
2_ 홍고추는 어슷어슷하게 썰어둬요.
3_ 우린 우거지와 시래기는 건져 물기를 꼭 짜고 우거지는 길게 쭉쭉 찢은 뒤 양념을 넣고 조물조물 버무려둬요.
4_ 냄비 바닥에 시래기를 깔고 그 위에 디포리를 올린 뒤 다시 우거지를 얹고 다시마국물을 부어요.
5_ 처음엔 센 불에서 한소끔 끓인 뒤 중간 불로 줄여 물러지도록 약 30분 끓여요. 국물이 자작자작해지면 홍고추와 대파를 얹고 약한 불에서 뜸을 들여 내요.

종부의 노하우
여름에는 배추 우거지가 맛있고, 가을에는 무청시래기가 맛있죠. 우거지든 시래기든 맛없는 김치 모아두었다가 헹구어 밑에 깔고 끓여야 맛있어요. 우거지는 잘 말려 질깃질깃하게 씹히는 맛이 있어야 좋은데, 삶은 뒤 물에 하룻밤 정도, 시간이 없을 때는 3~4시간 정도 담가두어 묵은 맛과 씁쓸한 맛을 빼요. 국물맛이 진하라고 멸치보다는 밴댕이 새끼 말린 디포리를 쓰는데, 푹 무르게 끓여야 제맛이 난답니다. 우거지는 냉동실에 넣어두면 맛이 없어집니다.

어스름하니 해질녘이면
집집마다 굴뚝에서는 밥 짓는 뽀얀 연기가 피어올랐죠. 지금이야 산골 오지에 가도 그런 모습 보기 힘든데, 그런 시골 풍경을 상상하는 것만으로도 마음이 푸근해지는 건 왜일까 싶습니다. 먹을거리 넉넉지 않던 시절 가족들을 좀 더 배불리 먹이기 위해 아궁이에 불 지펴가며 정성껏 상 차리던 어머니의 푸근한 마음이 떠올라서가 아닐까 싶지요.

아주 옛날 초근목피草根木皮로 연명을 하던 시절은 아니지만 우리 어릴 적 어머니들은 보리밥 위에 감자나 고구마를 찌기도 했고, 날이 쌀쌀해지는 가을부터는 만만한 김치와 함께 질깃질깃한 우거지에 무청시래기 반찬을 수시로 상에 올렸죠. 그래도 그때는 그게 그렇게 달고 맛있었죠. 며느리 자리가 뭔지 너른 방에서 자기 손으로 차린 밥상 한 번 먹어보지 못하고 늘 부뚜막에서 일꾼의 아낙네들과 밥을 먹어야 했던 서러운 시절, 좋은 반찬도 못 먹고 시어 빠진 김치 모아두었다가 물에 울구고 무청시래기와 함께 한 솥씩 끓여 물리도록 먹었던 우거지찌개. 분명 어린 시절 어머니가 해주던 그 맛은 아닐진대 그때는 왜 그렇게 먹으려 하면 목이 메고 눈물이 앞서던지…

요즘처럼 찬바람 불면 그 맛이 그리워 두고 먹을 요량으로 큰 냄비 한 가득 끓여 놓으면 시골 맛 그대로라며 집을 찾은 딴 사람들이 다 먹는 바람에 감춰두고 먹어야 할 판입니다. 요즘은 그 시절과 비교할 수 없을 정도로 먹을 것이 넘쳐나는 풍족한 세상에 살고 있죠. 그런 세상에 사는 사람들이 성하지 않은 우거지며 무청 넣고 끓인 것이 뭐가 그리 맛있다고 야단들인지요. '옛날처럼 먹어야 속도 편하고 건강하다'라면서요. 아닌 게 아니라 이렇게 보잘것없는 것도 흐물흐물해질 때까지 푹 끓여 놓으면 어찌나 구수하고 깊은 맛이 나는지요.

묵은 맛이 좋아 시래기 만들 욕심에 꼭 무청이 달려 있는 무를 삽니다. 싱싱한 무청 떼어 따로 두었다가 끓는 물에 파랗게 데친 뒤 볕 잘 들고 바람이 잘 통하는 곳에 두고 바싹하니 말려봅니다.

달걀찜
입안 가득 한없이 따뜻하고 부드러운 맛

" 아궁이에 불 지펴가며 가마솥 밥 위에 얹어 부드럽게 쪄냈던 어머니의 달걀찜. 밥풀이 묻은 채로 밥상에 올려진 달걀찜은 정성 가득한 어머니의 마음처럼 늘 따뜻하고 푸짐했었죠. 어머니의 그 따스한 정이 가득한 맛을 남편과 세 아이들도 느낄 수 있도록 부드럽게 쪄 밥상에 올립니다. "

"**딱타악**", "**툭툭툭**" **소리에** 부엌으로 가보면 뿌연 연기 속에 어머니가 불쏘시개로 아궁이에 불을 지피고 있었죠. 밖에서 언뜻 맡아도 눈물이 날 정도로 매운 연기 오롯이 맡아가며 어머니는 가마솥에 밥을 짓고 계셨는데요, 김이 오른 가마솥 안에는 아기 엉덩이처럼 보들보들한 달걀찜이 익어가고 있었죠. 밥상에 오르자마자 크게 한술 떠 입에 넣으면 불에 덴 듯 뜨거워 입안을 데이곤 했었는데….

어머니의 마음처럼 한없이 부드럽고 따뜻한 달걀찜을 결혼 후 하루도 거르지 않고 시댁식구 수만큼 만들어 국이 놓인 바로 윗자리에 각각 올려놓았었습니다. 그리고 세월이 흐른 지금 남편과 세 아이들을 위해 사기그릇에 찰랑찰랑하게 보드라운 달걀찜 만들어 밥상에 올립니다. 매번 "앗! 뜨거" 하며 데이면서도 뜨겁다는 것을 잠시 잊었는지 아님 빨리 먹고 싶었는지 상에 달걀찜만 오르면 앞뒤 생각 않고 푹 떠 입으로 가져갑니다. 그러곤 또 "앗! 뜨거." 애들은 다 그렇게 자라는 모양입니다. 아궁이에 불 지피며 달걀찜 만들어 주시던 어머니를 추억하듯 우리 아이들도 내 나이 되어 비록 소박하지만 정성스레 만들어 주었던 엄마의 음식을 따뜻하게 추억할지…. 만약 추억하고 그것에 힘을 얻는다면 무척 기쁘고 행복하겠습니다.

우리 집에서는 매끼마다 달걀찜을 만들므로 전용 그릇을 정해두고 쓰고 있는데, 열 전달이 잘 되고 끓는 물에도 움직이지 않을 두툼한 사기대접이 제격이지요. 다시마국물 부어가며 멍울 없이 푼 달걀을 스테인리스 냄비에 넣고 중탕하는데, 손주 녀석 엉덩이처럼 보들보들 낭창낭창. 밋밋하니까 영양도 더할 겸 부추 송송 썰어 뿌리면 그 옛날 좁은 부뚜막에서 만들어 주시던 어머니의 맛 그대로죠.

재료
달걀 3개, 소금 1작은술, 다시마국물 1½컵, 송송 썬 부추 1큰술
※ 다시마국물 41쪽 참고

이렇게 만들어요
1. 사기그릇에 달걀을 깨뜨려 넣고 소금을 넣은 뒤 한 방향으로 고루 저어 멍울을 풀면서 소금을 녹여요.
2. 멍울 푼 달걀에 다시마국물을 부어가며 어우러지도록 다시 고루 섞어요.
3. 스테인리스 냄비에 ⅓정도의 물을 붓고 끓여요. 물이 끓어오르기 시작하면 달걀을 푼 사기그릇을 얹은 뒤 속 뚜껑을 덮고 냄비 뚜껑을 덮어 중불로 끓여요.
4. 10분쯤 끓여 달걀이 몽글몽글 엉기면 송송 썬 부추를 넣고 뚜껑을 덮은 뒤 다시 3분 정도 끓여 그릇째 내요.

 종부의 노하우

중탕한 달걀찜은 낭창낭창 탄력이 있으면서 식어도 줄어드는 일이 없지요. 스테인리스 냄비에 먼저 물을 붓고 충분히 끓인 뒤 달걀 푼 그릇을 넣고 중탕하는데, 반드시 속 뚜껑을 덮고 끓여야 물이 떨어지지 않아 구멍 없는 매끈한 달걀찜이 되요. 익었는지 확인은 충분히 끓인 뒤 젓가락으로 찔렀다 뺐을 때 맑은 물이 살짝 솟으면 속까지 익은 거죠.

중탕을 하여 속까지 익히려면 오래 끓여야 하므로 물이 잘 줄어들지 않는 스테인리스 냄비에 ⅓ 정도의 물을 붓고 끓여요. 다른 냄비로 끓일 때에는 물 양을 조금 더 넣는데, 달걀찜 그릇 안까지 넘치지 않도록 물 양을 잘 맞춰야 해요.

멸치무침

무쳐 먹는 기본 밑반찬
고추장과 된장으로 산뜻하게

" 엄지손톱이 빠질 것 같이 아프도록 많은 양을 손질한 멸치는
밑반찬으로 제법 많이 해 먹기도 하는데, 남편도 없고 혼자 있을 때
밥반찬 대신 손질한 멸치를 그대로 고추장에 푹 찍어 먹는 양도 만만치 않습니다. "

멸치된장무침

재료
멸치 100g, 송송 썬 부추 1큰술, 통깨 1큰술
양념_ 된장 ½큰술, 다시마국물 2큰술, 고춧가루 1큰술, 다진 마늘 ½큰술, 설탕 1큰술, 참기름 1큰술
※ 다시마국물 41쪽 참고

이렇게 만들어요
1_ 멸치는 머리와 내장을 떼어내 손질해요.
2_ 그릇에 참기름을 뺀 양념을 덩어리지지 않도록 고루 섞어요.
3_ 양념에 손질한 멸치를 넣고 고루 버무린 뒤 부추와 통깨를 넣고 다시 버무려요. 마지막에 참기름을 둘러 섞어요.

멸치고추장무침

재료
멸치 100g, 송송 썬 부추 1큰술
양념_ 고추장 2큰술, 다시마국물 1큰술, 다진 마늘 ½큰술, 설탕 2큰술, 참기름 ½큰술, 통깨 1큰술
※ 다시마국물 41쪽 참고

이렇게 만들어요
1_ 멸치는 머리와 내장을 떼어내고 다듬어요.
2_ 그릇에 고추장과 다시마국물, 다진 마늘, 설탕을 넣고 덩어리지지 않도록 고루 섞어 양념을 만들어요.
3_ 양념에 손질한 멸치를 넣고 고루 버무린 뒤 부추와 통깨를 넣고 다시 버무려 마지막에 참기름을 둘러 섞어요.

자연의 힘을 빌려

오래 기다려야 제맛이 나는 음식들을 즐기는 우리 집. 밑반찬이라고 별다를 수 없습니다. 그저 쪽 고른 몸매에 반짝반짝한 은비늘 옷을 입은 멸치나 무쳐 먹는 것 정도지요. 4~5월이 되면 연례행사처럼 하는 일이 멸치 손질입니다. 일 년 먹을 것을 미리 손질해 둬야 하는데, 도와주는 딸도 없으니 혼자 무릎 세우고 앉아 멸치가 든 2kg 박스 60~70개를 일일이 머리 떼고 통(내장) 빼고 손질합니다. 이때는 집안이 온통 멸치 냄새로 진동하고 집 밖을 나가도 멸치 냄새가 나는 것 같아 혼자 킁킁 거리게 되는데, 냄새도 냄새지만 손이 어찌나 아픈지요. 머리 떼고 똥 빼는 일이 처음엔 별거 아닌 것 같지만 양이 양이니 만큼 한두 박스 손질할 무렵부터 엄지손가락의 손톱 밑이 서서히 아파옵니다. 손톱 사이로 멸치 똥이 조금씩 들어가 아픈 것인데 아마 멸치 손질 안 해본 사람은 그 은근한 고통 모르지요. 이렇게 일 년 치를 한꺼번에 준비해둬야 마음이 놓이고 든든하니 이것도 병이다 싶습니다.

일반 살림집에서 쓰기에는 어마어마하게 많은 양을 손질한 멸치는 김치 담글 때도 곱게 갈아 쓰고, 된장국이나 청국장 끓일 때도 듬뿍 넣고 두루두루 쓰임새가 많지요.

우리 집 멸치 반찬은 기름에 볶지 않고 고추장양념과 된장양념에 무쳐 먹습니다. 기름에 볶으면 멸치가 딱딱해지고 기름 찌든 내가 나서 개운하고 산뜻한 맛이 안 나 가족 모두 싫어하죠. 멸치고추장무침은 칼칼하니 매운 맛이 좋아 가장 기본이 되는 밑반찬이죠. 멸치된장무침은 멸치고추장무침과 또 다르게 구수하면서도 짭조름한 맛이 그만인데, 멸치와 된장이 은근히 궁합이 잘 맞아 그 맛이 아주 좋답니다. 이 두 가지 밑반찬 모두 한두 끼에 먹을 양 만큼씩만 만들어 그때 그때 입맛을 돋우는 우리 집 기본 중의 기본 밑반찬이죠. 간혹 떼어낸 멸치 머리가 아깝다고 국물 내는데 쓰는 주부들도 있다고 하는데, 미묘한 차이긴 하지만 씁쓸한 맛이 돌게 되지요. 때문에 먹을 것 없어 어슬렁거리는 앞산의 고양이에게 양보한답니다. 양념 한쪽도 금쪽같이 여겨 고추씨 한 톨 안 버리는 사람이, 고양이에게 양보한다면 무슨 의미인지 아시리라 생각해봅니다.

" 삭힌 고추는 동치미 담글 때 4~5개씩 띄우면 국물 맛을 칼칼하게 해 시원한 맛이 더하는 듯하죠. 뿐만 아니라 송송 썰어 양념한 뒤 칼국수 위에 얹어도 먹고, 만두 만들 때도 곱게 다져 넣으면 매콤한 맛이 아주 좋습니다. "

세월과 자연이 맛을 내주는 칼칼하고 소박한 밑반찬 고추장아찌무침

날은 덥고 땀은 나고 기운은 빠지고…. 여름날이 그렇습니다. 이렇게 더위와 한판 씨름을 하다보면 입맛이 저만치 달아나 아무 생각이 없습니다. 그럴 때 매콤하고 칼칼한 맛으로 입맛을 돋워주는 소박한 밑반찬이 절로 생각납니다. 자그마한 약 오른 고추 골라 절임물에 노랗게 삭힌 것을 꺼내어 갖은 양념하여 조물조물 버무려 낸 고추장아찌무침이 그것이죠. 여름 나절 재래시장에 나가 한창 제철을 맞아 고추가 쌀 때 1kg 정도 사다가 씻은 뒤 고추가 자꾸 위로 뜨니 양파 망에 넣고 항아리에 담습니다. 그리고 물 10컵에 소금 1½컵을 넣고 절임물을 만들어 항아리에 붓지요. 양파 망 역시 위로 뜨지 않도록 돌로 눌러 색깔이 노랗게 변할 때까지 잊고 놔둡니다. 그러면 햇볕과 바람이 왔다갔다, 세월과 자연이 알아서 맛을 내주는 맛있는 삭힌 고추가 만들어지죠.

이렇게 삭힌 고추는 조물조물 갖은 양념한 뒤 물 말은 밥과 함께 한 입씩 뚝뚝 베어 먹으면 여름 더위가 언제 왔었나 하죠. 음식은 그때그때 만들어 먹어야 제맛이므로 늘 한두 끼 먹을 양인 20개씩 꺼내어 양념합니다. 일손 좀 덜겠다고 양념장 넉넉히 만들어 두었다가 그때그때 끼얹어 먹을 생각했다가는 제맛 보기 어려워요. 양념장에 참기름이 들어가 있어 시간이 지나면 눅진 냄새가 난답니다. 맛있는 거 먹으려면 부지런해야 하는데, 하찮은 반찬이라도 정성을 다하면 돈 주고도 못 사먹는 맛있는 음식이 되지요. 소박하더라도….

재료

삭힌 고추 20개

양념장_ 다시마국물 4큰술, 국간장 1큰술, 진간장 2큰술, 설탕 ½큰술, 다진 마늘 ½큰술, 송송 썬 부추 1작은술, 다진 홍고추 1작은술, 통깨 1큰술, 고춧가루 1큰술, 참기름 1큰술

※ 다시마국물 41쪽 참고

이렇게 만들어요

1_ 노랗게 삭힌 고추는 꼭지를 2cm 정도 남기고 가위로 잘라요.
2_ 그릇에 다시마국물을 비롯한 양념을 넣고 고루 섞어요.
3_ 접시에 삭힌 고추를 담고 양념장을 고루 끼얹어 먹어요.

봄동전
봄! 봄! 봄소식 가득 담아 입맛 살려주는 봄맞이 전

지루했던 겨울이 가고 햇살 따스해지면 아삭하고 풋풋하니 상큼한 맛이 절로 그리워지죠. 초봄에 땅을 뚫고 나오는 어린 채소들은 어느 것이나 '약'이라 했습니다. 긴 겨울을 이겨내고 싹을 틔운 자연의 강인한 힘이 배어 있어서일까요. 봄에는 뭐니뭐니해도 고소하면서 달큰한 맛이 좋은 봄동이 최고지요. 차가운 겨울바람과 눈 맞아가며 자란 봄동은 가을배추보다는 약간 두껍습니다. 노지에서 제멋대로 납작하니 펼쳐진 모양으로 자라 '떡배추'라고도 부르는 봄동이 제일 맛있을 때입니다.

속이 노랗고 잎이 크지 않은 고소한 것으로 시장바구니 가득 사다가 봄동겉절이(48쪽)도 담고 생으로 쌈도 싸고, 된장국도 끓여가며 입맛 돋우면 보약이 따로 없죠. 특히나 봄동은 일 년에 딱 그때만 먹을 수 있는 채소로 때를 놓치면 일 년을 기다려야 하므로 마른 새우 송송 썰어 넣고 노릇하게 봄맞이 전을 부칩니다. 아삭아삭 씹히는 봄동 맛도 좋으려니와 새우의 독특한 감칠맛이 맛을 더하죠. 찹쌀가루와 밀가루를 동량으로 섞어 반죽한 덕에 쫄깃한 맛 또한 기가 막혀 바로 밥상 물린 남편도 배불러 못 먹겠다 해놓고 정작 배고팠으면 어쨌을까 싶게 먹습니다. 큰 챙모자에 꽃무늬 옷 입고 남들 다가는 진해 벚꽃 구경도 못 가는데 파릇하니 달고 씹히는 맛 좋은 봄동 사다가 이렇게라도 봄맞이해야지 억울하지 않을 듯합니다.

재료
봄동 3포기, 마른 새우 150g,
다시마국물 3큰술, 소금 약간
반죽_ 밀가루 5큰술, 찹쌀가루 5큰술,
다시마국물 ½컵
※ 다시마국물 41쪽 참고

이렇게 만들어요
1_ 봄동은 작은 잎으로 골라 한 장씩 떼어지도록 밑동을 잘라 흔들어가며 씻어요.
2_ 냄비에 물을 끓여 소금 약간을 넣고 봄동을 넣은 뒤 부드러워지도록 살짝만 데쳐 재빨리 체에 펼쳐서 얹어 식히면서 물기를 빼요.
3_ 마른 새우는 다진 뒤 다시마국물을 넣고 섞어 부드럽게 불려요.
4_ 그릇에 밀가루와 찹쌀가루, 불려둔 다진 새우, 소금 약간을 넣고 섞은 뒤 다시마국물을 부어가며 반죽해요.
5_ 팬에 식용유를 살짝만 바르고 봄동을 잎이 마주보게 2장씩 나란히 얹은 뒤 그 위에 숟가락으로 반죽을 떠 얹어요.
6_ 밑이 노릇해지면 봄동을 뒤집은 뒤 반대편에도 반죽을 얹고 노릇하게 익으면 다시 뒤집어 익혀요.

 **종부의 노하우**
봄동은 잎이 크지 않고 속이 노란 것이 고소하고 달아요. 끓는 물에 약간의 소금을 넣고 파릇하게 데친 뒤 재빨리 소쿠리에 펼쳐 식혀 뜨거운 기를 빼는데, 살짝 데쳐야 부드럽고 맛있어요. 팬에는 식용유를 살짝만 둘러야 담백한 맛이 나고 약한 중불에서 노릇하게 지져내요.

" 여러 사람들이 모이는 잔칫날을 더욱 즐겁게 만들어주는 우리의 전통음식 잡채. 음식이 시대에 따라 발전하고 변화해야 하는 건 당연한 일. 맛과 색깔, 식감에서 기존 잡채와 똑같고 오히려 두고 먹어도 잘 붇지도 쉽게 상하지도 않으니 머리 좋은 사람이 음식도 잘한다는 말이 맞나봅니다. 라면 끓이는 것만큼 쉽고 간단한 방법으로 후다닥 만들어 통깨 듬뿍 얹어 내면 매일이 잔칫날이죠. 당면을 따로 삶지 않으므로 물에 담가 충분히 불려야 조리할 때 물도 덜 흡수하고 빨리 부드러워져요. 채소는 생으로도 먹는 재료인데 푹 익힌다고 너무 오래 볶으면 퍼지고 물러져 식감이 떨어진답니다. "

잡채

냄비 하나로 후다닥 만들어 잔칫날처럼 즐기는

우리의 잔칫상에 빼놓을 수 없는 음식이 있다면 단연 잡채를 꼽을 수 있습니다. 갖가지 재료가 어우러져 만들어내는 색감과 맛의 조화는 눈을 즐겁게 하고 입을 즐겁게 하여 마음까지 풍요롭게 해주죠. 잡채는 '여러 채소를 섞다'라는 뜻을 지닌 이름으로 시금치, 표고버섯, 당근, 양파 등 다양한 채소를 넣고 따뜻하게 버무려내는 숙채인데, 처음에는 당면 없이 채소만을 넣고 버무려 궁중연회에서 즐겼다고 합니다. 색으로 보나 맛으로 보나 화려하게 차려내는 전라도 밥상에 잡채는 안성맞춤이죠. 헌데 잡채 한번 만들자면 주방이고 어디고 마치 전쟁이 난 것처럼 정신없기 일쑤죠. 들어가는 재료도 많거니와 일일이 볶아내고 다시 합쳐 버무리려니 보통 일이 아닌데, 솜씨 좋기로 소문난 시어머니께 배운 나씨 종가의 잡채는 그런 번거로움을 단번에 해결한 방법이었죠. 손님 발길 끊이지 않고 잔치 많은 종가에서 잡채는 하루 걸러 만드는 일상적인 음식이 되다 보니 재료 준비야 어쩔 수 없지만 만드는 방법이라도 좀 더 쉽고 간단하게 연구하게 된 것일 테죠.

음식이라는 것이 시대에 따라 발전하고 변화해야 하는 건 당연한 일이죠. 조리 환경과 도구, 재료 등이 바뀌고 있기 때문인데, 전통의 맛과 멋은 유지하면서 방법이 쉽고 간소화된다면 소중한 우리 전통음식들이 매일 식탁에 오르고 그 맛이 후대에도 계속 이어질 테니까요. 갖은 재료가 어울려 오감을 즐겁게 하는 잡채, 라면 끓이는 것만큼 쉬운 방법이라면 더 많이 더 자주 즐길 수 있겠죠?

재료
당면 200g, 불린 표고버섯 3개, 불린 목이버섯 3개, 양파 ½개, 애호박 ¼개, 당근 ¼개, 새송이버섯 1개, 부추 ¼단, 청·홍고추 1개씩, 시금치 1줌, 참기름 1큰술, 통깨 적당량

전체 양념_ 다시마국물 2컵, 식용유 3큰술, 다진 마늘 1큰술, 꿀 3큰술, 설탕 1큰술, 진간장 3큰술, 국간장 1큰술, 후춧가루 약간

버섯양념_ 진간장 1큰술, 다진 마늘 ½큰술, 참기름 1큰술, 후춧가루 약간, 설탕 약간

※ 다시마국물 41쪽 참고

이렇게 만들어요

1. 당면은 미지근한 물에 담가 부드럽게 불리고, 양파는 채썰고, 애호박은 납작납작하게 반달썰기 해요.
2. 당근은 3cm 길이로 가늘게 채썰고, 부추는 4cm 길이로 썰어요. 새송이버섯도 4cm 길이로 채 썰고, 청·홍고추는 씨를 제거하고 3cm 길이로 채 썰어요. 시금치는 다듬어 씻고요.
3. 물에 담가 부드럽게 불린 표고버섯과 목이버섯은 물기를 짠 뒤 표고버섯은 납작하게 썰고 목이버섯은 먹기 좋게 뜯어 양념에 조물조물 버무려요.
4. 움푹한 냄비에 전체 양념을 넣고 한소끔 끓인 뒤 불린 당면을 넣고 볶아요. 국물이 자작하게 졸아들고 당면이 부드러워지면 준비한 재료를 넣고 고루 섞어가며 볶아요.
5. 당면과 채소가 고루 어우러지고 국물이 거의 졸아들면 참기름을 두르고 통깨를 듬뿍 뿌려 완성해요.

"아침저녁으로 날씨 쌀쌀해지면 가을의 깊이를 느낄 수 있게 해주는 무와 생새우 듬뿍 넣고 시원하니 무새우조림을 만듭니다. 칼을 대면 쩍하고 벌어지는 물기 가득 머금은 가을무 나팍나팍하게 썰어 냄비에 깔고 살아 튀어 오르는 싱싱한 생새우 고루 올려 가을 맛 흠뻑 배도록 푹하니 끓이는 동안 사방으로 번지는 구수하고 시원한 냄새에 군침이 절로 넘어가죠."

팔딱팔딱 살아 움직이는 싱싱한 생새우는 보는 것만으로도 기운이 나는 것 같죠. 속살 조직이 연하여 쉽게 상하므로 가능한 한 살아 있는 것을 사는 게 좋고, 바로 먹을 것이 아니면 냉장고에 보관해야 해요.

무새우조림

수라상 부럽지 않은 가을 맛
시원하고 달큰하니 입에 착착 붙는

여름내 덮었던 얇은 홑이불이 선득거려 솜이불 생각이 절로 날 만큼 아침저녁으로 싸늘해질 때쯤 먹는 무새우조림 한 그릇은 임금님 수라상과도 바꾸고 싶지 않은 맛입니다. 차가워진 날씨와 함께 살 오른 무가 달큼하니 맛이 좋고, 바다 깊숙한 곳에서 서식하여 전어만큼이나 가을에 맛좋기로 소문난 새우가 더해지니 깊고 진한 맛이 그만이지요.

한창 물이 오른 제철 재료로 만들어서인지 아이들도 밥 한 그릇 뚝딱 비웁니다. 이처럼 우리 집 밥상에 오르는 음식들은 다 시골 반찬들입니다. 오랜 시간 기다려야 제맛을 볼 수 있고, 갑자기 찾아온 손님상에 내놓기에는 투박하고 거칠어 돌아가는 길에 흉보지는 않을까 싶은 음식들…

가족과 함께 오랫동안 먹어왔고 우리 어머니와 할머니가 훨씬 전부터 오래오래 잡숴 왔던 음식들이 좋아 늘 시골반찬으로 상을 차립니다. 아들 셋을 키우는 동안에도 그 흔한 소시지반찬 한번을 안 해줬지요. 아이들 중·고등학교 시절 도시락에도 김부각이며 장조림, 장산적에 어란, 홍합초, 장똑똑이에 콩자반, 나물과 김치 등…

요즘 아이들은 처음 보는 음식들뿐이다 보니 창피했던지 소시지반찬 싸달라고 떼를 쓰기도 했는데, 굴하지 않았습니다. 그랬더니 같은 뱃속에서 나왔어도 대처 방법이 제각각, 할머니 손에서 장손으로 곧고 바르게 훈육 받고 자란 큰아들은 투정만 할뿐 싸주는 대로 묵묵히 먹었고, 사교적이고 융통성이 좋은 둘째 아들은 지 먹고 싶은 거 싸온 친구 반찬과 맞바꿔 먹고, 착하고 애교 많은 막내 셋째는 어떻게 먹는지 이렇다 저렇다 말이 없었죠. 그렇게 시골반찬뿐이라며 투정하던 아이들이 어느새 장성하여 찬바람 부는 가을이 되면 "엄마, 새우 넣고 무 안 조려줘?", "엄마, 요즘은 어란 먹을 때지?", "엄마, 김부각 좀 넉넉히 해줘", "엄마, 가을엔 아욱국 먹어야지", "엄마, 말린 감 떨어졌어?" 지들이 더 난리입니다.

재료
무 ½개, 생새우 1컵, 어슷 썬 대파 ½대, 다진 청·홍고추 약간
양념_ 국간장 2큰술, 고춧가루 2큰술, 다시마국물 1½컵, 다진 마늘 1큰술, 다진 생강 ¼작은술, 후춧가루 약간
※ 다시마국물 41쪽 참고

이렇게 만들어요
1. 무는 껍질째 씻어 이등분한 뒤 나박나박 썰어 냄비에 고루 깔아요.
2. 생새우는 물에 흔들어 씻은 뒤 소쿠리에 담아 물기를 빼고 무 위에 고루 올려요.
3. 양념을 만들어 무 위에 고루 끼얹고 끓이는데, 처음엔 센 불에서 끓이다가 한소끔 끓어오르면 중간 불로 줄여 끓여요.
4. 국물이 충분히 끓어 전체적으로 간이 깊이 배이면 대파와 청·홍고추를 올리고 다시 살짝 끓여내요.

 종부의 노하우

생새우 듬뿍 얹고 자작하게 끓여 먹는 무새우조림은 깊은 가을에 맛볼 수 있는 진미 중의 진미라 할 수 있죠. 무가 속까지 충분히 익어 숟가락으로 누르면 힘없이 부서질 정도로 무르게 푹 끓여야 하므로 국물이 넘치지 않도록 넉넉한 냄비에 끓이는 것이 좋아요. 처음엔 센불에서 한소끔 끓인 뒤 중약불에서 서서히 뭉근하게 끓여야 제맛이 나죠.

애호박들깨탕
부드럽고 고소한 맛과 향에 입은 즐겁고 속은 든든한

" 고소한 맛을 좋아하는 남편을 위해 기운 뚝 떨어지고 어깨 절로 움츠러들 때쯤 애호박 반달 모양으로 납작납작하게 썰고, 마른 새우와 함께 들깻가루 걸쭉하게 풀어 애호박들깨탕을 끓입니다. 마른 새우에서 우러난 맛과 들깻가루의 고소한 맛이 어우러져 환상궁합을 이루는데, 입에는 착 달라붙고 속은 뜨끈뜨끈해지니 다른 말이 필요 없지요. 아주 쉽고 간단하게 끓이면서도 뭐 대단한 것 끓인 것처럼 우쭐해질 수 있는 맛인데, 이게 다 고소한 들깻가루 덕분입니다. "

'남편은 나의 요리 스승이다' 할까 싶습니다. 살아생전 시어머니께서는 어렵게 얻은 아들 좋은 것, 맛난 것만 먹이며 금지옥엽으로 키우셨지요. 결혼과 함께 시작된 혹독한 음식 훈육도 결국은 아들을 위한 것이 아니었을까 싶은데, 그렇게 성장한 남편은 입맛이 무척 까다로웠고 맛없는 것은 손도 대지 않았습니다. 김치도 익은 것은 거들떠도 보지 않아 삼시 세 끼 새로운 양념에 갓 버무려 낸 것만 먹고, 같은 반찬 절대 두 번 상에 오르면 안 되고…. 그 입맛 맞추려니 재료 선택에서 손질, 양념 하나하나까지 허투루 할 수 없었는데, 작은 것까지 신경써가며 음식을 만들다보니 솜씨는 늘고 노하우는 쌓이고 그러니 남편이 요리 스승이나 다름없지요.

특히 남편은 깨나 참기름을 뿌려 먹는 것을 즐겼는데, 깨도 3일 이상 된 것은 고소한 냄새가 약하다며 새것을 찾았습니다. 덕분에 참깨며 들깨며 거피하여 뽀얗게 손질하는 데는 도사가 됐는데, 그게 다 남편 덕이죠.

그렇게 고소한 맛을 좋아하는 남편을 위해 추운 날엔 애호박들깨탕을 끓입니다. 들깨가 몸에 좋은 것은 모르는 사람 없을 터이고, 그 맛에 대해 이야기하자면 마술의 가루 같다고나 할까요. 밍밍하고 별 맛없는 음식도 들깻가루가 들어가면 맛이 백팔십도로 확 바뀌죠. 묵은지 씻어 볶다가 한 숟가락, 고구마줄거리 볶다가 한 숟가락, 토란대, 다래순, 고사리, 애호박, 머윗대, 두부 등에 넣기만 하면 깊은 맛과 함께 한결 고급스러운 맛으로 변하죠. 국이나 찌개를 끓일 때도 예외는 아니어서 부드러운 맛까지 내주니 기특한 우리 양념이 아닐 수 없죠. 단 오래 두면 맛과 향이 달아나고 기름 눅진내가 나므로 손을 조금 부지런히 움직여야지요.

재료
애호박 ½개, 양파 ⅓개, 청·홍고추 ⅓개씩, 다시마국물 1컵, 물 2컵, 마른 새우 1줌(50g), 국간장 1큰술, 들깻가루 3큰술
※ 다시마국물 41쪽 참고

이렇게 만들어요
1. 애호박은 씻어 길게 반으로 자른 뒤 납작납작하게 반달썰기 해요.
2. 양파는 얇게 채썰고, 청·홍고추는 동그란 모양을 살려 송송 썰어요.
3. 냄비에 다시마국물과 물을 붓고 마른 새우를 넣어 끓여요.
4. 국물이 한소끔 끓어오르면 국간장을 넣어 간을 한 뒤 애호박과 양파, 청·홍고추를 넣어요.
5. 들깻가루는 동량의 물을 붓고 갠 뒤 끓고 있는 국물에 고루 끼얹고 후루룩 끓여내요.

종부의 노하우
뜨끈한 국물과 함께 몸에 좋은 들깨를 먹을 수 있는 좋은 기회로 들깻가루와 좋은 궁합을 이루는 마른 새우를 넣어 기본 국물을 우려요. 채소는 너무 푹 끓이면 물러지므로 국물이 한소끔 끓어오른 후에 넣고, 들깻가루의 고소한 맛과 향이 살도록 다진 마늘과 참기름은 넣지 않아요.

들깨의 껍질을 벗겨 곱게 가루로 빻은 들깻가루는 고소한 향과 독특한 냄새가 특징이죠. 국이나 찌개에 넣으면 부드러우면서도 깊은 맛이 더해져 국물 맛이 한결 고급스러워지는데, 토란이나 배추, 고구마줄기, 머윗줄기 등 향이 순한 재료와 잘 어울립니다.

시금치국
고소하고 달큰한 맛이 최고
만물이 소생하는 봄에 먹어야

겨울 내내 힘을 모았다가 땅의 기운과 봄의 햇살을 강하게 먹고 자란 시금치를 보면 뽀빠이처럼 기운이 쑥쑥 날 것 같습니다. 나이터울 고만고만한 세 아들들 어렸을 때는 몸에 좋다는 시금치 많이 먹이려고 뽀빠이 무척 팔렸었죠. 그만큼 시금치는 몸에 좋은 채소로 통하며 우리에게 참으로 친숙하죠. 일 년 내내 나오는 채소이기는 하지만 봄기운을 맡아 파릇파릇하게 자란 봄 시금치가 고소하고 달큰한 맛이 최고죠. 고춧가루 뿌려가며 멸치액젓 넣고 쓱쓱 버무려도, 구수한 된장 풀고 국을 끓여도 다 맛있는데, 봄 향기와 봄맛이 이런 게 아닌가 싶기도 하지요.

게다가 시금치는 노지에서 자라고 병충해가 별로 없는 채소로 농약을 치는 일은 없으니 그만큼 건강하다는 이야기죠. 값도 싸고 맛도 좋고 영양도 풍부해 수시로 밥상에 오르는 채소 시금치. 봄에 달고 맛있을 때는 주로 겉절이를 해 먹고 한창때 지나 맛이 없어지기 시작하면 된장 넉넉하게 풀고 무르게 푹 끓여 시금치된장국으로 밥상에 올리는데, 참 입이 즐겁죠. 사위도 안 주고 문 걸어 놓고 먹는다는 아욱국보다 맛있는 듯하니 말입니다. 여름이 되어 시금치 아주 세었을 때도 마찬가지로 된장국을 끓이는데 역시 아욱국 저리 가라죠. 대신에 숨이 푹 죽도록 끓여야 진한 맛이 나 좋답니다.

재료
시금치 1단, 쪽파 3cm 길이 ½줌, 어슷 썬 홍고추 2개
양념_ 다시마국물 5컵, 된장 1큰술, 고춧가루 1작은술
※ 다시마국물 41쪽 참고

이렇게 만들어요
1_ 시금치는 밑동을 자르고 시든 잎 등을 다듬은 뒤 씻어 소쿠리에 담아 물기를 빼요.
2_ 냄비에 다시마국물을 붓고 체에 걸러 된장을 푼 뒤 고춧가루를 넣고 끓여요.
3_ 된장을 푼 국물이 끓기 시작하면 시금치를 넣고 후루룩 한소끔 끓여요. 불을 줄이고 숨이 죽을 정도로 끓이면서 쪽파와 홍고추를 넣고 끓여내요.

종부의 노하우

깔끔하고 얌전하게 끓이고 싶을 때는 된장을 체에 걸러 콩 알갱이가 들어가지 않도록 하죠. 하지만 콩의 영양이 아깝다 싶을 때는 그냥 풀어도 좋아요. 달큰하게 우러난 시금치 맛을 그대로 즐기기 위해 마늘은 넣지 않는 것이 더 좋은데, 시금치 숨이 죽도록 끓여야 맛있어요.

정월대보름 나물 14가지

둘째 · 일 년 건강을 기원하는 마음 가득한 자연의 맛

우리의 음식에는 자연과 시간까지 담아낸 기다림의 맛이 있습니다. 오곡밥과 아홉 가지 나물을 먹는 음력 1월 15일의 정월대보름 음식을 준비하다 보면 우리 조상의 지혜가 얼마나 대단하고 소중한 것인지 새삼 깨닫게 되죠. 푸성귀를 구하기 어려웠던 겨울철을 대비해 봄부터 가을 내내 제철 채소를 갈무리했었다가 대보름이라는 명절을 통하여 겨우내 부족했던 비타민이나 무기질 등을 보충하고 잃어버린 입맛을 되찾았기 때문인데요. 호박고지, 고사리, 무청시래기, 다래순, 곰취나물, 죽순나물 등의 묵은 나물을 먹으면 여름에 더위를 먹지 않는다고 해서 우리 조상들이 챙겨 먹었던 보약과 같은 대보름 나물들… 정성스레 갈무리한 나물들만 있으면 대보름뿐만 아니라 명절, 잔칫날, 매일 밥상까지 풍요롭게 만들어 주니 365일 챙겨 먹어 가며 건강 다지는 것도 좋은 일이겠지요.

쌉싸름한 봄맛이 가득한
곰취나물

재료
불린 곰취 500g(마른 곰취 250g), 쌀뜨물 적당량, 다진 파 1큰술, 참기름 1큰술, 통깨 약간
양념_ 다시마국물 ½컵, 국간장 2큰술, 다진 마늘 1큰술, 식용유 또는 들기름 1큰술 ※ 다시마국물 41쪽 참고

이렇게 만들어요
1_ 냄비에 곰취를 넣고 푹 잠기도록 물을 붓고 끓여요. 물이 끓기 시작해서 5분 정도만 끓인 뒤 찬물에 헹궈요.
2_ 헹군 곰취는 쌀뜨물에 30분 정도 담가 물기를 꼭 짜고 큰 것은 2~3번 잘라요.
3_ 냄비에 곰취와 양념을 함께 넣고 고루 버무린 뒤 젓가락으로 흩여가며 촉촉하게 볶다가 다진 파와 참기름을 넣어요. 대파가 파랗게 되면 꺼내어 통깨를 뿌려요.

종부의 맛 비결_ 곰취는 봄나물이 한창일 때 끓는 물에 삶아서 말린 나물로 오래 삶으면 물러지므로 물이 끓기 시작해서 5분 정도만 삶아요. 또 쌀뜨물에 담가 두면 검은 물도 빠지고 부드러운 맛이 살아 좋아요. 부드럽게 볶아야 맛있어요.

아삭아삭 씹는 맛이 좋은
숙주나물

재료
숙주 300g, 굵은 소금 1작은술
양념_ 다진 마늘 1큰술, 소금 1작은술, 참기름 1큰술, 다진 파 1작은술, 실고추 약간, 통깨 1큰술

이렇게 만들어요
1_ 숙주는 통통한 것으로 물에 흔들어 가며 씻어 소쿠리에 담아 물기를 빼요.
2_ 냄비에 물과 소금을 넣고 팔팔 끓인 뒤 숙주를 넣고 위아래로 뒤적여가며 아삭한 맛이 살도록 살짝만 데쳐 소쿠리에 쏟아요. 재빨리 찬물을 끼얹어 식혀요.
3_ 숙주가 식으면 물기를 꼭 짜고 다진 마늘과 소금을 넣고 조물조물 버무려 간을 맞춘 뒤 참기름과 다진 파를 넣어 버무려요. 접시에 담고 실고추와 통깨를 고명으로 얹어요.

종부의 맛 비결_ 숙주는 녹두를 싹 틔워 기른 흰색의 나물로 소금으로 간을 해야 색깔이 깔끔하고 맛도 시원하답니다. 너무 무르게 데치면 씹는 맛이 없어지므로 아삭함이 남도록 살짝만 데쳐 재빨리 찬물을 끼얹어 식혀요.

"우리의 산과 들에서 자생하는 제철 나물들은 그 자체가 보약이라 해도 과언이 아니에요. 파릇하니 싱싱할 때 마음껏 즐기고, 바지런 떨며 틈틈이 거두어 갈무리해 두면 사시사철 건강 밥상을 차릴 수 있어 너무 좋죠. 말릴 때는 바람이 잘 통하고 볕은 좋으나 나물에 직접 닿지 않는 곳에서 짧은 기간 말려야 영양 손실이 적고 맛과 풍미는 물론 색까지 오래 유지할 수 있어요. 햇볕이 바로 닿으면 색이 바래지고 온도와 습도가 높으면 곰팡이가 슬거나 검게 변하죠. 넓은 채반이나 소쿠리에 겹쳐지지 않게 펼쳐 놓고 중간 중간 뒤집어가며 바싹 말려야 속까지 잘 마른답니다."

1년의 기다림 끝에 맛보는

죽순나물

재료
불린 죽순 300g(마른 죽순 200g), 식용유 적당량
양념_ 국간장 2큰술, 다진 마늘 1큰술, 다진 파 1큰술, 들깨가루 2큰술, 다시마국물 3큰술, 통깨 약간 ※ 다시마국물 41쪽 참고

이렇게 만들어요

1_ 죽순은 끓는 물에 20분 정도 삶아 말랑말랑해지면 찬물에 헹궈 물기를 꼭 짜요.
2_ 팬에 식용유를 살짝 두른 뒤 불린 죽순을 넣고 볶아요. 전체적으로 따뜻한 기운이 퍼지면 양념 중 국간장과 다진 마늘, 다진 파를 반씩 덜어 넣고 저어가며 볶아요.
3_ 전체적으로 반지르르하게 윤기가 돌면 들깨가루를 넣고 고루 섞어가며 볶다가 나머지 다진 마늘, 다진 파와 다시마국물을 넣은 뒤 촉촉하게 볶아 통깨를 고루 뿌려내요.

종부의 맛 비결_ 새봄에 반짝 나는 죽순을 바람 잘 통하는 반그늘에서 바싹 말려 잘 보관했다가 이듬해 대보름에 먹는 죽순나물. 들깨가루를 넣으면 죽순이 뻑뻑해지므로 다시마국물을 넣어 촉촉하게 볶아내야 부드럽고 맛이 좋답니다.

깊은 산속 자연의 맛이 가득한
곤드레나물

재료
불린 곤드레 300g(마른 곤드레 150g), 식용유 적당량
양념_ 국간장 2큰술, 참기름 1큰술, 통깨 1큰술, 다진 마늘 약간, 다진 쪽파 약간, 들깨가루 ½큰술, 들기름 약간

이렇게 만들어요
1_ 말린 곤드레는 물에 4~5시간 담가 뻣뻣함 없이 불린 뒤 그대로 삶아요.
2_ 곤드레가 부드러워지면 불을 끄고 그대로 4시간 정도 두었다가 헹구어 물기를 꼭 짜고 긴 것은 짧게 잘라요.
3_ 양념을 만들어 불린 곤드레를 넣고 조물조물 골고루 무쳐요.
4_ 팬에 식용유를 두르고 양념한 곤드레를 넣고 젓가락으로 고루 저어가며 볶아요.

종부의 맛 비결_ 강원도 태백산에서 자생하는 곤드레나물은 독특한 향과 함께 담백하고 부드러운 맛이 그만인데, 맛과 향이 달아나지 않도록 불렸던 물 그대로 삶고 또 그대로 식혀 헹구죠. 조물조물 양념하여 볶은 뒤 그대로 나물로 먹어도 좋고, 밥 지을 때 위에 얹어 곤드레밥을 지어도 별미죠.

꼬들꼬들 씹을수록 고소한 기본나물
고사리나물

재료
불린 고사리 300g(마른 고사리 150g), 식용유 약간, 다시마국물 ½큰술, 다진 파 약간, 통깨 약간
양념_ 국간장 2큰술, 다진 마늘 약간, 참기름 1큰술, 식용유 2큰술
※ 다시마국물 41쪽 참고

이렇게 만들어요
1_ 말린 고사리는 잠기도록 자작하니 물(⅔컵 정도)을 붓고 반나절 정도 불린 뒤 그대로 불에 올려 부드러워질 때까지 삶아 그대로 식혀요.
2_ 한 김 식힌 고사리는 2~3번 맑은 물이 나오도록 헹군 뒤 뻣뻣한 줄기를 잘라내고 먹기 좋은 크기로 잘라 물기를 꼭 짜요.
3_ 양념을 만들어 삶은 고사리를 넣고 조물조물 버무린 뒤 팬에 식용유를 두르고 넣어 볶아요.
4_ 양념이 고루 어우러지면 다시마국물을 넣고 뚜껑을 덮어 자작해지도록 끓인 뒤 다진 파와 통깨를 넣고 고루 섞어요.

종부의 맛 비결_ 고사리의 어린 순을 따 말린 고사리나물은 명절이나 잔칫상, 제사상 등에 빠지지 않는 기본 나물 중의 하나죠. 물에 담가 충분히 불린 뒤 너무 삶으면 뭉개지므로 통통해질 정도로 삶아요. 볶을 때는 다시마국물을 넣고 뚜껑을 덮어 국물이 자작해지도록 뜸을 들여야 부드럽고 향이 좋답니다.

" 야들야들한 산나물, 제철 맞아 차고 넘치는 싱싱한 채소를 짬 내서 갈무리해 두면 이듬해 정월 대보름까지 든든하죠.
취나물이나 무청, 고구마줄기, 토란대 등과 같은 녹색채소는 끓는 물에 데쳐 말려야 해요. 그래야 파르라니
녹색이 선명하게 살고 영양 손실도 줄일 수 있죠. 죽순 역시 삶아 말려야 아린 맛이 없고요. 수분이 많은
호박이나 가지, 무, 도라지 등은 적당한 크기로 잘라 말리기만 하면 되고, 버섯 역시 통으로 말리거나 납작하게 썰어 그대로 말리면
되죠. 단 통으로 말리는 채소는 곰팡이가 슬지 않도록 자주 뒤집어주고 특히 바람이 잘 통하는 곳에 말려야 해요. "

은은한 맛과 향이 입안 가득한
표고버섯나물

재료
불린 표고버섯 300g(마른 표고버섯 150g), 들기름 1큰술, 다진 파 약간, 통깨 약간
양념_ 국간장 1큰술, 다진 마늘 1큰술, 들깨가루 1큰술

이렇게 만들어요
1_ 표고버섯은 말린 것으로 준비해 자작하게 물을 붓고 부드럽게 불린 뒤 물기를 꼭 짜요.
2_ 딱딱한 기둥을 잘라내고 납작납작하게 채 썬 뒤 양념을 넣고 조물조물 무쳐요.
3_ 팬을 달구어 들기름을 두르고 양념한 표고버섯을 넣은 뒤 고루 저어가며 볶고, 다진 파와 통깨를 고명으로 얹어내요.

종부의 맛 비결_ 표고버섯나물은 생표고보다 말린 것을 불려 볶아야 향도 좋고, 쫄깃쫄깃 맛있어요. 등이 노릇노릇한 것이 자연산이에요. 빨리 불린다고 설탕 탄 물에 불리면 향이 사라지므로 맹물에 불리고, 센 불에 후루룩 볶아야 맛이 좋아요. 떼어낸 기둥을 채 썰어 된장찌개 등에 넣죠.

깊은 바다의 맛과 향을 가득 품은
청태볶음

재료
청태(마른 파래) 100g, 송송 썬 쪽파 약간, 다진 홍고추 약간, 통깨 1큰술
양념_ 국간장 1큰술, 진간장 1큰술, 다시마국물 3큰술, 참기름 1큰술, 다진 마늘 1큰술 ※ 다시마국물 41쪽 참고

이렇게 만들어요
1_ 청태는 마른 상태로 불순물 등을 손질해가며 먹기 좋은 크기로 찢어요.
2_ 마른 팬에 손질한 청태를 넣고 파란 색이 살아나면서 바다 비린내가 나지 않도록 살짝 볶아요.
3_ 양념을 만들어 고루 섞은 뒤 손질한 청태를 넣고 고루 어우러지도록 조물조물 고루 버무려요.
4_ 양념이 고루 배면 송송 썬 쪽파와 다진 홍고추, 통깨를 솔솔 뿌려요.

종부의 맛 비결_ 청태는 울릉도 등의 깊은 바다 속에서 서식하는 파래와 비슷하게 생긴 해조류로 해태, 감태라고도 하죠. 바다의 향을 가득 품은 향긋함과 감칠맛이 그만이에요. 잘 마른 것을 불순물 등이 없도록 손질하여 파란색이 돌도록 살짝 볶아 놓으면 별미랍니다. 식초를 넣으면 색이 누렇게 되므로 주의하세요.

달큼하니 담백하고 부드러운 맛
무나물

재료
무 ⅓개, 식용유 적당량, 실고추 약간, 통깨 또는 검은깨 1큰술
양념_ 소금 ½작은술, 다진 마늘 1큰술, 다진 생강 약간, 다진 파(파란 부분) 약간

이렇게 만들어요
1_ 무는 껍질째 깨끗이 문질러 씻은 뒤 조금 굵다 싶게 채 썰어요.
2_ 팬에 식용유를 두르고 무를 넣은 뒤 소금으로 간을 하고 중불에서 볶아요.
3_ 무가 볶아지면서 수분이 나와 국물이 생기면 그대로 자작자작하게 졸아들도록 볶은 뒤 다진 마늘과 생강, 다진 파를 넣고 볶아요.
4_ 전체적으로 간을 확인한 뒤 부족한 간은 소금으로 맞추고 통깨나 검은깨, 실고추 등을 웃기로 얹어요.

종부의 맛 비결_ 무나물은 볶는 과정에서 수분이 빠지고 부드러워지므로 채를 조금 두껍게 썰어야 쉽게 부서지지 않아 모양이 살아요. 또 흰색을 살리려 깔끔하고 먹음직스러운데 참기름을 넣으면 누리끼리해지므로 넣지 않아요. 웃기로는 흰색을 살리려면 통깨를, 대비되는 색감을 살리려면 검은깨를 뿌려요.

씹을수록 고소하고 달콤한 맛 가득한
시금치나물

재료
시금치 ½단, 소금 약간
양념_ 국간장 2큰술, 깨소금 1큰술, 다진 마늘 1큰술, 다진 파 약간

이렇게 만들어요
1_ 시금치는 키가 작고 뿌리가 붉은 것으로 준비하여 뿌리를 자르고 포기가 굵은 것은 반 갈라 가며 다듬어 씻어요.
2_ 끓는 물에 소금 약간을 넣고 다듬은 시금치를 넣고 파랗게 데쳐 소쿠리에 쏟고 찬물을 부어 재빨리 식혀요.
3_ 한 김 식힌 시금치는 물기를 꼭 짜고 양념을 넣고 조물조물 주물러 양념해요.

종부의 맛 비결_ 시금치는 땅바닥에 붙은 것처럼 옆으로 퍼져 찬바람을 이겨낸 노지 것이 단맛이 강하고 영양도 풍부하죠. 길이가 짧고 밑동이 붉으스름하니 실한 것이 좋아요. 아삭아삭 씹히는 맛을 느낄 수 있도록 위아래로 뒤적이면서 색이 선명하게 살도록 데치세요. 간은 진하지 않게 해야 나물의 참맛을 즐길 수 있어요.

꼬들꼬들 씹을수록 구수한 맛 우러나는
호박고지나물

재료
불린 호박고지 300g(마른 호박고지 150g), 다시마국물 ½컵, 다진 파 ½큰술, 참기름 1작은술
양념_ 국간장 2큰술, 참기름 1큰술, 들기름 1큰술, 다진 마늘 1큰술, 다진 생강 1작은술 ※ 다시마국물 41쪽 참고

이렇게 만들어요
1_ 호박고지는 마른 것을 찬물에 1시간 정도 담가 부드럽게 불린 뒤 소쿠리에 건져 물기를 꼭 짜요.
2_ 양념을 한데 넣고 고루 섞은 뒤 불린 호박고지를 넣고 조물조물 무친 뒤 팬에 넣고 약중불에서 달달 볶아요.
3_ 양념이 고루 어우러지면 다시마국물을 넣고 촉촉하게 다시 볶은 뒤 마지막에 다진 파를 넣고 참기름을 둘러내요.

종부의 맛 비결_ 호박고지는 모양이 쪽 고르고 씨가 적은 애호박을 납작납작하게 썰어 채반에 겹쳐지지 않게 얹은 뒤 통풍이 잘되는 반그늘에서 앞뒤로 뒤집어가며 말린 것이죠. 물에 불리면 2배로 양이 불어나므로 양 조절을 잘해야 돼요. 국물이 없는 양념이라 센 불에서 볶으면 타기 때문에 약한 중불이 좋고, 마지막에 다시마 우린 물을 붓고 볶아야 부드럽고 맛있어요.

" 말린 나물을 조리할 때는 나물 자체가 가진 맛과 향을 살리는 것이 가장 중요한 맛 비결이죠. 강한 양념을 쓰기보다는 자극적이지 않도록 최소한의 양념으로 맛을 내고, 양념을 미리 만든 후에 손질한 나물을 넣고 조물조물 버무려야 양념이 고루 깊이 어우러져 맛이 좋아지죠. 기름을 두르고 나물을 넣어 볶아야 잡맛이 없어요. 들깨가루 등과 같이 향이 있거나 다진 파와 같이 색이 있는 재료는 마지막에 넣는 것이 좋아요. 또 마지막에 다시마국물이나 육수 등을 넣고 자작자작하게 끓이거나 뚜껑을 덮고 뜸을 들여야 부드러운 맛이 살아 맛있는 나물이 된답니다. "

고소한 들깻가루와 어우러진 부드러운 맛
토란대나물

재료
불린 토란대 300g(마른 토란대 250g), 쌀뜨물 적당량 또는 된장 1큰술, 식초 1작은술, 들깻가루 2큰술, 참기름 1작은술
양념_ 다시마국물 1컵, 참기름 1큰술, 들기름 1큰술, 다진 마늘 1큰술, 다진 생강 1작은술, 국간장 2큰술
※ 다시마국물 41쪽 참고

이렇게 만들어요
1_ 말린 토란대는 쌀뜨물에 담가 어느 정도 부드러워지면 식초를 넣고 그대로 불에 올려 삶아요.
2_ 토란대를 만져 보아 부드러워지면 쌀뜨물을 따라내고 세 번 정도 헹궈 물기를 꼭 짜요. 긴 것은 먹기 좋게 잘라요.
3_ 냄비에 양념을 넣고 짭조름하게 간을 맞추어 보글보글 끓이다가 불린 토란을 넣고 저어가며 끓여요.
4_ 먹기 직전에 들깻가루를 뿌려 넣고 끓이다가 참기름을 둘러내요.

종부의 맛 비결_ 토란대는 말린 것을 쌀뜨물에 담가 부드럽게 불린 뒤 식초를 넣고 그대로 삶아야 아린 맛도 빠지고 색깔이 뽀얗게 살아나요. 쌀뜨물이 없을 때는 된장을 넣고 삶아도 좋은데, 충분히 불려 삶아야 부드러운 나물을 맛볼 수 있지요. 들깻가루는 먹기 직전에 넣어야 고소한 맛이 살아요.

질깃질깃 씹을수록 감칠맛 우러나는
고구마줄기나물

재료
불린 고구마줄기 300g(마른 고구마줄기 150g), 식용유 2큰술, 다시마국물 1컵, 들깻가루 ½컵, 다진 홍고추 약간
양념_ 국간장 1큰술, 다진 마늘 1큰술, 마른 새우 ⅓컵
※ 다시마국물 41쪽 참고

이렇게 만들어요
1_ 말린 고구마줄기는 물에 1시간 정도 담가 부드러워지면 그대로 불에 올려 삶아요.
2_ 찬물에 2~3번 헹구고 마지막 헹굼물에 2시간 정도 담가 두었다가 물기를 꼭 짜고 먹기 좋게 썰어요.
3_ 고구마줄기에 양념을 넣고 조물조물 버무린 뒤 달구어진 팬에 식용유를 두르고 얹어 고루 저어가며 볶아요.
4_ 고구마줄기에 전체적으로 기름기가 돌면 다시마국물에 들깻가루를 타서 붓고 자작자작 졸아들도록 볶아 홍고추를 얹어내요.

종부의 맛 비결_ 고구마줄기는 싱싱한 줄기를 부드럽게 삶아 반그늘에 바싹 말린 것으로 씹는 맛이 좋아야하므로 물에 1시간 정도 담가 불린 뒤 끓는 물에 부드럽게 삶아내요. 그리고 마지막 헹굼물에 그대로 2시간 정도 담가 묵은 맛을 충분히 우려내야 맛도 깔끔하고 질깃질깃 씹는 맛도 좋아요.

산의 기운 담뿍 밴 향으로 먹는
다래순나물

재료
불린 다래순 300g(마른 다래순 250g), 다시마국물 1½컵, 식용유 약간

양념_ 국간장 2큰술, 참기름 1큰술, 들기름 1큰술, 다진 마늘 1큰술, 다진 생강 1작은술 ※ 다시마국물 41쪽 참고

이렇게 만들어요
1_ 말린 다래순은 1시간 정도 물에 담가 부드러워지면 그대로 불에 올려 너무 물러지지 않도록 살펴 가며 30분 정도 삶아 2~3번 헹궈요.
2_ 불린 다래순은 물기를 꼭 짜고 양념을 넣어 조물조물 무쳐요.
3_ 팬에 식용유를 두르고 양념한 다래순을 넣고 볶다가 전체적으로 윤기가 돌면 다시마국물을 붓고 국물이 자작자작 졸아들도록 볶아요.

종부의 맛 비결_ 다래순나물은 4월 다래나무의 어린 순을 따다가 데쳐 바싹 말린 것으로 은은한 향이 아주 좋죠. 취나물과 함께 맛과 향이 좋기로 손꼽히는 산나물이에요. 너무 오래 삶으면 물러지므로 충분히 불리고 상태를 확인해 가며 삶은 뒤 재빨리 찬물에 헹궈 열을 식히죠.

구수한 맛과 영양 가득한 묵은 나물
무청시래기나물

재료
불린 무청 500g(마른 시래기 200g), 들기름 2큰술, 들깻가루 2큰술, 다진 파 1큰술, 참기름 1큰술, 통깨 1큰술

양념_ 국간장 3큰술, 다진 마늘 1큰술, 다시마국물 1컵
※ 다시마국물 41쪽 참고

이렇게 만들어요
1_ 말린 무청을 물에 담가 반나절 정도 두어 부드러워지면 그대로 불에 올려 삶아요.
2_ 한소끔 끓어오르면 불을 약하게 줄이고 줄기가 말랑해질 때까지 약 30분간 푹 삶아 3~4번 헹궈요. 찬물에 3시간 정도 담가 묵은 맛을 우려내고 물기를 짜 먹기 좋게 썰어요.
3_ 먹기 좋게 썬 무청에 양념을 넣고 조물조물 버무린 뒤 팬에 들기름을 두르고 무청을 넣어 자작자작하게 볶아요.
4_ 무청이 부드러워지면 들깻가루를 넣고 후루룩 볶은 뒤 다진 파를 넣고 불을 끄고 참기름과 통깨를 둘러 내요.

종부의 맛 비결_ 무청시래기는 눈비를 맞혀가며 말린 대표적인 묵은 나물로 물에 담가 충분히 우리고 푹 삶아야 묵은 맛이 없는 구수하고 부드러운 나물을 맛볼 수 있어요. 들깻가루는 일찍 넣으면 고소한 맛이 없고, 다진 파를 미리 넣으면 누렇게 되므로 충분히 부드러워진 후에 넣어야 맛있어요.

노는 볕 아까워 틈틈이 말려 두고두고 먹는
채소 갈무리

시래기_ 무가 제철인 김장철에 떼어낸 무청을 팔팔 끓는 물에 넣은 뒤 위아래로 뒤적이며 파랗게 데쳐 체에 쏟아 물기를 빼요. 한 김 나가면 돗자리 등을 펴고 겹쳐지지 않게 널어 낮에만 햇볕을 쐬어가며 바싹 말리죠.

호박고지_ 날씬하면서 모양이 쪽 고르고 씨가 적은 애호박을 골라 씻은 뒤 2cm 두께로 납작납작하게 썰어요. 둥근 호박은 반으로 갈라 씨를 도려내고 반달 모양으로 도톰하게 썰어요. 채반에 겹쳐지지 않게 널어 햇볕이 직접 닿지 않는 바람이 잘 통하는 반그늘에 두고 한쪽을 충분히 말린 뒤 뒤집어 가며 깔끔하게 말려요.

가지오가리_ 가지는 모양이 쪽 고른 것을 골라 1.5cm 두께로 어슷 썰거나 5cm 길이로 토막을 내 세로로 4등분 한 뒤 채반에 널어요. 햇볕이 직접 닿지 않는 바람이 잘 통하는 곳에 두고 뒤집어 가며 바싹 말려요.

무말랭이_ 무가 제철이거나 자투리 무가 생겼을 때 김치용은 손가락 굵기로 도톰하게, 무침용은 가늘게, 조림용은 중간 굵기로 썰어 채반에 널죠. 바람이 잘 통하는 곳에 두고 가끔씩 뒤집어가며 말리죠.

고사리_ 4~5월경에 나는 어린 새순을 뜯어 끓는 물에 살짝 데친 뒤 재빨리 체에 쏟아 식히죠. 물기가 빠지면 채반에 널어 볕이 잘 들고 바람이 통하는 곳에 두고 뒤집어 가며 바싹 말리죠.

취나물_ 한창인 봄에 질긴 부분을 떼어 내고 끓는 물에 파랗게 데친 뒤 체에 쏟아 물기를 빼고 채반에 펼쳐 널죠. 볕이 직접 닿지 않으면서도 바람이 잘 통하는 곳에 두고 중간중간 뒤집어가며 바싹 말리죠.

도라지_ 도라지는 연한 것으로 골라 껍질을 벗긴 뒤 통으로 말리면 잘 마르지 않고 곰팡이가 생기므로 너무 가늘지 않게 쪽을 나누거나 썰죠. 채반에 겹쳐지지 않게 넌 뒤 볕과 바람이 잘 드는 곳에 두고 바싹 말려요.

셋째 365일 종가 밥상 다스리는 깊은 맛
자연을 담은 종가의 장아찌

　새벽같이 일어나 반들반들 윤나게 닦는 장독의 수많은 항아리들이 일 년 내내 두고 먹을 장아찌들로 하나 둘씩 채워지면 곡간에 쌀 넉넉히 쌓아 둔 것처럼 든든합니다. 종가의 안살림을 책임지는 종부는 일 년 밥상 책임질 밑반찬을 준비하고 만드는 일을 게을리 할 수 없답니다. 새봄을 알리는 곰취나 두릅, 죽순을 시작으로 풋마늘, 오이, 양파, 고추, 표고, 능이, 새송이, 오디, 호박잎, 밤, 감 등… 때맞춰 나온 싱싱한 제철 나물과 채소들 놓칠세라 손질하여 담가 놓다 보면 150여 개가 넘는 항아리에 각기 다른 맛을 지닌 장아찌들로 가득한데, 조금만 바지런 떨면 자연이 알아서 곰삭혀주는 맛이 있어 오늘도 꾸덕꾸덕하게 오이와 호박을 말려 봅니다.

3~4월에 담그는 장아찌

봄기운 가득 담아 두고두고 즐기는 묵은 맛

옥잠화장아찌

엄나무순장아찌

죽순장아찌

원추리장아찌

때를 놓치면 일 년을 기다려야 하는 맛
죽순장아찌

재료
죽순 500g
달임장_ 다시마국물 3컵, 설탕 ⅓컵, 물엿 ½컵, 마른 홍고추 5개, 대추 10개, 진간장 ½컵, 국간장 ½컵
양념_ 다진 마늘·다진 청·홍고추·참기름·통깨 약간씩, 기호에 따라 고춧가루 약간

죽순장아찌는요 봄이면 잠깐 맛볼 수 있는 죽순. 때를 놓치면 일 년을 기다려야 하기에 서둘러 손질해 죽순밥도 해먹고, 장아찌를 담가 잊을 만하면 꺼내어 가족의 입맛을 돋운답니다. 번거롭기는 해도 직접 손질하면 맛과 향이 달라지죠. 30~40cm 정도 자랐을 때 꺾어야 가장 맛이 좋은데, 쌀뜨물에 삶아야 떨떠름한 맛을 말끔히 뺄 수 있어요.

❶ 죽순을 껍질째 쌀뜨물에 넣고 부드러워지도록 1시간 정도 삶아 그대로 식혀 껍질을 벗겨요.
❷ 석회질과 아린 맛이 빠지도록 30분간 물에 담갔다가 엎어서 물기를 빼고 용기에 담은 뒤 달임장을 만들어 1컵이 되도록 바글바글 끓여 식혀 붓고 꼭꼭 눌러요.
❸ 이틀에 한 번씩 세 번 정도 달임장만 따라 내 끓여 식혀 붓는 것을 반복해 색이 들고 간이 들면 냉장고에 두고 먹어요.
❹ 먹을 때는 먹기 좋게 썬 뒤 매운맛이 좋으면 고춧가루 약간을 넣고 양념에 조물조물 버무려 먹어요.

※ 다시마국물 41쪽 참고

365일 봄을 곁에 둔 듯 진한 맛과 향이 그대로
엄나무순장아찌

재료
엄나무순 300g
달임장_ 다시마국물 3컵, 설탕 ⅓컵, 물엿 ½컵, 마른 홍고추 5개, 대추 10개, 진간장 ½컵, 국간장 ½컵

엄나무순장아찌는요 엄나무순은 비타민과 무기질, 사포닌 등이 풍부해 '산삼나무'라고 불리며 약재로도 사용되는 엄나무의 어린 순이죠. '개두릅' 또는 '산두릅' 이라고도 하는데 땅두릅보다 맛과 향이 진한 것이 특징이에요. 연한 것은 쉽게 물러지므로 나물로 먹고, 중간 정도의 것은 김치로, 질긴 것은 장아찌로 담가 먹습니다.

❶ 엄나무순을 물에 살랑살랑 흔들어가며 씻은 뒤 소쿠리에 담아 물기를 빼는 동안 달임장을 만들어 1컵이 되도록 바글바글 끓여 충분히 식혀 엄나무순에 부어요.
❷ 1시간 정도 있으면 엄나무순의 숨이 죽는데, 이틀에 한 번씩 달임장만 따라 내고 충분히 끓인 뒤 식혀 다시 붓는 것을 세 번 반복해요.
❸ 냉장고에 보관해 두고 고추장에 버무리거나 죽순장아찌처럼 양념해 먹기도 하는데, 냉장고에 넣지 않으려면 조금 더 짜게 간을 하세요. 오래두고 먹을 것은 먼저 소금에 살짝 절였다가 달임장을 붓고 절이죠.

봄기운 가득 머금은 산야초의 맛을 두고 즐기는
원추리 장아찌

재료
원추리 500g
절임물_ 물 2컵, 소금 3큰술
달임장_ 다시마국물 3컵, 설탕 ⅓컵, 물엿 ½컵, 마른 고추 5개, 대추 10개, 진간장 ½컵, 국간장 ½컵

원추리장아찌는요 백합과에 속하는 산야초로 '망우초' 또는 '넘나물'이라고도 하죠. 새봄, 겨우내 언 땅 뚫고 삐죽이 돋아나는 어린 싹을 따 정월대보름 나물로 먹거나 연하게 된장 풀어 국을 끓이기도 하는데 달착지근하면서도 담백하니 순한 맛이죠.
❶ 봄기운 가득 머금은 어린 싹을 잘라 가볍게 씻은 뒤 절임물을 만들어 붓고 30분 정도 절여 부드러워지면 소쿠리에 건져 물기를 빼요.
❷ 항아리나 용기에 차곡차곡 담고 달임장을 만들어 1컵이 되도록 끓인 뒤 충분히 식혀 붓고 꼭꼭 눌러 그대로 둬요.
❸ 3일 후 원추리에 맛이 들면 꺼내어 송송 썰어 갖은 양념해 놓으면 언제든 환영받는 든든한 밥반찬으로 그만이죠.

켜켜이 양념장 발라 먹는 개운하고 담백한 맛
옥잠화장아찌

재료
옥잠화(센 것) 200g
절임물_ 물 3컵, 소금 1컵
양념장_ 다시마국물 2큰술, 진간장 2큰술, 국간장 1큰술, 다진 마늘 1작은술, 들기름 1큰술, 다진 청·홍고추 약간, 통깨·고춧가루 약간

옥잠화장아찌는요 입맛 깔깔할 때 따신 밥에 옥잠화장아찌 한 장 척 걸쳐 먹으면 짭조름하면서 부드럽게 절여진 맛이 참 꿀맛이지요. 옥잠화는 지금은 아파트 화단에서도 종종 볼 수 있지만 옛날에는 시골 뒤꼍이나 산길 등에서 자주 볼 수 있었던 산야초죠. 여름에 피는 향기 좋은 하얀 꽃봉오리가 마치 옥비녀 같다 해서 옥잠화인데, 봄에 나는 연한 어린잎은 나물로 먹고 세어서 질깃한 것은 물러지지 않아 장아찌용으로 좋아요. 장아찌를 담가 놓으면 개운하면서도 담백한 맛이 좋지요.
❶ 연한 것보다는 약간 센 잎을 준비해 물에 씻어 물기를 빼요.
❷ 항아리에 차곡차곡 얹고 들뜨지 않게 돌로 누른 뒤 절임물을 만들어 붓고 잎이 노랗게 삭도록 두지요.
❸ 먹을 만큼씩만 꺼내어 짠맛이 빠지도록 물에 헹구어 물기를 꼭 짜요.
❹ 양념장을 만들어 잎사귀 사이사이에 골고루 뿌려 한 장씩 밥 위에 얹어 먹어요.

두고두고 요긴하게 꺼내 먹는
소박한 맛의 기본 장아찌

머윗잎장아찌

늦가을에도 특유의 맛과 향이 살아있는
머윗잎장아찌

재료
머위 300g, 된장 2컵
달임장_ 다시마국물 ½컵, 국간장 ¼컵
양념_ 다시마국물 ½컵, 다진 파·다진 마늘·참기름·통깨·다진 홍고추 약간씩

머윗잎장아찌는요 시골집 장독대 근처에 봉숭아꽃만큼이나 자주 볼 수 있는 것이 머위죠. 예로부터 독을 해독하고 중풍에 좋다고 해 집집마다 건강 찬거리 삼아 심어둔 것인데, 가을에 억세어지면 장아찌를 담죠. 쌉싸래한 맛과 향이 좋은 것은 물론 머위 잎은 방부효과가 있어 잡균이 번식하지 않아 좋죠.
❶ 손바닥 반쪽만 한 것을 따 씻은 뒤 물기를 털고 용기에 담아요. 위에 된장을 듬뿍 얹고 손으로 고르게 펴가며 꾹꾹 눌러요.
❷ 달임장을 끓여 식힌 뒤 된장 바른 위에 가만히 부어두면 자작자작 국물이 올라오는데 20일 정도 두었다가 꺼내 먹어요.
❸ 짜다 싶으면 물에 살짝 흔들어 씻고 양념을 만들어 위에 고루 뿌려 두었다가 맛이 드는 5~6일 후쯤 까슬한 잎 부분이 입안에 닿지 않도록 밥 위에 척척 걸쳐 먹죠. 특유의 싸한 맛이 절로 입맛을 돋운답니다.

넉넉하게 담가 매콤하게 즐기는 기본 장아찌
고추양념장아찌

재료
청양고추 400g
절임물_ 물 2컵, 소금 ½컵, 식초 1큰술
양념_ 다시마국물 2컵, 멸치진젓 3컵, 고춧가루 ½컵, 고추씨 ½컵, 소금 ½컵

고추양념장아찌는요 장아찌의 기본을 고르라면 고추장아찌죠. 넉넉하게 담가 동치미(194쪽)나 골파김치(160쪽)에도 넣고, 송송 썰어 김밥이나 만두 속재료로, 칼국수 양념장에도 넣으면 안성맞춤이죠. 여기에 양념까지 더해 삭힌 짭조름하게 간이 밴 아삭하면서도 매콤한 고추장아찌 하나면 '밥 맛 없다'는 이야기 쏙 들어가죠. 고추장아찌는 오래두고 먹어야 하는 것이라 청양고추로 만들지 않으면 이듬해 봄쯤 아삭한 맛 없이 쭈글거리고 질겨져요.
❶ 청양고추를 꼭지째 씻어 용기에 담은 뒤 돌로 누르고 배추 절일 때보다 짜게 절임물을 만들어 붓고 충분히 삭혀요.
❷ 고추가 노랗게 삭으면 꺼내 물기를 뺀 뒤 양념을 만들어 고루 버무려 항아리에 담고 우거지로 덮어두는데, 고춧가루는 양념 색을 보면서 가감해요. 상온에서 20일 후면 먹을 수 있는데, 깔끔하니 그냥 먹어도 좋고, 깨소금과 참기름, 다진 마늘 등을 더해 무치면 맛있죠.

※ 다시마국물 41쪽 참고

간장이나 고추장, 된장에

오랫동안 저장해 두고 맛을 들이는 것이 장아찌지요. 장맛이 좋아야 장아찌 맛 또한 좋은 것은 당연한데, 어떤 재료에 간장을 붓고 또 어떤 재료는 된장이나 고추장에 박아야 할지…. 재료와 장의 궁합을 맞추는 일이 아주 중요하죠. 이는 재료마다 가진 맛과 향, 질감 등에 따라 다른데, 간장은 개운하고 산뜻한 맛을 살릴 수 있어 주로 죽순이나 두릅, 버섯, 곰취나 명이 등의 산야초 등과 같이 향이 있으면서 맛이 순한 재료와 잘 어울리죠. 반면에 고추나 마늘종, 매실, 더덕, 깻잎, 마늘 등 맛과 향이 강한 재료는 매콤하고 달착지근한 고추장이 비교적 잘 어울리고요. 무나 단풍콩잎, 단풍깻잎, 꾸덕하게 말린 오이나 참외, 더덕 등은 된장에 박아두면 아주 맛있죠. 하지만 장아찌의 매력은 장류에 따라 다양한 맛을 낼 수 있는 것이므로 한두 번 담가 요령을 터득한 후 장을 바꿔가며 새로운 맛에 도전하는 것도 큰 즐거움이랍니다.

장아찌를 두고 만드는

이의 정성과 세월이 하나 되어 빚어낸 깊은 자연의 맛이라고들 합니다. 바지런 떨지 않으면 맛볼 수 없고, 자연이 주는 바람과 햇살 맞아가며 오랜 시간을 기다리고 견딘 후에야 그 참맛을 볼 수 있기 때문인데요. 숙성 과정을 거치면서 재료가 가진 독성은 빠지고 재료 자체의 맛과 향은 묵은 세월만큼 깊어지는 것이 장아찌의 매력이죠. 오랜 기다림 끝에 맛보는 그 곰삭은 맛을 제대로 보려면 역시 정성스러운 밑손질이 빠질 수 없는데요. 장아찌는 짧게는 수개월 길게는 몇 년씩 두고 먹는 음식인 만큼 도중에 부패되어 곰팡이가 슬거나 물러지지 않도록 잘 담가야 해요. 따라서 오이나 애호박, 가지, 토마토 등과 같이 수분이 많은 여름 채소로 장아찌를 담글 때는 반드시 소금에 절여 햇볕에 꾸덕꾸덕하게 말려 수분을 충분히 빼는 것이 중요해요. 매실도 마찬가지로 오래 두고 먹을 것은 소금에, 1년 안에 먹을 것은 설탕에 절여 수분을 빼고 담는데 그래야 맛이 변하지 않아 두고 먹어도 아작아작한 맛을 제대로 맛볼 수 있답니다.

영양까지 그대로 살린 짜지 않은 개운한 맛
미니양파장아찌

재료
미니 양파 20개
1차 달임장_ 국간장 5큰술, 진간장 3큰술, 다시마국물 ½컵, 식초 3큰술, 설탕 3큰술, 마른 고추 1~2개
2차 달임장_ 다시마국물 ½컵, 소금 적당량

미니양파장아찌는요 수분 때문에 양파장아찌는 쉬 물러져 다른 장아찌처럼 오래 두고 먹기가 힘들어요. 물론 정성을 들이면 두고 먹을 수도 있지만 일 년씩 해를 넘겨가며 먹는 곰삭은 맛보다 덜 짜게 만들어 아삭하게 먹는 것이 더 좋죠.

❶ 5월 햇양파 중 작은 것으로 골라 껍질을 벗기고 씻어 물기를 완전히 말려요. 자르면 더 쉬 물러지므로 그대로 용기에 담고 1차 달임장을 충분히 끓여 식혀 부어요.

❷ 아삭한 맛을 유지하면서 수분을 충분히 빼는 것이 중요하므로 그 다음 날 달임장만 따라 달여 식혀 붓고, 3~4일 후에 달임장을 따라 다시마국물을 붓고 소금으로 간을 맞추어 2차 달임장을 만들어 끓여 식혀 부어요.

❸ 3~4일 후에 달임장을 따라 양파에서 나온 수분이 날아가도록 충분히 끓여 식혀 부은 뒤 1주일 후부터 꺼내 먹지요.

은은한 향의 잎 장아찌

어떤 음식과도 잘 어울리는 곰삭은 맛

명이장아찌

방풍나물장아찌

돌미나리장아찌

고기 구워 싸먹으면 딱! 울릉도의 명물
명이장아찌

재료
명이 500g
달임장_ 진간장 ⅓컵, 국간장 4큰술, 소금 1큰술, 식초 1큰술, 설탕 4큰술, 물엿 2큰술

명이장아찌는요 '명이'는 해발 700m 이상의 고산 지대와 울릉도 전역에서 자생하고 있는 산마늘을 말합니다. 먹을 것이 없던 시절 산에 올라가 산마늘을 먹어가며 생명을 이어갔다 해서 '명이'라 불리게 되었다는데, 최근엔 울릉도 명물로 꼽히고 있죠. 울릉도의 깊은 산속에서 야생 상태로 자생하고 있어 다른 지역과는 비교할 수 없을 만큼 맛이 좋기 때문이랍니다. 주로 이른 봄 쌈 싸 먹거나 국을 끓이기도 하는데, 장아찌로 담그면 일 년 내내 두고 먹을 수 있어 좋죠. 특히나 고기 구워먹을 때 싸 먹으면 산뜻하면서도 향긋한 맛은 먹어봐야 그 맛을 알 수 없죠.
❶ 이른 봄 손바닥만 한 잎을 따 씻은 뒤 툭툭 물기를 털고 항아리에 차곡차곡 담아 돌로 눌러요.
❷ 달임장을 끓여 식혀 부은 뒤 간이 들면 바로 꺼내 먹는데, 간장으로만 절이면 너무 까맣게 돼요. 또 너무 익으면 마늘 냄새가 나 맛이 없으므로 오래 두고 먹을 것은 냉동시키죠.

먹을수록 약이 되는 쌉싸름한 맛
방풍나물장아찌

재료
방풍나물 500g, 소금 3큰술
된장양념_ 된장 1컵, 고추장 ½컵, 국간장 2큰술, 진간장 1큰술
양념_ 참기름·다진 마늘·다진 홍고추·통깨·다시마국물 약간씩

방풍나물장아찌는요 해풍을 맞고 자라 뻣뻣한 느낌이 들 정도로 잎이 두꺼운 방풍나물은 예로부터 꾸준히 먹으면 중풍과 통풍을 막아준다 해서 이름 붙여졌다고 합니다. 향긋한 향과 함께 씹을수록 쌉싸름하면서도 감칠맛이 좋은데, 이른 봄에 싹을 틔워요. 부지런을 떨어가며 봄 장아찌를 담가서 잊을 만하면 꺼내어 입맛을 돋우죠. 잎이 두꺼운 만큼 된장양념이 잘 어울리죠.
❶ 어린 새순을 따 깨끗이 씻은 뒤 물기를 빼고 소금을 뿌려 숨만 살짝 죽도록 절였다가 헹구어 물기를 꼭 짜요.
❷ 된장양념을 만들어 넣고 잘 버무려 항아리에 담고 10~14일 후 간이 들면 꺼내어 된장양념을 훑어내고 양념에 버무려 먹어요. 단맛이 나면 맛이 없어지므로 달지 않게 담고, 전체 간이 짜면 다시마국물을 약간 넣는데, 삼삼하니 버무려 뜨신 밥 위에 얹어 먹으면 고기반찬 안 부러운 최고의 맛이죠.

※ 다시마국물 41쪽 참고

몸 안 가득 춘삼월 봄기운이 채워지는
돌미나리장아찌

재료
돌미나리 1kg, 물 2컵, 소금 2큰술, 통깨 적당량
양념장_ 고추장 1½컵, 국간장 3큰술, 다시마국물 ½컵, 설탕 2큰술, 물엿 ½컵

돌미나리장아찌는요 땅에서 자라는 돌미나리. 본래는 산이나 계곡의 습지 등에서 야생하는 것으로 춘삼월 봄기운 듬뿍 머금은 상큼한 맛과 향이 최고지요. 또 해독 작용은 얼마나 뛰어난지 약재로도 으뜸이라죠. 물미나리와 달리 키가 작고 단단하며 줄기 밑부분이 불그스레하고 잎이 많이 달려 있는데, 그 향이 그만이죠.
❶ 돌미나리는 살랑살랑 흔들어가며 씻어 물에 담가 소금을 뿌려 절여요. 한 숨 죽으면 소쿠리에 건져 물기를 빼요.
❷ 양념장을 만들어 보글보글 거품이 나도록 끓여 식힌 뒤 돌미나리 넣고 조물조물 버무려 항아리에 담고 위를 꼭꼭 눌러 보관해요.
❸ 10일 후면 맛이 들어 꺼내 먹어도 좋아요. 통깨 솔솔 뿌려 내면 자작자작하니 윤기가 돌고 아주 맛이 좋아요. 참기름은 느끼한 맛이 나므로 절대 금물이랍니다.

장아찌는 싱싱한 채소와
나물들이 차고 넘치는 철에 간장이나 고추장, 된장 등에 오랫동안 박아두거나 절여 두었다가 먹는 저장 밑반찬입니다. 이는 채소가 귀한 겨울철을 대비하기 위함도 있고 철이 짧은 제철 채소들을 부패되지 않게 보관하여 오래 두고 맛보기 위함도 있지요. 물론 저장 과정을 통해 싱싱함은 맛볼 수 없지만 오랜 시간 자연 숙성과 발효를 거치면서 재료가 지닌 맛과 향은 더욱 깊어지고 풍부해지죠. 특히나 향이 좋은 봄나물 등은 그 향을 오래 두고 즐길 수 있어 좋은데, 된장이나 고추장보다는 간장에 절여 개운하고 산뜻하게 꺼내 먹는 것이 좋아요. 옥잠화나 곰취 등 봄나물 잎으로 담글 때에는 어린 순은 쉽게 물러질 수 있으므로 약간 세어서 질깃한 맛이 나는 것으로 담가야 오래 두고 먹기 좋아요. 깻잎이나 콩잎 등은 늦가을 노랗게 단풍이 든 끝물의 것으로 담아야 이듬해 여름까지 두고 먹을 수 있답니다.

기본 찬으로 차린 밥상에
삭혀 두었던 장아찌 한두 가지 더 얹어 내면 금세 잘 차린 근사한 밥상이 되죠. 딱히 아픈데도 없는데 입맛이 없거나 이것도 저것도 하기 싫은 여름날 장아찌만한 게 있을까 싶어요. 고슬고슬하게 지은 뜨거운 밥에, 없으면 찬물에 밥 말아 크게 한술 뜨고 짭조름한 장아찌 척 걸쳐 먹노라면 언제 그랬냐는 듯 밥 한 공기로는 부족하죠. 이것이 바로 오랜 기다림 끝에 맛볼 수 있는 장아찌의 맛이고 힘이죠. 더욱이 정성 쏟아가며 차곡차곡 담아 두었던 명이나 단풍깻잎, 단풍 콩잎 등의 장아찌는 밥반찬으로 먹어도 맛있지만 고기 구울 때 척척 걸쳐 크게 한 입씩 싸 먹으면 그 맛 절대 못 잊죠. 잎 장아찌를 담글 때는 소금에 살짝 절였다가 장아찌를 담가요. 그래야 수분도 빠지고 곰삭아도 색이 검어지지 않아 고운 빛깔의 장아찌를 맛볼 수 있거든요. 재료 손질도 해야 하고 달임장 따라 내 끓어 붓는 일도 반복하자니 수고스럽고 귀찮을 수 있지만 정성스레 담가두면 자연이 알아서 곰삭힌 맛을 내주고 또 그 맛을 일 년 내내 두고 즐길 수 있으니 그만한 가치가 충분하죠.

세어지고 억센 잎으로 담가 이듬해까지 먹는 맛
늦가을에 담가 먹는 장아찌

두릅장아찌   단풍콩잎장아찌

4~5월에 담가 두고두고 봄을 즐기는
두릅장아찌

재료
두릅 500g
달임장_ 국간장 ½컵, 진간장 ⅓컵, 다시마국물 2컵, 홍고추 3개, 대추 10개

두릅장아찌는요 깊은 산에서 자라는 두릅은 가죽나물과 함께 산사의 스님들이 많이 먹는 귀한 봄나물 중 하나랍니다. 이른 봄의 어린 새순은 그윽한 향과 함께 맛이 너무 좋아 두릅초회로 먹고, 4~5월 느지막이 나오는 비교적 저렴한 것은 김치를 담그기도 하고 일 년 내내 봄을 맛보려고 장아찌를 담그기도 하죠. 보송보송하게 털이 있어 거친 맛도 있지만 인삼 못지않은 영양과 입안 가득 퍼지는 향긋함이 그만이랍니다.

❶ 두릅을 씻으면 까맣게 변하므로 손질하여 씻지 않고 그대로 차곡차곡 용기에 담은 뒤 들뜨지 않게 돌로 눌러요.
❷ 여기에 달임장을 끓여 식혀 부은 뒤 두릅이 누렇게 되도록 삭혀 꺼내 먹죠. 푸르스름하다면 덜 삭혀진 것이에요.
❸ 장아찌니까 아무래도 짠맛이 강하므로 짜지 않게 머리를 자르고 잘게 썰어 밥 위에 얹어 먹는답니다.

늦가을에 담가 이듬해 여름까지 맛보는
단풍깻잎 장아찌

재료
단풍 깻잎 500g
절임물_ 물 5컵, 소금 1컵, 식초 2큰술
양념장_ 멸치액젓 1큰술, 진간장 1큰술, 국간장 1큰술, 다시마국물 2~3큰술, 다진 마늘 1큰술, 다진 홍고추 1큰술, 다진 부추 1큰술, 고춧가루 ½큰술, 들기름 1큰술, 통깨 1~2큰술

깻잎장아찌는요 푸르렀던 나무들이 단풍 옷으로 갈아입을 즈음 서리 맞아 노릇노릇 단풍이 든 끝물 깻잎을 따다 짭조름하게 삭혀 먹는 단풍깻잎장아찌. 김장철에 담가 둔 김치가 익지 않아 마땅히 먹을 것이 없는 늦가을부터 시작해 더위에 지쳐 입맛이 없는 이듬해 여름까지 뜨끈한 밥 위에 척척 걸쳐가며 두고두고 먹는 밑반찬이죠.

❶ 깻잎은 단풍이 들어야 잎이 얇아지면서 억세져 장아찌 담기에 좋은데, 물에 흔들어가며 씻어 물기를 뺀 뒤 한 번에 먹을 만큼씩 차곡차곡 항아리에 담고 돌로 눌러요.
❷ 내년 여름까지 두고 먹어야 하므로 국간보다 짜게 절임물을 만들어 깻잎이 푹 잠기도록 붓고 노랗게 삭혀요.
❸ 삭으면서 소금 찌든 내가 배게 되므로 먹을 만큼 덜어 끓는 물에 데친 뒤 꼭 짜 삼삼하게 양념장을 만들어 사이사이 끼얹어 먹어요. 장아찌니까 짭짤한 것은 당연하지만 양념장이 너무 짜도 싱거워도 맛이 없답니다.

※ 다시마국물 41쪽 참고

경상도 사람들이 절대 못 잊는 그리운 맛
단풍콩잎장아찌

재료

단풍 콩잎 400g

절임물_ 물 4컵, 소금 1컵, 식초 2큰술

양념장_ 멸치진젓 2큰술, 멸치액젓 1큰술, 다시마국물 3큰술, 다진 마늘 1큰술, 다진 생강 ¼작은술, 다진 홍고추 1큰술, 다진 쪽파 1큰술, 고춧가루 1큰술, 고추씨 1큰술, 참기름 1큰술, 통깨 2큰술

단풍콩잎장아찌는요 늦서리가 내려 노릇노릇하게 낙엽이 든 콩잎을 따 짭짤하게 삭혀 먹는 경상도 별미죠. 단풍깻잎장아찌와 마찬가지로 늦가을에 담가 이듬해 여름까지 먹어 국간보다 짜게 절여야 하는데, 깻잎장아찌보다도 더 짜게 절여야 해요. 콩잎이나 깻잎은 연한 것으로 담그면 물러져버려요.

❶ 단풍이 들어 센 것으로 똑똑 따 씻은 뒤 한 끼 먹을 만큼의 분량씩 차곡차곡 용기에 담고 돌로 눌러요.

❷ 절임물을 만들어 자작하게 잠기도록 붓고 삭히는데, 절임물의 식초는 쿰쿰한 냄새를 없애는 역할을 해요.

❸ 먹을 때는 노랗게 삭은 콩잎을 꺼내 물에 이틀 정도 담가 짠맛을 빼고 뻣뻣하므로 끓는 물에 삶아 물기를 짠 뒤 양념장을 만들어 켜켜이 발라 먹는데, 2~3일 정도 먹을 분량만 만들어 그때그때 먹는 것이 맛이 좋아요. 젓갈류로 양념을 할 때는 참기름은 생략해도 좋아요.

된장의 영양까지 즐기는 가을장아찌
깻잎된장장아찌

재료

깻잎 20단(500g), 집된장 3컵

절임물_ 물 5컵, 굵은 소금 1컵, 식초 3큰술

달임장_ 다시마국물 ½컵, 굵은 소금 ½컵

깻잎된장장아찌는요 상큼한 향으로 나른한 입맛에 활기를 불어넣는 깻잎은 7~8월 제철에 생쌈 등으로 실컷 먹고 끝물의 센 것이나 노릇하니 단풍든 것으로 장아찌를 담가두면 365일 그 쌉쌀한 맛과 향을 즐길 수 있어 너무 좋죠. 특히나 된장에 삭힌 깻잎장아찌는 된장이 갖고 있는 맛과 영양까지 더해져 좋은데, 입맛 없을 때 뜨신 밥에 먹어도 그만이거니와 찬밥에 물 말아 척척 얹어 먹어도 좋고, 삼겹살 구울 때 마늘 한쪽 얹고 싸 먹으면 그 맛이 별미 중 별미죠.

❶ 잎이 센 것으로 골라 씻은 뒤 한 번에 먹을 양만큼씩 차곡차곡 용기에 담고 절임물을 만들어 부어 절여요.

❷ 5~7일 후 노랗게 절여지면 꺼내어 물기를 꼭 판 뒤 항아리에 켜켜이 된장을 발라가며 담고 돌로 눌러요.

❸ 싱거우면 물러지므로 달임장을 만들어 붓고 꼭꼭 눌러 두고 1~2주 후부터 맛이 들면 꺼내 먹는데, 부드럽고 짜지 않게 먹고 싶을 때는 자작하게 다시마국물을 붓고 들기름을 1~2방울 떨어뜨린 뒤 자글자글하게 끓여 먹어요.

아작아작 씹는 맛이 살아있는

일년 내내 두고 먹는 장아찌

통마늘장아찌

매실고추장장아찌

흔하게 맛볼 수 없는 귀한 여름 밑반찬
가지장아찌

재료
가지 10개
절임물_ 물 5컵, 소금 1컵
달임장_ 국간장 1컵, 진간장 1컵, 물엿 1컵(기호에 따라 가감), 설탕 3큰술, 다시마국물 2컵, 대추 10개, 마른 홍고추 5개

가지장아찌는요 보랏빛 고운 빛깔의 가지는 여름 더위로 지친 입맛에 생기를 불어넣어 주기에 부족함이 없죠. 애호박과 마찬가지로 수분이 많은 여름 채소이지만 저장하는 동안 곰팡이가 슬거나 물컹해지지 않도록 수분을 충분히 빼고 꾸덕하게 말려 짭조름하면서도 달착지근한 맛으로 입맛 돋우는 장아찌를 담가요. 질깃하게 씹는 맛이 매력이죠.

❶ 연하고 가는 것은 통으로, 제철이 지나 크고 질긴 것은 반으로 잘라 담가요. 흐르는 물에 씻어 꼭지를 딴 뒤 절임물에 5시간 정도 절여 가죽이 쪼글쪼글해지면 건져 2일 정도 볕에 말려요.
❷ 물기가 나오지 않도록 충분히 말린 뒤 항아리에 차곡차곡 담고 달임장을 끓여 충분히 식힌 후 부어요.
❸ 날이 더운 여름은 하루에 1번씩 3회, 찬바람이 부는 가을에는 하루에 1번씩 2회 달임장만 따라 내 충분히 끓여 식혀 붓고 간이 들면 냉장고에 두고 꺼내 먹어요. 달착지근한 맛이 좋아 쭉쭉 찢어 그대로 먹어도 그만이죠.

※ 다시마국물 41쪽 참고

깊은 산의 쌉싸래한 맛과 향이 그대로
곰취장아찌

재료
곰취 500g
절임물_ 물 1컵, 소금 1큰술, 식초 1큰술
양념장_ 다시마국물 ½컵, 다진 마늘 1큰술, 국간장 3큰술, 진간장 2큰술, 고춧가루 3큰술, 통깨 2큰술

곰취장아찌는요 곰취는 깊은 산속에 살고 있는 곰이 좋아하는 나물이라 '곰취'라 불리게 되었다는데, 봄에 나는 산나물 중 향기가 최고로 좋다죠. 6월이 지나 억세어지면 장아찌로 담가 기운이 없거나 입맛이 없을 때 자연의 맛과 향으로 에너지를 충전합니다. 손질할 때는 무척 양이 많은 것 같아도 막상 담가 놓으면 얼마 되지 않아 늘 '좀 더 담글 걸'하고 후회하게 되죠.

❶ 너무 크지 않은 센 잎으로 준비해 줄기를 짧게 자르고 씻어 물기를 빼요.
❷ 용기에 차곡차곡 담고 삼삼하게 절임물을 만들어 붓고 1주일 정도 노랗게 삭힌 뒤 먹을 만큼만 덜어 짠맛이 빠지도록 3시간 정도 물에 담가둬요.
❸ 그사이 양념장을 만든 후 곰취를 건져 가볍게 눌러가며 물기를 짜고 사이사이에 양념장을 고루 끼얹어 먹지요. 양념을 할 때 파는 넣지 않아야 맛있으며, 곰취 같은 산나물은 들기름을 넣고, 들이나 밭에서 나는 나물은 참기름을 넣어야 궁합이 잘 맞아요.

제철이 아니어도 1년 내내 즐기는 아삭한 맛
통마늘장아찌

재료
통마늘 50개
절임물_ 물 10컵, 소금 ½컵, 식초(2배) ½컵
달임장_ 절임물 5컵, 다시마국물 1컵, 진간장 2½컵, 국간장 2½컵, 설탕 ½컵(기호에 따라 가감)

통마늘장아찌는요 마늘은 하루에 3~4쪽만 먹으면 절로 건강해진다죠. 5~8월 제철일 때 장아찌 넉넉하게 담아 1년 내내 먹는 보약 같은 반찬입니다.
❶ 마늘은 뿌리를 자른 뒤 껍질을 1~2겹 정도만 남기고 벗겨 가볍게 씻어 물기를 빼요.
❷ 마늘이 잠기도록 물을 붓고 그 물을 따라내 소금과 식초를 넣고 절임물을 만들어 붓고 그대로 뚜껑을 덮어 두죠. 1주일 후쯤 마늘 껍질이 붉게 변하면 물을 따라내 ½만 덜어 달임장 재료에 넣고 충분히 끓여 식힌 뒤 마늘에 부어요.
❸ 1주일 후, 그 다음은 3~4일 후 달임장을 따라 달여 식혀 붓는 것을 반복해요. 이때 싱거우면 소금, 단맛을 좋아하면 설탕을 가감해 맛이 들면 꺼내 먹어요.

먹을수록 약이 되는 천연 가정상비약
매실고추장장아찌

재료
매실 1kg, 백설탕 1kg
고추장양념_ 고추장 500g, 고춧가루 300g, 다시마국물 ½컵

매실고추장장아찌는요 초록 매실이 등장하는 6월을 전후로 매실장아찌를 담그기 위해 주부들의 손길이 분주합니다. 매실이 반짝하고 나와 때를 놓치면 1년을 기다려야 하기 때문인데요, 가정상비약처럼 쓰이는 팔방미인 매실의 효능 덕에 인기가 많죠.
❶ 매실은 깨물어보아 씨가 깨지지 않는 잘 익은 것을 골라 씻은 뒤 물기를 빼고 칼로 쪼개가며 씨를 발라내요.
❷ 손질한 매실을 동량의 설탕과 켜켜이 넣고 수분이 빠지도록 5일 정도 절였다가 소쿠리에 쏟아 물기를 빼요.
❸ 고추장양념을 만들어 매실을 넣고 버무리는데, 물기가 있어야 오래 두고 먹어도 되직해지지 않아요. 냉장고에 두고 꺼내 먹는데, 참기름과 통깨를 넣고 무치면 촉촉하면서도 꼬들하니 씹히는 맛이 그만이죠. 매실을 오래 두고 먹을 것은 소금에, 빠른 시일에 먹을 것은 설탕에 절인답니다.

일 년이 든든한 질깃하고 짭조름한 밥반찬
애호박장아찌

재료
애호박 5개, 소금 1컵
달임장_ 국간장 ½컵, 진간장 ½컵, 물엿 1컵, 설탕 3큰술, 다시마국물 1컵, 대추 10개, 마른 고추 5개

애호박장아찌는요 호박은 여름을 대표하는 채소죠. 수분을 빼고 언제든 꺼내 먹을 수 있도록 장아찌를 담습니다. 고기를 먹는 듯 질깃하게 씹히는 맛이 아주 좋죠.
❶ 애호박은 씻어 가로로 반 가르고 다시 세로로 반 갈라 숟가락으로 씨를 파낸 뒤 소금을 뿌려 4~5시간 두어 수분을 빼요.
❷ 물에 가볍게 씻어 채반에 넌 뒤 뒤집어가며 이틀 정도 말린 후 용기에 담고 달임장을 끓여 식혀 부어요.
❸ 여름이라면 하루에 1번씩 3회, 9월 찬바람이 나면 하루에 1번씩 2회 달임장만 따라 내 끓여 식혀 붓는 것을 반복한 뒤 냉장고에 두고 먹어요. 달임장은 거품이 나도록 팔팔 끓여 수분을 완전히 날려 보내야 실패하지 않아요.

자연에서 얻은 맛 그대로
향으로 즐기는 버섯장아찌

능이버섯장아찌

표고버섯장아찌

새송이버섯장아찌

진한 향 즐기고파 사치스럽게 담가보는
능이버섯장아찌

재료
능이버섯 500g
달임장_ 다시마국물 ½컵, 국간장 ¼컵, 진간장 ¼컵, 설탕 1큰술
양념_ 다진 쪽파·참기름·다진 마늘 약간씩

능이버섯장아찌는요 은은한 솔잎 향에 하도 비싸다 비싸다 하니 송이가 최고인 줄 알지만 1능이 2송이 3표고라는 말이 있듯이 버섯 중에는 참나무 뿌리에서 자라는 능이를 최고로 친답니다. 곰 발바닥처럼 생긴 시커먼 생김새와 달리 진한 향이 어찌나 좋은지 한 송이만 있어도 집안 가득 은은한 향이 진동을 하죠. 질깃하면서도 부드럽게 씹히는 맛은 또 얼마나 좋은지요. 그 맛 너무 좋아 기운 없을 때 꺼내 먹으려고 조금씩이라도 장아찌를 담가 봅니다.
❶ 8~9월에 나오는 능이를 흙을 터는 정도로 손질하여 용기에 차곡차곡 담아요.
❷ 달임장을 끓여 한김 식혀 붓는데, 달임장이 짜면 흡수력이 좋은 버섯에 스며들어 짜지게 되므로 맛이 없지요. 그대로 두었다가 1주일 후부터 먹는데, 고기 찢듯이 쪽쪽 찢어 능이버섯의 향이 죽지 않도록 약하게 양념하여 먹어요.

※ 다시마국물 41쪽 참고

쫀득쫀득한 식감에 가을의 맛과 향 가득
표고버섯장아찌

재료
마른 표고버섯 100g, 꿀 3큰술
달임장_ 다시마국물 5컵, 진간장 ½컵, 국간장 ⅓컵, 설탕 1컵, 물엿 1컵, 소금 약간
양념_ 다진 마늘·다진 파 적당량씩, 참기름·통깨 약간씩

표고버섯장아찌는요 버섯은 건강에 좋다는 성분을 두루 갖추고 있어 '흙에서 나는 쇠고기'라고 불리죠. 더욱이 짜지 않게 절임을 해두면 오래도록 그 맛과 향을 즐길 수 있어 좋지요.
❶ 마른 표고버섯의 맛있는 성분이 빠져나가지 않도록 자박한 물에 부드럽게 불린 뒤 부서지지 않게 눌러 물기를 짜고 기둥을 떼요.
❷ 달임장을 만들어 소금으로 간을 맞춘 뒤 전체 분량이 ⅓ 정도로 줄어들도록 끓인 뒤 건져 꿀을 넣고 섞어 뜨거울 때 표고버섯에 부어요.
❸ 1일 후, 그 다음은 3일 후, 그 다음은 7일 후에 한 번씩 표고버섯을 건져 꼭 짠 뒤 달임장을 충분히 끓여 식혀 부었다가 간이 들면 꺼내 양념해 먹지요. 표고버섯은 수분을 흡수하는 성질이 있으므로 달임장이 짜면 안 되는데, 국간장과 진간장을 섞어 넣으면 색도 진하지 않고 맛이 좋아요.

고기 못지 않게 쫄깃쫄깃 씹는 맛이 좋은
새송이버섯장아찌

재료
새송이버섯 500g
달임장_ 다시마국물 1컵, 국간장 2큰술, 진간장 4큰술

새송이버섯장아찌는요 옛날 궁중에서는 장아찌를 '장과'라 했지요. 산해진미 곁에 두고 즐기던 임금님도 입맛을 잃었을 때마다 장과를 찾아 입맛을 되살리곤 했다는데, 그 옛날에는 없었던 새송이버섯장아찌는 맛보지 못하셨겠죠. 부드럽고 순한 맛이 좋아 음식에 두루두루 쓰이고 있는 새송이버섯은 장아찌로 담가 두면 쫄깃쫄깃 씹는 맛이 다른 버섯보다 더 좋지요. 짭조름하게 간하여 입맛이 없을 때 꺼내 먹으면 고기반찬보다 낫죠.
❶ 새송이는 모양을 살려 납작납작하게 썬 뒤 용기에 담아요.
❷ 달임장을 팔팔 끓여 그대로 새송이에 붓고 꾹꾹 눌러둬요. 2시간 후 새송이에서 물이 나와 묽어진 달임장을 체에 걸러 낸 뒤 반으로 줄어들도록 끓여 충분히 식혀 부어요.
❸ 다음날부터 하루에 한 번씩 달임장 달여 식혀 붓는 것을 세 번 정도 반복한 뒤 맛이 들면 먹는데, 쫀득한 맛이 장조림 같죠.

다양한 맛의 장아찌는 오랜 시간 자연 숙성과 발효를 거쳐 해로운 성분은 없어지고 유익한 성분만이 남아 우리의 건강을 지켜주는 이 자연건강식품들은 이제 세계 사람들이 눈여겨보고 있지요. 하지만 짠 음식이 건강에 해롭다는 점 때문에 나쁜 음식으로 꼽히기도 했다죠. 옛날 우리 어머니 세대의 장아찌는 분명 짰어요. 장아찌용 된장은 아예 짜게 담아 무도 박아 두고, 한 켠에는 삭힌 콩잎이나 깻잎, 고추까지 갖가지 재료를 군데군데 넣어두고 꺼내 먹었는데, 먹을 것이 귀하다보니 오래 두고 먹으려고 어쩔 수 없이 짜게 했었죠. 하지만 시대도 변하고 입맛도 변했으니 방법을 조금 바꿔서라도 장아찌가 가지고 있는 발효의 맛과 영양을 마음껏 즐기며 건강을 다져야지요. 장아찌의 특성상 어느 정도 짠맛이 있어야 하는 것은 당연하지만 간장으로 달임물을 만들 때나 된장, 고추장 양념을 만들 때 다시마우린 물을 넣어 짠맛 정도를 조절합니다. 북어머리 삶은 국물이나 고기육수를 넣는 집들도 있지만 우리 집에서는 감칠맛 뛰어난 다시마 우린 물을 넣고 짜지 않은 장아찌, 두고 먹어도 변함이 없는 맛있는 장아찌를 담가 먹죠.

모든 재료는 장아찌로 거듭날 수 있지요. 어떤 재료든 바지런하게 손 움직여 담가 두면 자연이 도와 맛을 내주는 우리의 든든한 밑반찬입니다. 짭조름하면서도 입에 착착 달라붙는 그 맛 그리워 번잡스러움도 수고도 마다하지 않는데요, 아닌게 아니라 몇 번을 반복해 달임장 따라내고 달여 붓는 일이 수고스럽기는 하지요. 하지만 달임장을 따라 수시로 끓여 붓는 일은 재료가 달임장에 절여지는 동안 빠져나온 수분을 없애는 과정으로 이 과정을 제대로 하지 않으면 입에 착착 달라붙는 맛깔스러운 장아찌 맛보기 힘들죠. 재료의 수분이 충분히 빠질 때까지 또 그 수분이 완전히 증발할 수 있도록 장아찌를 담근 뒤 하루 후, 2~3일 후, 1주일 후 간격으로 끓여 붓기를 반복하는 것은 365일 두고 먹어도 맛이 변하지 않는 든든한 저장 밑반찬을 얻기 위해 무엇보다 중요한 일이랍니다.

건강 위해 짜지 않게 담가

기다림 끝에 맛보는 장아찌

우엉장아찌

연근장아찌

마늘종장아찌

풋마늘장아찌

오디장아찌

7~8월에 가장 맛있는 장아찌의 기본
마늘종장아찌

재료

마늘종 2kg

달임장_ 다시마국물 4컵, 진간장 1컵, 국간장 1컵, 물엿 2컵, 식초 ½컵, 대추 5개, 마른 고추 2개, 생강 2쪽

마늘종장아찌는요 봄에 담그는 대표적인 장아찌죠. 마늘보다는 약하지만 알싸하니 톡 쏘는 매운맛이 있어 고추장에 날로 찍어 먹기도 하는데, 6월 제철에 진한 녹색의 싱싱한 것을 골라 넉넉하게 장아찌를 담아 일 년 내내 밑반찬으로 먹지요.

❶ 탄력이 있고 통통한 것으로 골라 끝부분을 잘라내고 씻은 뒤 채반에 널어 바람이 잘 통하는 그늘에 3~4일 정도 말려요.
❷ 수분이 날아가 꾸덕해지면 먹기 좋은 크기로 자르거나 4~5개씩 잡고 돌돌 말아 용기에 담고 들뜨지 않도록 돌로 눌러요.
❸ 달임장을 끓여 식혀 부은 뒤 1주일 간격으로 2~3번 달임장을 따라 달여 식혀 붓고 삭혀 먹는데, 양념을 하면 더 맛이 없으므로 먹기 좋게 잘라 달임장 촉촉하게 부어 먹지요. 달임장은 진간장으로 색을 내고 국간장으로 간을 맞추는데, 입에 짜다 싶게 만들어야 간이 맞고, 충분히 끓여 수분을 날려야 곰팡이가 생기지 않아요.

※ 다시마국물 41쪽 참고

마늘의 맛과 영양을 그대로 즐기는 가을 밑반찬
풋마늘장아찌

재료

풋마늘 1단
절임물_ 소금 2컵, 물 6컵
양념_ 된장 1컵, 고추장 1컵, 고춧가루 ½컵, 다시마국물 ½컵, 멸치가루 ½컵, 물엿 ½컵, 설탕 1큰술

풋마늘장아찌는요 3월에서 4월 초 딱 제철에만 나오는 풋마늘. 그때를 놓치면 맛볼 수 없기에 한창 제철인 3월에 서둘러 장아찌를 담가 두었다가 선선하게 바람이 부는 가을에 꺼내어 조물조물 양념해 먹는 장아찌랍니다. 한 쪽만 먹어도 입안에 마늘향 가득한데, 아마도 풋마늘이 마늘의 좋은 성분을 그대로 품고 있기 때문이겠지요. 장아찌를 담글 때 오래 두고 먹으려면 절이지 않고 담그는 것이 좋은데, 절이지 않을 때는 양념의 간을 세게 하고, 절여서 담글 때는 싱겁게 양념 간을 하죠.

❶ 너무 통통한 풋마늘은 심이 배겨 질기므로 중간 정도의 굵기로 골라 씻은 뒤 절임물에 담가 절여요. 이파리가 먼저 절여지지만 줄기까지 부드럽게 휘어지도록 절인 뒤 물기를 빼요.
❷ 양념을 만들어 풋마늘과 한데 넣고 고루 버무린 뒤 반 접어 용기에 지그재그로 담아 바로 먹어도 좋은데, 매운맛이 싫을 때는 2~3일 후부터 꺼내 먹어도 좋아요.

오래 두고 먹어도 변함없이 아삭아삭한 맛
연근장아찌

재료
연근 1kg
달임장_ 진간장 ⅓컵, 국간장 ½컵, 다시마국물 3컵, 물엿 1½컵, 설탕 2큰술, 말린 고추 2~3개

연근장아찌는요 연근은 뿌리, 잎, 열매 등 버릴 것이 하나도 없다는 연의 뿌리로 연못에서 건진 영양덩어리라고도 하죠. 아작아작 씹히는 식감이 좋은데, 장아찌로 오랫동안 두고 먹어도 씹는 맛은 변함이 없죠.
❶ 연근장아찌는 모양이 고른 연근을 골라 껍질을 벗기고 0.5cm 정도 너무 두껍지 않게 썰어요.
❷ 물에 1시간 30분 정도 담가 녹말기를 뺀 뒤 물기를 빼고 용기에 담은 뒤 달임장을 달여 식혀 부어요.
❸ 3일 간격으로 2~3번 달임장을 따라 달여 식혀 붓는 것을 반복해 색이 들고 간이 배면 꺼내 먹어요. 연근 역시 수분을 빨아들이는 성질이 있으므로 달임장이 짜면 안 돼요.

담근 지 3~4일 후면 바로 맛볼 수 있는
오디장아찌

재료
오디(덜 익은 파란 것) 300g(2컵)
절임물_ 다시마국물 ½컵, 국간장 ⅓컵, 식초 ½컵, 설탕 1컵

오디장아찌는요 오디는 깊은 산속 나무에 주렁주렁 열리는 '뽕나무'의 열매랍니다. 새끼손가락 한 마디 정도 크기의 까만 열매로 시지도 않고 달콤한 육즙이 너무 좋죠. 오디는 산속의 자연이 키우기 때문에 따는 시기 맞추기가 쉽지 않아 허탕 치는 해도 있지만 새콤달콤한 맛이 좋아 열심히 때를 맞춰 오디를 구해 담그는 장아찌죠. 너무 익은 것은 장아찌로 담그면 쉬 물러지므로 약간 덜 익은 파란 색의 꼭지가 싱싱하고 통통한 것이 좋죠.
❶ 오디는 씻지 않고 잡티 등을 골라낸 뒤 용기에 담아요.
❷ 절임물을 만들어 오디에 그대로 부어 담그죠. 절임물에 식초가 들어가 파랬던 오디가 노르스름해지기까지 3~4일 정도 걸리는데, 그렇게 되면 바로 꺼내 먹어요..

흙냄새 가득 품은 가을 뿌리채소 장아찌
우엉장아찌

재료
우엉 1kg
달임장_ 진간장 ⅓컵, 국간장 ½컵, 육수 3컵, 물엿 1½컵, 설탕 2큰술, 말린 고추 2~3개

우엉장아찌는요 모든 뿌리채소가 그렇듯 우엉 역시 깊은 땅속 영양을 흠뻑 머금고 자라 '장수 식품'으로 불리죠. 제철에 장아찌로 담가 좋은 맛 두고두고 즐기죠.
❶ 햇것이 나오면 너무 굵지 않은 것으로 골라 칼로 껍질을 쓱쓱 긁어요. 햇것은 껍질도 연하기 때문에 물로 씻기만 하기도 하죠. 껍질 쪽에 영양분이 많으니까요.
❷ 그 다음 어슷어슷하게 썰어 용기에 담고 달임장을 만들어 달여 충분히 식혀 부은 뒤 2~3일 간격으로 달여 식혀 붓기를 2~3번 반복하죠. 그러는 동안 색이 들고 간이 깊게 배면 꺼내 먹는답니다.

그릇 이야기

" 고단한 시집살이의 한을 그릇에 풀었습니다. 종가의 큰살림에 필요해서이기도 하지만 음식 핑계대고 맞추기도 하고 사 모은 그릇들을 보며 "너희마저 없었으면 내가 어찌 버텼을 꼬" 말을 걸어 봅니다. "

옷 하나 사기도 돈 아까워 싸구려 옷만 사 입습니다. 고춧가루 양념 묻어도 표시나지 않도록 얼룩덜룩 촌스러운 '꽃가라' 옷들뿐이지요. 돈 아까워 보약 한 첩 지어 먹지 못하는 사람이 그릇 욕심은 하늘을 찌른답니다. 큰 살림 하노라면 많이도 필요하지만 혹독했던 시집살이의 한풀이를 그릇 사는 것으로 하다 보니 예닐곱 평의 방에는 그릇들이 한 가득입니다.

홍어찜이나 생선찜을 할 때 쓰는 접시인데요. 찜기에 쪘다가 접시에 옮기면서 모양이 망가지거나 흐트러질 일 없도록 구멍을 뚫어 달라 하여 맞춘 접시죠.

음식을 많이 하다 보니 음식에 따라 궁합이 맞는 냄비가 있음을 알게 됩니다. 된장찌개는 뚝배기가, 후루룩 끓이는 조림에는 양은냄비가, 오랜 시간 끓여야 하는 달걀찜이나 죽에는 스테인리스냄비가 제격이죠. 잡채 할 때 쓰는 속이 깊은 오목한 스테인리스냄비는 채소의 색이 그대로 살아 더욱 먹음직스러운 음식이 되지요.

찾아보기

ㄱ
가을김치 이야기 130
가자미젓김치 152
가지김치 106
가지장아찌 266
게국지김치 150
고구마줄기나물 242
고사리나물 238
고추씨배추김치 190
고추씨백김치 192
고추씨짠지 154
고추양념장아찌 254
고추장아찌무침 222
곤드레나물 238
골파김치 160
곰취나물 236
곰취장아찌 266
국물김치 120
국물깍두기 052
굴김치 162
굴깍두기김치 176
기본 장아찌 252
김장김치 이야기 189
김치찌개 214
깍두기김치 174
깻잎김치 064
깻잎된장장아찌 263

ㄴ
나박김치 126
능이버섯장아찌 270

ㄷ
다래순나물 243
다시마국물 41
단풍깻잎장아찌 262
단풍콩잎장아찌 263
달걀찜 218
달래김치 060
더덕김치 136
돌나물김치 056
돌나물물김치 058
돌미나리장아찌 259
동치미김치 194
된장찌개 212
두릅김치 062
두릅장아찌 262

ㅁ
마늘종장아찌 274
막김치 112
매실고추장장아찌 267
머윗잎장아찌 254
멸치고추장무침 220
멸치된장무침 220

명이장아찌 258
무나물 240
무말랭이보쌈김치 086
무새우조림 228
무생채 142
무오가리김치 168
무청시래기나물 243
미나리물김치 074
미나리콩나물김치 076
미니양파장아찌 255

ㅂ
방풍나물장아찌 258
버섯장아찌 268
배추겉절이 078
배추고춧물동치미김치 134
배추동치미김치 132
배추보쌈김치 156
배추백김치 116
백물김치 124
봄김치 이야기 046
봄동겉절이 048
봄동무겉절이 050
봄동전 224
부추김치 114
비늘김치 170
뼈개지김치 204

ㅅ
새송이버섯장아찌 271
석류김치 144
섞박지 172
숙깍두기김치 178
숙주나물 236
시금치국 232
시금치김치 066
시금치나물 241
쌈배추김치 118
쑥갓김치 080

ㅇ
알타리무김치 202
애호박들깨탕 230
애호박장아찌 267
양배추겉절이 104
양배추백김치 102
양파김치 100
얼갈이겉절이 110
얼갈이알배추김치 108
엄나무순장아찌 250
여름김치 이야기 090
연근김치 140
연근장아찌 275
열무김치 096
열무물김치 098

오디장아찌 275
오이소박이 094
오이소박이물김치 092
오이송송이김치 084
옥잠화장아찌 251
우거지찌개 216
우엉김치 138
우엉장아찌 275
원추리장아찌 251

ㅈ
잡채 226
장물김치 122
전복김치 158
정깍두기김치 180
정월대보름 나물 14가지 234
조기김치 164
죽순나물 237
죽순장아찌 250
쪽파김치 200

ㅊ
채소갈무리 244
청태볶음 240
초록무김치 198

ㅋ
콜라비깍두기 054

ㅌ
토란대나물 242
토속음식 이야기 210
톳김치 072
통마늘장아찌 267

ㅍ
파래김치 070
표고버섯나물 239
표고버섯장아찌 270
풀국 40
풋고추소박이김치 082
풋마늘김치 068
풋마늘장아찌 274

ㅎ
해물김치 166
해물보김치 146
호박게국지 206
호박고지나물 241
홍갓동치미김치 196
홍어김치 148

김치의 기본 배우기
자연에서 얻은 기본양념 이야기 020 | 깐깐하게 고르는 김칫거리들 026
김치명인의 김치 맛 비결 032 | 핵심 양념 만들기 040
김치명인의 맛내기 원칙 042 | 배추 절이기 186 | 학독에 양념 만들기 188

200년 내림 손맛이 담긴 종가음식 이야기
김치명인 강순의의
계절 김치

발행일 초판 1쇄 2011년 12월 5일
　　　　24쇄 2022년 9월 15일

지은이 강순의

대표이사 겸 발행인 박장희
제작 총괄 이정아
편집장 조한별

기획·진행 Book Factory 김영미
교정교열 중앙일보어문연구소
사진 Studio 707 류창현
디자인 네거티브에이치 (02)3443-1434
협찬 샐러드마스터 코엑스지사 (02)501-8494

발행처 중앙일보에스(주)
주소 (04513) 서울시 중구 서소문로 100(서소문동)
등록 2008년 1월 25일 제2014-000178호
문의 jbooks@joongang.co.kr
홈페이지 jbooks.joins.com
네이버 포스트 post.naver.com/joongangbooks
인스타그램 @j__books

ⓒ 강순의, 2011

ISBN 978-89-278-0284-6　13590

- 이 책은 저작권법에 따라 보호받는 저작물이므로 무단 전재와 무단 복제를 금하며
  책 내용의 전부 또는 일부를 이용하려면 반드시 저작권자와 중앙일보에스(주)의 서면 동의를 받아야 합니다.
- 책값은 뒤표지에 있습니다.
- 잘못된 책은 구입처에서 바꿔 드립니다.

중앙books는 중앙일보에스(주)의 단행본 출판 브랜드입니다.

참 좋은 채식 밥상
김현경 지음 / 256쪽 / 값 13,800원

건강한 채식을 맛있게 즐길 수 있게 해주는 요리책. 매일 먹는 일상 반찬부터 근사한 초대요리, 직장인을 위한 도시락, 입맛 당기는 분식까지 다채로운 109가지 메뉴를 달걀, 육류, 생선 없는 100% 순수 채식 레시피로 소개한다.

리혜의 메이저 밥상
박리혜 지음 / 360쪽 / 값 20,000원

대한민국 최초 메이저리거 박찬호 선수의 건강을 책임지는 부인 박리혜의 요리 비법이 담긴 요리책. 미국 요리 학교 CIA에서 공부한 요리 전문가이기도 한 그의 쉽고 간단한 생활 요리부터 시어머니에게 배운 한국 음식, 우리 입맛에 잘 맞는 일본 요리는 물론 손님상 차리기까지 160여 가지 다양한 레시피가 수록되어 있다.

미식의 테크놀로지
츠지 요시키 지음 김현숙 옮김 / 332쪽 / 값 15,000원

상위 1%를 매혹시킨 〈미슐랭 가이드〉 스타 셰프들의 성공 노하우는 과연 무엇일까? 세계 3대 요리학교로 유명한 츠지조그룹교 츠지 요시키 교장이 3년에 걸쳐 취재한 〈미슐랭 가이드〉 스타 셰프 6인의 성공 노하우를 소개한다.

백년명가
일간스포츠 백년명가 취재팀 지음 / 412쪽 / 값 15,000원

맛집 춘추전국 시대인 대한민국. 〈백년명가〉는 우리 시대 진정한 맛집의 의미를 물으며, 한국의 맛을 대표할 맛집 156곳을 선별해 소개하며, 우리 음식 하나하나의 내력을 역사적 문헌과 구전되는 이야기로 풀어낸다. 맛집 찾기 여행을 더욱 즐겁게 만드는 주변 관광지 84곳도 함께 소개하여 주말여행 가이드로서의 역할도 겸하고 있다.

중앙SUNDAY, 이젠 당신 차례입니다.

서울과 수도권 오피니언 리더들에게 일요일 아침 배달되는 고품격 신문입니다.

저희 독자는
기업 CEO와 간부들, 대학교수와 초·중·고 교사, 작가와 예술인, 고위 공무원,
정치인, 언론인, 법조계 인사, 전문직 종사자 등 입니다.
또 사람과 미래를 생각하고 지식을 사랑하는 이들입니다.
구독층이 특화된 것도, 일요일 배달도 국내에서 유일합니다.

중앙SUNDAY는 '열린 보수'를 지향합니다.
보도 기준은 좌파냐 우파냐가 아니라 수준이 높으냐 낮으냐 일 뿐입니다.
현실을 직시하는 용기와 통찰력, 역사와 과학 중시, 종교와 예술 존중,
인문학에 대한 열정이 중앙SUNDAY의 편집 방침입니다.

수많은 오피니언 리더가 중앙SUNDAY의 열렬한 팬입니다.
이젠 당신 차례입니다.

	월 구독료	1년
선납(일시납)	-	50,000원
자동이체	5,000원	(60,000원)

중앙일보 중앙SUNDAY

• 구독문의 1588-3600   • 지방광역시는 월요일에 배달됩니다